CHOISIR LA TERRE

Le voyage initiatique de l'humanité à travers la rupture et
l'effondrement, vers une communauté planétaire mature

Duane Elgin

Préface de Francis Weller
Traduit par Yuna Guillamot et Aurélie Boland

Publié par Duane Elgin
Droits d'auteur © 2022 Duane Elgin

Ce livre fait partie du projet Choisir la Terre
Pour de plus amples informations : www.ChoosingEarth.org

Conception du livre et des infographies : Birgit Wick, www.WickDesignStudio.com

Image de couverture photographiée par Karen Preuss

Graphique à la page 56 : Emily Calvanese

Police de caractères : Georgia et Avenir Next

Première édition anglais : mars 2020

Deuxième édition anglais : janvier 2022

Traduit par Yuna Guillamot et Aurélie Boland: novembre 2023

ISBN (French paperback): 979-8-9896738-4-1

ISBN (French ePub): 979-8-9896738-5-8

Dédicace

Yuna Guillamot et Aurélie Boland
*dont le soutien généreux, les compétences
exceptionnelles et la minutie ont permis à l'édition
française de voir le jour.*

Andrew Morris
*dont la direction enthousiaste a su réunir des
traducteurs talentueux pour mener à bien l'édition
française.*

Coleen LeDrew Elgin
*dont l'amour, la collaboration et les efforts inlassables
ont permis à cet ouvrage de voir le jour.*

Roger et Brenda Gibson
*dont la participation a été décisive
pour lancer le projet Choisir la Terre.*

Soutiens à *Choisir la Terre*

« Le chef-d'œuvre de Duane Elgin est le plus puissant et le plus complet des appels au réveil sur Terre... un livre passionné, éloquent et sage. »
— Alexander Schieffer, professeur et co-auteur de l'ouvrage *Integral Development.*

« Jamais auparavant je n'avais lu un livre sur la crise climatique mondiale écrit par un « homme blanc américain » qui m'ait si profondément touché et enrichi. »
—Dr. Rama Mani, convocateur et organisateur au sein du World Future Council.

« *Choisir la Terre* offre une vision audacieuse et pleine d'espoir de la prochaine étape « holistique » de la civilisation humaine. »
—Dr. Bruce Lipton, biologiste, conférencier, auteur de l'ouvrage *Biology of Belief.*

« En tant qu'êtres humains, nous avons un troisième choix : respecter les limites écologiques et régénérer la Terre pour le bien-être de tous. »
— Vandana Shiva, activiste de l'environnement, chercheure, auteure de l'ouvrage *Earth Democracy.*

« Duane Elgin a réalisé le travail le plus dur qu'aucun d'entre nous ne veut jamais faire. Lire *Choisir la Terre* vous changera pour toujours. »
— Sandy Wiggins, construction verte, commerce bienveillant, économie écologique.

« Votre excellent livre s'aligne parfaitement sur nos préoccupations et priorités. Mes plus chaleureuses salutations personnelles. »
— Antonio Guterres, Secrétaire général des Nations-Unies.

« *Choisir la Terre* décrit la seule voie viable qui existe pour l'avenir — un chemin tumultueux de l'initiation à la pleine maturité en tant que membres du monde vivant. »
— Eric Utne, fondateur d'Utne Reader, auteur de l'ouvrage *Far Out Man.*

« Ceci est l'un des livres les plus importants de notre temps — et probablement le document le plus important sur les périls du changement climatique. Chaque politique et directeur d'entreprise doit absolument le lire. »

— Christian de Quincey, philosophe, auteur de l'ouvrage *Radical Nature*, enseignant.

« La sagesse panoramique de Duane Elgin telle qu'elle est reflétée dans *Choisir la Terre* est essentielle en ces temps de crises complexes et interconnectées qui exigent des solutions cohérentes et interconnectées. Un livre révolutionnaire et important. »

— Dr. Kurt Johnson, biologiste, leader inter-spirituel, professeur, auteur.

« Toutes les formes de vie de la Terre doivent une grande reconnaissance à Duane pour nous avoir éveillés à l'urgence et aux possibilités régénératives de *Choisir la Terre*. »

— John Fullerton, ancien directeur général au sein de JP Morgan, fondateur du Capital Institute.

Table des matières

PRÉFACE

Sur le seuil : deuil, initiation et transformation

de Francis Weller

« Lors d'une époque sombre, l'œil commence à voir. »

— Theodore Roethke

Nous traversons des temps mouvementés sur cette belle planète. Tout semblant d'immunité s'effondre à mesure que nous réalisons à quel point nos vies sont étroitement imbriquées les unes dans les autres : les lits de varech et les glaciers qui vêlent, les incendies de forêt et l'élévation du niveau de la mer, les réfugiés et les rêves angoissés des jeunes à travers le monde. Le déséquilibre qui fait trembler notre planète nous paraît comme une secousse ininterrompue qui touche les failles de notre être psychique. Peu de choses offrent le confort de la stabilité. Tel un rêve fiévreux, nous avons peut-être atteint le seuil initiatique nécessaire à notre éveil. Quoi qu'il se passe, nous devrons faire d'importants efforts si nous voulons survivre aux eaux vives de ce goulet. Nous ignorons ce qui nous attend, mais une chose est certaine : *le temps est venu des gestes forts.* L'heure est venue de se réveiller et de prendre, en toute humilité, notre place sur cette planète à la beauté exceptionnelle. L'avenir parle à travers nous, et il est intransigeant.

James Hillman, le brillant psychologue spécialiste de l'analyse des archétypes, écrivait, « Le monde et les dieux sont morts ou vivants selon la condition de nos âmes. »[1] En d'autres termes, la vitalité du monde animé, sensuel et notre rencontre avec le sacré passent par des âmes en pleine vie ! Une âme éveillée est étroitement liée au monde vivant — sa beauté, son attractivité et son émerveillement ; ses peines, ses déchirures et ses pleurs. Au regard de l'état du monde et de nos vies spirituelles, il nous incombe de faire une pause et de nous demander : « *Quelle est la condition de nos âmes ?* » Tous les points de vue empiriques s'accordent : la situation actuelle est désespérée, vide, vorace, appauvrie et nous accable de chagrin. Pour reprendre les mots de certaines cultures traditionnelles, le diagnostic serait la *perte d'âme*. Perdre son âme, c'est se vider de son émerveillement, de sa joie, de sa passion. C'est se sentir détaché des interactions revitalisantes avec le monde vivant, laissant l'humain comme naufragé dans un monde sans vie. L'intimité millénaire avec les multiples rides de la Terre, ses myriades de créatures, l'abondance de couleurs et de parfums serait oubliée. Nous lui substituons une recherche acharnée du pouvoir et des gains matériels. Voilà la réalité dominante pour une grande partie de la culture blanche, technologique, du capitalisme tardif. La perte d'âme nous laisse abattus et vidés, toujours à la recherche de « plus » : plus de pouvoir, plus de richesse, plus de contrôle. Nous en oublions ce qui nourrit réellement l'âme.

J'ai passé près de quatre décennies à suivre les mouvements de l'âme, notamment à travers les strates du deuil. Dans le cadre de mon activité de psychothérapeute et de nombreux ateliers, j'ai assisté au large éventail de peines que portent nos cœurs. Des traumatismes précoces, décès, divorces, suicides de proches bien-aimés, addictions, maladies, et plus encore... la « taille du tissu », c'est maintenant la douleur : pleinement apparente. De plus en plus souvent, j'entends dans les complaintes des individus moins de la peine pour leurs deuils personnels, mais plutôt pour le monde, large, sauvage, rétréci de minute en minute. Leurs âmes prennent note des chagrins du monde. Aussi paradoxal que ce soit, cela me donne de l'espoir.

Le poids même de ces chagrins personnels et collectifs suffit à briser nos cœurs, ce qui nous force à y tourner le dos pour trouver le confort dans l'anesthésie et la distraction. Lorsque nous nous regroupons, néanmoins, pour partager ces récits de chagrin au sein de rituels de deuil, un changement est amorcé. Lorsqu'une communauté est témoin de nos chagrins et les accueille avec compassion, le deuil peut nous surprendre et se transformer en joie, en un amour galvanisé pour tout ce qui nous entoure. L'amour et le deuil sont entremêlés depuis toujours. Reconnaître notre deuil, c'est libérer notre amour pour qu'il se verse sur le monde.

Dans les profondeurs de notre époque, il y a quelque chose qui se réveille. Notre déni collectif semble montrer ses premières failles. Nous ne pouvons plus renier la réalité du changement radical qui se produit dans le monde. Nous ressentons dans notre chair les effondrements qui ont lieu et, dans le même temps, nos cœurs ressentent le poids du deuil. Il se peut que nos chagrins partagés, réveillés par notre amour de cette planète unique et irremplaçable, soient l'élément déclencheur, en fin de compte, de notre engagement pour répondre au dénigrement endémique du monde. Robin Wall Kimmerer écrit, « Si le deuil peut ouvrir la porte de l'amour, alors pleurons tous pour ce monde que nous détruisons afin que notre amour lui rende son intégrité. »[2]

La longue obscurité

Choisir la Terre de Duane Elgin est un livre exigeant qui nous demande de nous confronter à la difficile tâche qui consiste à faire face aux vagues attendues d'effondrement, de perplexité, de chaos et de deuil. Il nous invite à participer à la transition la plus difficile que l'humanité ait jamais eue à traverser, une invitation que nous espérions ne jamais recevoir. Celle-ci annonce que la planète a déjà changé de manière radicale et irréversible et qu'il est de notre responsabilité d'en répondre. Néanmoins, l'époque de sinistre présage que nous traversons cache en elle les germes d'une maturation possible de l'humanité en une communauté planétaire.

Ce livre met cependant en exergue la longueur de ce passage et la réalité que les changements évolutionnistes nous occuperont pendant les décennies et même, probablement, les générations à venir. Cher lecteur, persévérez donc, malgré les difficultés. Même si votre cœur se brise des milliers de fois. Pour reprendre les paroles de l'érudite bouddhiste et écophilosophe Joanna Macy : « Le cœur qui s'ouvre en se brisant peut contenir tout l'Univers. »

Duane Elgin ne nous écrit pas d'ordonnance qui permette de remédier aux événements en cours, ne nous encourage pas à revenir à un passé meilleur, ne propose pas non plus que nous nous résignions à la ruine. Il reconnaît, avec émotion, que nous devons *traverser* ce temps d'initiation collective afin de prendre notre place d'adultes responsables qui collaborent à la création d'une communauté saine et vivante de tous les êtres. Cette lecture est une épreuve. Elle éveillera beaucoup d'émotions au fur et à mesure que vous assimilerez les informations, les chronologies et le deuil de cette histoire en évolution qu'est la nôtre. Continuez à lire. L'avenir n'est pas immuable et chacun d'entre nous a son rôle à jouer dans le façonnage de ce qui nous attend.

Cette descente nous emporte vers des terres inconnues. Dans ces terres sombres, nous sommes confrontés à des paysages familiers de l'âme : la perte d'êtres chers, le deuil, la mort, la vulnérabilité, la peur. Il s'agit d'un temps de décomposition, de mues et de conclusions, de désagrégation et d'écroulement. Ce temps n'est pas dédié à l'élévation et à la croissance. Ce n'est pas non plus un temps de confiance en soi et de facilité. Non. Nous sommes tapis au fond du trou. Le « fond » étant ici la clé. *Du point de vue de l'âme, le fond, c'est la terre bénie.* On nous escorte vers les couloirs de l'âme.

Nous entrons dans ce que nous pourrions appeler la *longue obscurité.* Je n'évoque pas cela avec un empreint de désespoir ou dénué de tout espoir, mais, au contraire, je reconnais et apprécie le travail nécessaire qui ne peut avoir lieu que dans l'obscurité. C'est le règne de l'âme, des soupirs et des rêves, du mystère et de l'imagination, de la mort et des ancêtres. Ce territoire est essentiel, à la fois inévitable et indispensable, il offre une forme de gestation de l'âme qui forme progressivement les aspects plus profonds de nos vies. Certaines choses ne peuvent se faire que dans cette grotte obscure. Pensez au réseau sauvage de racines et de microbes, de mycélium et de minéraux, qui rend possible tout ce que nous voyons dans le monde de jour, ou aux vastes réseaux qui traversent notre propre corps, qui apportent le sang, les nutriments, l'oxygène et la pensée à notre vie corporelle. Tout cela a lieu dans l'obscurité.

Collectivement, nous n'abordons pas habituellement la descente comme un concept apprécié et essentiel. La plupart d'entre nous vivent dans une culture de l'ascension. Nous adorons les choses qui montent haut... haut... haut... toujours plus haut. Lorsque les choses commencent à baisser, nous pouvons ressentir de la panique, de l'incertitude, même de la terreur. Comment aller à l'encontre de ces temps imprévisibles avec le moindre sentiment de courage et de foi ? Le courage de garder nos cœurs ouverts et la foi que cette descente renferme quelque chose de profond. Comment pouvons-nous, encore une fois, discerner la sainteté qui se tapit dans l'obscurité ?

Pour nous rappeler le sacré dans l'obscurité, nous devons nous familiariser avec les usages et les voies de l'âme. Il nous incombe de développer une nouvelle manière de voir les choses alors que nous descendons toujours plus bas dans l'inconnu collectif. On nous demande de nous souvenir des disciplines de l'âme qui nous permettront de naviguer à travers la *longue obscurité*. Le temps est venu de se consacrer à l'écoute profonde qui admet la sagesse des autres et de la Terre qui rêve. Lorsque nous écoutons profondément, nous commençons à découvrir les choses qui souhaitent trouver une forme réelle. Alexis Pauline Gumbs, écrivaine et poète féministe noire, demande : « Comment pouvons-nous prendre en compte toutes les espèces, toutes les extinctions, toutes les blessures ? »[3]

Les qualités et disciplines que nous devons mettre en œuvre collectivement sont les suivantes :

- *La retenue* permet un souffle, une pause, un moment de réflexion, laissant les choses se révéler. La retenue permet à quelque chose de mûrir avant de passer à l'action.

- *L'humilité* honore notre mutualité et nous relie à la terre, un geste qui nous fait prendre conscience de notre enchevêtrement avec le monde vivant.

- Le fait de *ne pas savoir* nous rappelle que nous vivons dans le mystère, un instant qui ne cesse de se déployer et de se transformer. Nous ne savons pas ce qui va se passer et cette vérité préserve notre humilité et notre vulnérabilité. Et enfin...

- *Le laisser-aller...* Ancré dans la vérité fondamentale de l'impermanence. Chacun d'entre nous se prépare à sa propre disparition et témoigne du monde en perpétuel changement. Le cycle permanent du changement se rappelle à nous.

Toutes ces disciplines nous aident à cultiver notre présence dans les enfers de la *longue obscurité*. La compétence principale à cultiver par ces temps incertains est notre capacité à faire notre deuil.

Même notre croyance fondamentale en l'avenir a été bousculée par notre éveil au regard de la crise climatique émergente et de l'érosion du tissu social. Par conséquent, nous sommes maintenant confrontés à une réalité essentielle : nous entrons dans une *difficile phase initiatique*.

Rudes initiations

L'incertitude est rentrée chez nous et a fait irruption dans nos vies. Ce qui fut un temps stable et prévisible a été bousculé et nous avons entamé une descente raide vers l'inconnu, entourés d'incertitude, de crainte et de deuil/souffrance. Nombre de mes clients avouent que ce qui les inquiète le plus est l'état du monde ! Les symptômes ne se confinent plus à nos réalités intrapsychiques, à nos histoires, blessures et traumatismes personnels. Le patient, c'est maintenant la planète elle-même, qui présente des symptômes d'effondrement, de dépression, d'anxiété, de violence et d'addiction, qui se ressentent dans le corps plus étendu de la Terre, ébranlant notre fondation psychique profonde, agissant sur tout.

Au sein de notre expérience partagée de la souffrance se cachent les graines immatures de l'initiation.

Tous les jours nous sommes informés du dernier rapport accablant sur le climat, des violations auxquels sont soumis nos semblables humains et « plus qu'humains », de tragédies qui se déroulent de toutes parts dans le monde. Nos psychés en sont inondées. En tant qu'individus, il nous est difficile de prendre la mesure de la souffrance et du deuil. Notre être n'est pas conçu pour être confronté à ce niveau constant de traumatismes collectifs. Nous avons été créés pour métaboliser les défis et peines de notre communauté locale et confronter nos propres souffrances. Pour pouvoir assimiler cette réalité plus vaste qui émerge, nous avons besoin de l'aide de notre communauté, de rituels qui peuvent nous aider à rester connectés à nos âmes, ainsi que d'une histoire envoûtante qui nous invite à rêver des possibles. Sans de telles connexions profondes, nous continuerons à nous reposer sur des stratégies d'évitement et des combats héroïques, dans l'espoir de passer à côté des rencontres douloureuses.

Au fur et à mesure que nous assimilons le contenu de *CHOISIR LA TERRE*, nous nous rendons compte que nous sommes précipités dans une *rude initiation*, qui s'accompagne d'altérations radicales qui touchent nos paysages intérieurs et extérieurs, à la fois profondément personnelle et sauvagement collective, qui nous lie les uns aux autres. Chaque personne que nous rencontrons, que ce soit au magasin, à la station-service, en promenant le chien, est enchevêtrée dans cet espace liminal entre le monde qui nous est familier et celui, plus étrange, qui émerge. Accrochez-vous !

Le travail profond des initiations traditionnelles avait pour objectif de déloger une ancienne identité. Le processus était conçu pour créer une intensité et une chaleur suffisantes pour cuire l'âme et préparer les initiés à adopter leur rôle dans le soin et l'entretien des valeurs communes. *Jamais il n'a été axé sur l'individu.* Il n'était pas question d'amélioration de soi ou d'en faire des personnes meilleures. Non. *L'initiation était un acte de sacrifice dédié à la communauté élargie dans laquelle l'initié était accepté et à laquelle il ou elle prête maintenant allégeance.* On les préparait à assumer leur rôle de maintien de la vitalité et du bien-être du village, du clan, de la ligne de partage des eaux, des ancêtres et du continuum des générations à venir.

Les rencontres initiatiques doivent nous changer radicalement. Nous ne souhaitons pas ressortir de ces temps turbulents comme nous y sommes entrés, que ce soit personnellement ou collectivement. À ce moment de notre histoire, nous devons répondre aux *changements radicaux*. Cette période de *rude initiation* a été amenée par de multiples crises : l'instabilité économique, les bouleversements culturels et politiques, les déplacements massifs de réfugiés, l'injustice raciale et de genre, les pénuries de nourriture et d'eau, la disponibilité aléatoire des services de santé, et bien plus. L'effondrement de nos systèmes écologiques renforce ce tout. Plus cette réalité se rapproche et notre séparation imaginée avec la nature est élimée, nous prenons conscience que notre être ressenti est entièrement imbriqué avec les récifs coralliens et les papillons monarques, le thon rouge de l'Atlantique et les forêts primaires. Leur déclin signifie notre diminution. Comme l'écrit Elgin, « l'éco-effondrement entraîne l'effondrement de l'égo. » Le contenant Terre se brise et avec lui la fiction de la séparation. Notre rude initiation entraîne avec elle la mort de notre identité adolescente collective. Il est temps de mûrir.

Mais pour faire quoi ? Comment naviguer cette marée cyclonique d'incertitude ? Comment interagir avec le monde en l'absence de l'ordinaire ? La peur peut nous bousculer et activer des modèles stratégiques de survie. Ceci est mis en évidence par la résurgence de modes anciens tels que les boucs émissaires, la projection, la haine et la violence. Ces schémas peuvent permettre à certains d'éviter temporairement la descente, mais ces stratégies ne peuvent pas nous aider à traverser ce seuil tremblant vers une civilisation planétaire. Pour ce faire, nous devons amplifier la puissance de l'adulte. Comme pour toute initiation réelle, elle nécessite la maturation de notre être et une progression plus complète vers notre identité robuste, ancrée dans l'âme. Notre communauté doit devenir immense, capable d'accueillir tout ce qui atteint la porte du cœur.

Un apprentissage guidé par le chagrin

Notre initiation collective nous confrontera inévitablement à des superpositions extrêmes de perte d'êtres chers et de deuil. Elgin l'explique très clairement. Le vannage des espèces actuellement en cours entraînera un épuisement d'une mesure ahurissante de la biodiversité de la Terre au cours des décennies à venir. Les morts humaines se multiplieront au fur et à mesure que les sources de nourriture et d'eau diminuent et que les violences régionales augmentent en raison de l'accès restreint aux ressources. Les disparités économiques soumettront des milliards d'individus à des degrés de souffrance indescriptibles. *Le deuil sera le thème principal de notre futur proche.* Notre capacité à rester présents face à cette marée cyclonique de perte d'êtres chers dépend de notre aptitude à cultiver ce savoir-faire essentiel. Nous devons débuter un *apprentissage guidé par le chagrin*.

Notre apprentissage débute lorsque nous comprenons enfin que le deuil fait partie intégrante de nos vies. Cette prise de conscience est douloureuse, mais elle nous fournit l'opportunité d'ouvrir nos cœurs à un amour plus profond de notre vie singulière et de ce monde balayé par le vent dont nous faisons partie. Nous commençons avec le simple geste de ramasser les éclats de deuil parsemés au sol dans notre propre maison. Nous commençons par construire notre aptitude à accueillir le chagrin dans la tendre case qu'est notre cœur. À travers cet exercice, nous apprenons à accueillir la présence omniprésente et envahissante du sentiment de deuil. Puis nous invitons une, deux...plusieurs autres personnes de confiance à nous rejoindre et à partager les ondes récurrentes de chagrin au fur et à mesure qu'elles atteignent nos rivages. « Notre capacité d'aimer et de réconforter est amplifiée par le chagrin des autres, notre propre douleur, trop grande pour être contenue, trouve sa liberté dans le fait que d'autres en soient témoins. »[4]

Le deuil est plus qu'une simple émotion ; il est également une *faculté fondamentale de notre humanité*. Il est un savoir-faire qui doit être soigné, sous peine que nous nous retrouvions à louvoyer vers les limites de nos vies dans l'espoir d'éviter les inévitables rencontres entremêlées avec la perte d'êtres chers. À travers les rituels du deuil, nous atteignons notre maturité en tant qu'êtres humains. Le deuil invite la gravité et la profondeur à entrer dans notre psyché. Heureusement, nous disposons de la capacité à digérer le chagrin pour le transformer en médecine de l'âme, la nôtre et celle du monde.

L'un des exercices principaux de notre apprentissage est notre capacité à nous soutenir les uns les autres lorsque nous sommes confrontés au deuil et aux traumatismes. Ce savoir-faire a majoritairement disparu sous le poids extrême de l'individualisation et de la privatisation, notamment au sein des cultures occidentales industrielles. Cela a influencé profondément notre manière de nous confronter et de digérer nos rencontres personnelles avec la perte d'êtres chers et les expériences émotionnelles intenses. En l'absence du contenant familier et fiable de notre communauté, ces instants peuvent pénétrer dans nos vies psychiques, nous briser et nous bouleverser, nous effrayer et nous voler la certitude de notre prochain pas en avant.

Un traumatisme, c'est tout événement aigu ou prolongé qui bouleverse la capacité de la psyché de traiter l'expérience.

Par nos temps, ce à quoi nous sommes confrontés est trop intense pour que nous le tenions, l'intégrions, le comprenions. La charge émotionnelle sature notre capacité à trouver un sens à l'expérience, nous nous sentons submergés et seuls. L'absence d'un environnement adéquat pour nous tenir, capable de nous aider par ces temps, génère des expériences traumatisantes. En d'autres termes, la douleur n'est pas traumatisante en elle-même. *C'est la douleur sans témoin qui l'est.* Cette époque de changement planétaire rapide et dévastateur nous rappelle que nous sommes tous dans le même bateau et que nous pouvons offrir les uns aux autres l'espace nécessaire pour assimiler nos chagrins partagés.

Mais qu'en est-il des traumas du reste du monde qui nous assiègent ? Ici, Elgin propose une nouvelle manière d'appréhender le terrain au niveau mondial. Il introduit le concept de *Stress Traumatique Planétaire Chronique*, et écrit : « La différence entre le SSPT (syndrome de stress post-traumatique) et le STPC est qu'au lieu d'un épisode relativement court et restreint, le traumatisme dure toute la vie et concerne toute la planète. On ne peut y échapper : le fardeau des traumatismes collectifs se répand dans la psyché et l'âme de l'humanité. » On ne peut y échapper ! Que nous admettions l'existence des traumatismes élargis ou non, nos psychés prennent note de la disruption. Comment l'ignorer ? Nos vies, nos corps, nos âmes sont entièrement enchevêtrés avec la beauté et les chagrins du monde. Comme le remarque Elgin, si nous ne les retenons pas, les traumatismes chroniques de la planète engendreront des « blessures profondes, à la fois psychologiques et sociales. » Notre capacité à créer des espaces suffisamment forts pour retenir les énergies intenses de notre deuil à vif représente un élément clé de notre apprentissage guidé par le chagrin.

Chaque traumatisme porte en lui du deuil. La perte est le fil qui tisse les textures au sein des traumatismes et les scénarios présentés par Elgin pour les décennies à venir et au-delà est remplie de traumatismes et de chagrin.

Comment devons-nous réagir lorsque la vie nous confronte à des circonstances qui nous dépassent ? Comment pouvons-nous retenir tout ce que nous ressentons lorsque la source est bien au-delà de notre contrôle ? Comment pouvons-nous recalibrer nos vies intérieures pour guérir nos psychés par ces temps traumatisants ? Voici quelques offrandes pour soigner nos âmes pendant les temps traumatisants. Et qui ne vit pas des temps traumatisants ?

1. **Pratiquer l'autocompassion.** L'autocompassion nous aide à tenir notre vulnérabilité avec bienveillance et tendresse, nous permettant de rester doux et ouverts. Les temps de grandes incertitudes requièrent un niveau de générosité

envers nous-mêmes qui nous aide à compenser les effets des traumatismes qui peuvent souvent entourer notre corps émotionnel. Notre intention première et primaire doit être celle-ci : de tenir toutes nos expériences avec compassion, d'offrir un lieu sûr pour que nos craintes et nos peines puissent s'y poser.

2. **Se tourner vers les sentiments**. Aucune déviation ou stratégie d'évitement ne peut nous aider à résoudre les émotions difficiles que nous rencontrerons. Il est essentiel que nous nous tournions vers notre peine. Nous devons non seulement endurer des temps de douleur et de chagrin, dans l'espoir de les surpasser, mais également nous y investir activement et les ressentir complètement. Cela demande beaucoup de courage. Néanmoins, sans la compassion et le soutien nécessaires, il nous est difficile de nous ouvrir aux émotions douloureuses qui nous attendent.

3. **Cultiver l'émerveillement devant la beauté**. Les traumatismes influencent profondément notre sentiment d'être en vie, créant souvent un état d'engourdissement ou d'anesthésie. Cet état d'anesthésie nous protège un certain temps de la nécessité de nous confronter aux émotions vives et déchirantes qui accompagnent souvent les traumatismes, mais il émousse également nos échanges sensuels avec tout ce qui nous entoure. L'attrait de la beauté aide à l'ouverture complète du cœur. Le chagrin et la beauté côte à côte. L'âme ressent un besoin fondamental de rencontres avec la beauté, une source centrale de nutrition qui renouvelle continuellement notre sentiment de vitalité et d'admiration.

4. **Patience**. Guérir des traumatismes prend du temps. La patience aide à guérir les échardes vulnérables des âmes brisées par les traumatismes. Les os mettent du temps à se ressouder. Réparer une âme, cela prend encore plus longtemps. Soyez patient avec votre processus. La sagesse

profonde de l'âme connaît la valeur de la lenteur. Il est essentiel de sortir de la cadence démoniaque de la culture moderne pour retrouver notre équilibre dans le monde de l'âme. La patience est une discipline, un exercice qui rassure les âmes blessées et vulnérables et nous aide à récolter les bénéfices de nos efforts.

Un éveil graduel, un monde qui émerge

Notre long apprentissage par le chagrin se conclut par une grandeur capable de tout tenir en soi, la perte et la beauté, le désespoir et le désir, la crainte et l'amour. *Nous devenons immenses.* Notre dévotion solide au travail avec le lourd fardeau du deuil adoucit lentement le cœur et nous sentons que notre connexion avec le monde élargi et doué de sens se développe. Notre temps dans les ténèbres nous aide à développer une intimité ressentie avec la Terre et le cosmos. Nous rentrons chez nous. Nous ressentons la réduction de la distance entre nous et les autres. Nos identités deviennent perméables et nous ressentons une fraternité croissante avec la communauté humaine et plus qu'humaine. Une nouvelle vénération de la vie émerge alors que nous sentons la présence vivante de la Terre telle qu'un organisme intégré au cosmos vivant.

Voilà notre expérience naissante d'un futur possible pour la Terre. Une humanité mature émerge, mais elle est tendre, vulnérable et fragile. Nous commençons une vie d'adulte, pas encore suffisamment développés pour résister à beaucoup de pression. Les seuils sont ténus, instables et imprévisibles. Alors que nous débutons ce qu'Elgin appelle « La Grande Transition », nous devons revenir encore et toujours à l'humilité. Les fruits des épreuves traversées par l'humanité au cours de la *longue obscurité* doivent maintenant être récoltés avec patience. Notre travail est de protéger cette sensibilité naissante et la transmettre aux générations suivantes. Chaque génération consécutive peut renforcer cette conscience en évolution, y ajouter ses propres compréhensions, pratiques, rituels, chansons, histoires et plus encore, jusqu'à ce qu'elle devienne une présence robuste en accord avec le cosmos en évolution.

Tandis que notre espèce évolue, nous entamons une relation réciproque avec la Terre. Il nous revient de renforcer les valeurs et pratiques qui nous permettent de subvenir aux besoins corporels de ce monde exquis. Des valeurs telles que le respect, la retenue, la gratitude et le courage nous aident à renforcer notre capacité à nous lever pour protéger ce qui nous est cher. La révérence et l'humilité nous rappellent que nos vies sont entretissées avec toutes les autres formes de vie. Ce qui agit sur une fibre de la toile agit sur l'ensemble. Nous sommes ici pour participer à la création continuellement en cours, pour offrir notre imagination, notre affection et notre dévotion pour subvenir aux besoins du monde.

Elgin exprime ce besoin clairement : nous devons cultiver un collectif robuste d'adultes dont la loyauté primaire est donnée au monde qui nous donne la vie et duquel nous dépendons. Nous devons être en mesure de ressentir nos fidélités aux zones humides, aux chemins migratoires, aux communautés marginalisées et à l'âme du monde. Nous devons ressentir le fond rocheux de notre état d'êtres vivants et la réalité de nos vies sauvages et exubérantes. L'initiation tempère l'âme, extrayant son essence cachée et met en évidence le remède que nous sommes venus apporter à ce monde magnifique. On a besoin de nous !

L'initiation nous fait mûrir et nous prépare à participer plus pleinement au soin du cosmos. C'est la raison principale pour laquelle notre espèce se trouve ici. Notre raison d'être cosmologique est de maintenir en vie le rêve du monde. Cette vocation est belle, digne et grande. Il devient de plus en plus clair que cette prise de conscience doit être intimement intégrée aux cœurs et âmes des gens dans les décennies à venir. En substance, il nous est demandé de consacrer nos vies et d'exercer la révérence de nos actions. Voici la première vérité qui doit s'ancrer dans l'être de toute personne qui se lance dans cette initiation planétaire. De plus, l'initiation implique la médecine de l'âme. Il nous est demandé d'offrir les dons particuliers que nous sommes venus proposer. L'initiation desserre l'étroit carcan de la civilisation et nous guide vers une réhabilitation de notre fougue. L'emprise sur notre psyché domestiquée se relâche et nous pouvons entrer dans un monde multicentrique, où toute chose possède une âme et représente une forme de parole. Et une dernière vérité qui accompagne l'initiation : on nous demande de construire une demeure d'appartenance qui pourra offrir des espaces d'accueil à ceux qui se sentent invisibles et déconnectés.

Pour ceux d'entre nous qui bénéficient du privilège d'un âge avancé, il nous incombe de nous retourner et de faire face à ceux qui nous suivent, aux générations plus jeunes dont l'avenir est fortement mis en danger par notre maltraitance du monde. Je vois les visages naturellement déconcertés, courroucés, accablés de chagrin de millions de personnes. Je ne sais que dire, seulement que je vous vois. Je prends note de votre chagrin et de votre désespoir, de votre indignation et de votre confusion. Votre confiance en un avenir possible s'érode tous les jours. Ce à quoi vous vous attendiez de manière intrinsèque — un avenir qui déborde de possibilités — pâlit et s'évapore au moment même où vous lui tendez la main. Je ressens le chagrin immense qui pèse sur vos cœurs. Je le vois chaque fois que nous partageons un moment. Il marque votre visage, vos mots. J'en suis désolé. Sachez que nombre d'entre nous font tout ce qui est en leur pouvoir pour trouver un moyen de traverser cet étroit passage pour vous offrir un monde digne de vos vies.

Je vois aussi votre passion et votre engagement à vous battre pour une vie qui regorge de sens et de beauté, d'appartenance et de joie. Je vois votre désir pour une culture vivante conformée aux voies et rythmes de la Terre. Je vois votre créativité et votre imagination féroce, voyant les choses de manières auxquelles ma génération n'a jamais songé. Dans votre deuil, vous êtes forts. On vous demande de porter tant, sitôt et le réflexe initiatique pourrait avoir été activé avant que vous n'ayez été prêts. Mais peut-être pas. Vous pouvez être ceux qui seront capables de se frayer un chemin à travers cette nuit noire de l'âme collective.

Un nouvel humain, une nouvelle Terre

C'est un privilège que d'être vivants à cet instant de notre histoire collective. Nous sommes à cheval sur ce seuil du temps. Nous sommes ceux qui peuvent décider de participer à la réparation de la Terre et à la création d'une culture planétaire vivante. Nous avons le privilège d'être vivants à un instant qui renferme d'immenses possibilités lorsque nous pouvons rétablir un engagement sacré avec le monde animé. Nous sommes en mesure de répondre à ces circonstances et de participer à imaginer la forme d'une nouvelle Terre. La Terre, toutefois, est profondément blessée et aura besoin d'une restauration patiente. Se consacrer au devoir sacré de la réparation représente une empreinte profonde de notre initiation.

Chaque être humain qui est vivant traversera la rude initiation de ces temps. Personne ne sera exempt de l'effet de la détérioration du climat ou des stress et tensions qui vont s'abattre sur nos vies économiques, politiques et sociales.

L'initiation n'est pas une option. La question qui reste en suspens est la suivante : choisirons-nous de participer à ce processus d'initiation ? Pourrons-nous voir au-delà de nos intérêts personnels et serons-nous capables de *penser comme une communauté planétaire* ? Nous serons reformés de manière profonde, d'une manière ou d'une autre. Si vous décidez de relever le défi de ce seuil du temps, nous pourrions en ressortir mûris et prêts à participer à ce que le géologue Thomas Berry appelait *le rêve de la Terre.* Les caractéristiques de ce nouveau soi révèleront une personne *plus sensible aux responsabilités qu'aux droits, plus consciente des interactions multiples que des droits qu'elle pense être les siens.* Nous serons initiés à une vaste mer d'intimités, avec le village, à des constellations d'étoiles et à de vieux chênes noueux, à des enfants aux yeux écarquillés, à la communauté des ancêtres et à la Terre odorante.

On ne saurait trop insister sur l'importance de ce choix. En participant au difficile travail du changement radical, nous nous éveillons et sommes poussés, sur un plan profond, à porter des médecines essentielles pour notre monde assiégé. Cela implique que nous apprenions à vivre dans les limites des moyens de la Terre pour nous soutenir.

« Choisir la Terre » signifie choisir la simplicité, la communauté, la réconciliation et la participation. Il s'agit de gestes que nous pouvons tous faire maintenant. Nous pouvons nous souvenir de nos *satisfactions primaires*, le cœur qui constitue une vie saine de l'âme. Ces éléments ont évolué sur plusieurs milliers d'années et formé nos vies psychiques de manières qui ont entraîné un sentiment de contentement et de satisfaction. Lorsque ces conditions sont réunies, nous ne désirons pas le dernier gadget, le dernier modèle de voiture, la forme d'anesthésie suivante. Par essence, nous sommes libérés de notre consumérisme et matérialisme toxiques. Nous vivons avec simplicité et nous vivons, simplement. Pour éprouver de la satisfaction, nous avons besoin d'un toucher qui affirme et apaise, d'être pris dans les bras dans les moments de chagrin et de douleur. Nous avons également besoin de beaucoup jouer et de partager avec d'autres des repas dégustés tranquillement lors de conversations sincères. Nous avons besoin de nuits sombres et étoilées qui se passent de mots. Et, bien sûr, nous avons besoin de plaisanteries amicales de rire sans arrière-pensée.

Nous avons besoin d'une vie rituelle vitale qui nous reconnecte au monde invisible par ces temps décisifs. Nous avons besoin de traverser le seuil de l'initiation, de soigner la vulnérabilité des malades ou de célébrer notre gratitude commune pour les bénédictions de cette vie. Nous avons besoin d'un lien permanent, intime et sensuel avec le pouls féroce de la nature. Nos cœurs et nos oreilles ont besoin de se délecter des histoires racontées, de la danse et de la musique. Nous ressentons un besoin profond de l'attention et de l'engagement de nos anciens et nous nous épanouissons dans une communauté ancrée dans un système d'inclusion basé sur l'égalité. Voilà nos vrais désirs.

Acceptons de descendre, ensemble, dans la vaste obscurité de ce temps et de voir ce qui y réside dans le mystère et en attente de notre attention dévouée. Comme dit le poète, il y a tant de fleurs prêtes à éclore. Tant de choses prêtes à être exprimées. Un voyage plus vaste nous attend, un voyage au cours duquel nous pourrions évoluer pour revêtir un état inimaginé, donnant naissance à un nouvel être, une présence biocosmique.

Voici le temps dans lequel nous pouvons rêver de ce qui pourrait être. Nombre d'entre nous ne verront pas le rivage opposé de la *longue obscurité*. Mais c'est une possibilité pour certains d'entre nous. Comme l'écrit Duane Elgin, « je me vois maintenant semer les graines de la possibilité, mais sans attendre de vivre assez longtemps pour les voir éclore en fleurs au cours d'un nouvel été, ni déguster leurs fruits lors de la récolte d'un automne distant. Mon approche en ce moment consiste à faire confiance à la sagesse de la Terre et à la famille humaine pour faire naître une nouvelle saison de vie. » Voilà la bénédiction d'un ancien. Nous vivons pour ce qui pourrait être, tout en étant conscient que nous n'en verrons peut-être pas les fruits.

La seule manière de s'en sortir est de passer à travers et la seule manière de traverser est ensemble. Il s'agit d'une initiation collective. Il s'agit d'une période de gestation pour une communauté planétaire possible. Nous sommes les sages-femmes, les anciens, les guides de notre vie future. Il fait bon vivre en ces temps.

— Francis Weller Zone humide fluviale russe
Région biologique de Chasta

PARTIE I

Notre monde en grande transition

Nous n'héritons pas de la Terre de nos ancêtres, nous l'empruntons à nos enfants.

— Sagesse amérindienne

L'initiation et la transformation de l'humanité

> *Nous oublions bien souvent que nous sommes la nature. La nature n'est pas quelque chose qui est séparé de nos êtres. Alors, dire que nous avons perdu notre lien avec elle, c'est dire que nous avons perdu celui que nous avons avec nous-mêmes.*
> — Andy Goldsworthy

Si vous avez lu la puissante préface de mon ami Francis Weller, vous savez que les habitants de la Terre entrent dans une période de grande transition ; une période d'initiation collective où nous traversons de grands chagrins pour éveiller de nouveaux potentiels. Nous traversons une naissance douloureuse pour notre espèce, tandis que nous atteignons notre maturité collective. *Choisir la Terre* s'adresse à des humains matures et résilients qui sont prêts à aller au plus profond de leur être pour explorer notre monde au cours de cette transition sans précédent.

Lorsque je contemple l'avenir, je vois deux certitudes : tout d'abord, le futur est profondément incertain parce que tant est lié aux choix que nous faisons maintenant, individuellement comme collectivement. Ensuite, le monde du passé n'existe plus. Nous ne pouvons pas retourner à une « ancienne normalité », car celle-ci n'a jamais été « normale ». Le passé était anormal avec ses extrêmes de surconsommation, l'extinction des espèces, la fonte des calottes glaciaires, la mort des océans, les sécheresses sévères, les incendies de forêt massifs, l'aliénation profonde, les inégalités extrêmes et tellement plus encore. Des pertes profondes et une transition bouleversante nous attendent. Un retour en arrière n'est pas possible. Il n'y a pas d'épreuve de repêchage. Nous ne pouvons pas regeler les calottes glaciaires et recréer le climat agréable des dix-mille ans passés. Nous ne pouvons pas remplir à nouveau les nappes phréatiques qui ont été asséchées. Nous ne pouvons pas rétablir rapidement l'écologie complexe du passé et ressusciter des milliers d'espèces d'animaux et de plantes. Nous ne pouvons pas arrêter le mouvement de montée des océans, même si nous arrêtons les émissions de CO_2 immédiatement. Nous ne pouvons pas défaire le dépassement provoqué par la surconsommation et l'épuisement des ressources de la Terre. Une initiation profonde se déroule qui va bouleverser et nous transformer au plus profond de nous-mêmes. Un grand espoir et de grandes possibilités nous interpellent, attirant notre regard au-delà des tragédies que nous avons nous-mêmes provoquées.

Nous créons ce rite initiatique. Il n'est plus temps d'hésiter et de laisser faire. Le défi qui nous attend nous force à nous investir ensemble et à avancer avec courage, comme si nos vies en dépendaient. C'est le cas. Et encore, beaucoup hésitent. Nous pourrions penser que nous avons encore le temps : si nous supposons que le rythme du changement passé correspondra au rythme du changement dans les années à venir. Ce n'est pas le cas. Le rythme du changement s'accélère à mesure que de puissantes tendances se renforcent les unes les autres et se rejoignent dans une immense onde de changement qui emporte le monde du passé. Il n'est plus possible de se contenter d'extrapoler le rythme de changement que nous avons connu dans le passé pour prévoir l'avenir. Il n'y a plus de temps. Notre existence même est subordonnée au fait que nous posions un regard neuf sur ce monde en profonde mutation.

Il se peut également que nous soyons hésitants, parce que nous pensons que les nouvelles technologies nous épargneront l'inconfort d'apporter des changements radicaux à nos vies. Cependant, les forces du changement sont si profondes et si puissantes que toute notre ingéniosité technologique, *et bien plus encore*, sera nécessaire. La technologie seule ne suffira pas à nous sauver. Les nombreux défis que nous sommes amenés à relever exigent un changement profond dans la manière dont nous abordons tous les aspects de la vie : la nourriture que nous mangeons, les moyens de transport que nous utilisons, nos niveaux et modèles de consommation, le travail que nous effectuons, les logements dans lesquels nous vivons, l'éducation que nous entamons, la manière dont nous traitons les personnes de race, de sexe, de culture et d'orientation sexuelle différents. Nous sommes appelés à concevoir nos vies autrement, individuellement comme collectivement. L'envergure du changement rendu nécessaire par notre temps tend vers l'inconcevable. Les éditeurs de la publication renommée *New Scientist* ont proposé cette évaluation du travail qui nous attend :

> « Il s'agira très probablement du plus grand projet jamais entrepris par l'humanité, comparable aux deux guerres mondiales, au programme Apollo [envoyer un homme sur la lune], à la guerre froide [accompagnée d'une course aux armes nucléaires], au projet Manhattan, à la construction des chemins de fer et au développement de l'assainissement et de l'électricité, tous rassemblés. En d'autres termes, nous allons devoir aller aux limites de l'ingénuité humaine dans l'espoir d'un futur meilleur, si ce n'est pas pour nous, alors au moins pour nos descendants. »[5]

Mais comment cela peut-il arriver ? Quel chemin en avant réaliste mène à l'accomplissement d'un changement de cette magnitude ? Voilà le voyage qui fait l'objet de ce livre.

On me demande encore et toujours : pourquoi regarder de l'avant ? Pourquoi s'attarder sur un avenir empli de pessimisme et de morosité ? L'avenir ne peut-il pas se charger de lui-même ? Pourquoi ne pas être heureux, être bienveillant et vivre l'instant présent ? Nous ne pouvons pas prédire ce qui va arriver. La vie renferme tellement de surprises, comment pouvons-nous prévoir ce qui nous attend ? Imaginer le futur, n'est-ce pas se priver de l'instant présent ? Nous sommes de petits êtres qui ne pouvons pas changer ce qui se passe, alors pourquoi s'attarder sur ce que nous ne pouvons pas changer ?

Pourquoi regarder vers l'avant ? Qu'avons-nous à y gagner ? Voici pourquoi : nous vivons désormais dans un monde étroitement interdépendant et transparent, où notre destin individuel est directement lié à celui de la planète. Face à cette réalité, je nous encourage à regarder vers l'avenir et, avec liberté et créativité, à choisir consciemment notre avenir :

1. pour éviter l'**extinction fonctionnelle** de l'humanité et d'une grande partie du reste de la vie sur Terre ;

2. pour éviter d'être enfermés dans les ténèbres sans fin d'un monde **autoritaire** ;

3. pour grandir et passer, avec maturité et liberté, à un monde **qui se transforme**.

Le choix de ne pas regarder vers l'avant est lourd de conséquences. « Laisser l'avenir prendre soin de lui-même », tel est l'état d'esprit d'une étape adolescente de la vie. Notre monde nous appelle à mûrir, à assumer la responsabilité du passage au début de notre âge adulte et à nous préoccuper du bien-être de toutes les formes de vie. L'avenir n'est pas impénétrable, il peut être saisi et formé dans nos esprits et notre intuition. Si nous pouvons le voir, nous pouvons le choisir. Si nous ne regardons pas en avant, nous manquons de préparation. Sans préparation, notre réponse est superficielle. Lorsque nous agissons sans peser nos actions, nous sommes dépassés par les avalanches de changements profonds. Je comprends que l'action de contempler les profondeurs du changement imminent représente une confrontation pour notre psyché et contre âme. Les temps que nous vivons exigent que nous fassions preuve de courage. Le temps des ambitions timorées et de la retraite du monde est dépassé. Il est temps de vivre en affrontant l'immensité de notre être en tant que citoyens du cosmos vivant et de choisir en toute conscience notre avenir pour la vie sur Terre.

Faisons un pas en arrière et gagnons en perspective : j'ai commencé à explorer en profondeur les défis à venir il y a un demi-siècle, en 1972, lorsque je travaillais en tant que membre de la commission présidentielle sur la croissance démographique et l'avenir de l'Amérique.[6] L'objectif qui nous avait été fixé était de nous projeter trente ans dans l'avenir et d'examiner dans quelles conditions et où pourraient vivre un nombre croissant de personnes. Dans le même temps, le livre décisif *Les limites à la croissance* était publié et notre commission a commencé à explorer le cercle de l'écologie du monde qui se refermait. Ce travail au sein de la commission présidentielle a révélé non seulement les limites de la croissance de l'économie de consommation de notre nation, mais également les limites des capacités de notre gouvernement de formuler la moindre hypothèse en matière de transition vers un avenir durable.

Après que la commission a terminé son projet, j'ai commencé à travailler pour la cellule de réflexion « Futures Groupe » du Stanford Research Institute (devenu SRI). Une anecdote personnelle illustre également le manque de réaction des bureaucraties gouverne-mentales aux menaces majeures de notre avenir. J'ai appris pour la première fois que le réchauffement climatique représentait une menace existentielle pour l'humanité en 1976, alors que je travaillais comme chercheur principal en sciences sociales sur un projet d'un an pour la National Science Foundation au sein de SRI International.[7] Je faisais partie d'une petite équipe qui cherchait à découvrir de futurs défis inattendus qui pourraient nous faire disparaître sans crier gare. Pour soutenir ce projet, j'ai assisté à une réunion d'in-formation sur le changement climatique au ministère de l'Énergie à Washington, D.C. Lors de cette réunion, on nous a dit que si les tendances actuelles se poursuivaient en matière d'accumulation de CO_2, cela entraînerait d'ici 40 à 50 ans de graves problèmes de réchauffement global pour la planète. Malgré ce sombre augure, les responsables énergétiques nous ont incités à ne pas inclure le réchauffement planétaire dans notre rapport. Leur raisonnement était le suivant : le processus ne se transformerait pas en crise avant presque cinquante ans, ce qui laisserait suffisamment de temps au processus politique pour voir venir et élaborer un plan d'action. Non seulement nous n'avons pas intégré le réchauffement planétaire dans notre rapport, les responsables gouvernementaux chargés de nos travaux ont décidé que le rapport prêtait trop à controverse pour être publié et il fut rangé là où l'accès serait difficile pour les politiques comme le public.

Maintenant, presque un demi-siècle plus tard, nous voyons les résultats des décennies de délais : comme nous l'avions anticipé, le monde est assiégé par un climat qui change dramatiquement et par la gouvernance vacillante des civilisations. Au regard de cette expérience, je n'attends pas que les institutions existantes, que ce soient les gouvernements, les entreprises, les médias ou l'éducation, relèvent rapidement les défis sans précédent auxquels nous sommes maintenant confrontés. Comme je l'ai écrit dans un autre rapport destiné au conseiller scientifique du président, nos grandes bureaucraties très complexes ne sont pas configurées pour réagir avec la rapidité et la créativité nécessaires pour relever les défis de l'époque périlleuse à laquelle nous faisons face.[8] C'est pourquoi je place ma plus grande confiance dans les habitants de la Terre qui s'organisent du niveau local au niveau mondial et qui, ensemble, apprennent rapidement et choisissent la voie qui nous mènera vers un avenir durable et sensé.

À la suite d'expériences de ce type, j'ai quitté le « Futures Group » du SRI en 1977 pour me consacrer à l'écriture d'un livre sur la *Simplicité Volontaire*. J'ai commencé par méditer seul pendant six mois avec l'intention de rassembler tout ce que j'avais appris, à la fois les aspects intérieurs et extérieurs de ma vie, et de revenir vers le monde comme une personne entière. Cette méditation intense m'a apporté un nouveau regard sur l'avenir de l'humanité et la compréhension que la décennie des années 2020 serait celle dans laquelle l'humanité allait être forcée à prendre un tournant essentiel dans l'évolution de notre espèce.[9] Sur la base de ce constat, depuis, 1978, j'ai continué à écrire et à tenir des discours concernant la décennie des années 2020 qui représente le pivot dans l'existence de l'humanité, l'instant où elle sera confrontée à un tournant et au choix d'une nouvelle voie vers le futur. Cette décennie fatidique est arrivée.

Il a été profondément bouleversant de nous confronter à l'ampleur, à la rapidité et à la profondeur des changements auxquels notre monde en transition est confronté, en cette époque sans précédent. Le chagrin a été mon fidèle compagnon, l'angoisse mon maître. J'ai appris l'humilité au contact de l'intensité et de l'immensité des peines qui augmentent à travers le monde, tout en sachant que ce tsunami de chagrin va nous briser les cœurs, mais nous permettre en même temps d'accueillir notre humanité supérieure. Bien que l'écriture ait pris une grande place dans mon cheminement personnel, ce défi a sollicité mon âme dans une mesure qui dépasse l'entendement. Mon secrétaire se transforme en autel de l'angoisse au fur et à mesure que je reconnais et accepte tout ce qui est voué à périr alors que l'humanité traverse cette grande transition.

Créer la résilience au sein d'un monde qui se transforme.

Nous sommes actuellement confrontés à des défis tellement terrifiants que nous nous sentons rapidement dépassés. En envisageant des actions pleines de sens à appliquer à notre quotidien, nous pouvons reprendre le pouvoir.

1. **Choisissez la vivacité** — Choisissez des activités qui vous font vous sentir vivant : marcher dans la nature, faire de la danse, jouer, faire de la musique, chérir votre entourage, créer de l'art et vous connecter avec les animaux. Élevez un autel de gratitude. Évoquez des affirmations et des prières pour les plantes, les animaux, les endroits et les personnes. Devenez un modèle de gratitude et de vitalité pour les plus jeunes.

2. **Cultivez vos « dons vrais »** — Nous avons tous des « dons proches » et des « dons vrais. »[10] Les dons proches sont les choses pour lesquelles nous avons une facilité relative. Nous

gagnons souvent nos vies avec nos dons proches. Nos dons vrais, ce sont nos talents et savoir-faire naturels, ces activités où naturellement, nous sommes brillants. En développant vos dons vrais, vous vous exercez à devenir plus pleinement vivant et connecté au monde.

3. **Développez votre conscience** — La qualité de votre conscience est primordiale pour naviguer dans notre monde en changement. Cultivez un cœur-esprit ouvert à travers des pratiques telles que la méditation, le yoga, la prière, le dialogue ou d'autres activités de conscience réfléchie. Devenez un participant toujours plus conscient dans la vie.

4. **Soyez informé de votre environnement local** — Faites connaissance avec votre écosystème local. Apprenez tout des arbres, des fleurs, des oiseaux et des autres animaux qui abondent près de vous. Reconnaissez les produits de votre région. Explorez et ressentez la nature lorsque vous vous y promenez. Trouvez comment aider vos écosystèmes locaux ainsi que les fermes et entreprises saines.

5. **Protégez et restaurez la nature** — Prenez de petites mesures pour aider à restaurer la nature et les miracles de la vie. Faites preuve de curiosité et apprenez comment vous pouvez protéger la nature autour de vous. Comme elle ne peut pas se défendre, devenez le porte-parole des plantes sauvages, des arbres, des animaux et de leur conservation et restauration.

6. **Faites le deuil des pertes** — Créez un autel dans votre foyer avec des images, des objets, pour rendre hommage à ce que nous sommes en train de perdre (arbres, fleurs, animaux, saisons, endroits, etc.). Organisez un moment simple de deuil et encouragez tous ceux qui y assistent à partager ce dont ils font le deuil (ce qui est perdu ou ce qui

a été oublié) — parlez avec gravité, chantez des chansons et partagez des œuvres d'art.

7. **Pratiquez la réconciliation** — Reconnaissez vos avantages, explorez ce que cela signifie avec un groupe d'amis ou de pairs de confiance. Abordez les divisions de genre, race, richesse, religion et orientation sexuelle avec curiosité et compassion.

8. **Choisissez la simplicité** — Achetez moins de choses, faites plus de dons, alimentez-vous à une échelle inférieure sur la chaîne alimentaire, réduisez ou modifiez vos déplacements au travail et partagez vos ressources avec d'autres qui sont dans le besoin. Cultivez des amitiés qui ont du sens, partagez des repas simples, promenez-vous dans la nature, faites de la musique, créez de l'art, apprenez à danser, développez votre vie intérieure.

9. **Organisez un groupe d'étude** — Prenez du recul et contemplez notre monde dans une époque de transition sans précédent. Utilisez ce livre et étudiez les documents de la page web Choosing Earth www.ChoosingEarth.org pour les découvrir en compagnie d'autres. Évitez de vous jeter dans la résolution des problèmes ou les reproches et laissez beaucoup de place aux sentiments et à leur expression. Examinez des manières de rendre ces connaissances tangibles.

10. **Soutenez les autres** — Encouragez et aidez les individus et les communautés directement concernées par le changement climatique, le racisme, l'extinction des espèces, les inégalités, l'épuisement des ressources. Faites en sorte que votre vie soit une déclaration de bienveillance par vos actions de protection de l'écologie locale. Devenez bénévole au sein des organisations de service — une banque alimentaire locale, un foyer pour sans-abris ou un centre pratiquant l'agriculture régénérative.

11. **Cultivez la communication** — Devenez une voix pour la Terre et l'avenir de l'humanité. Contribuez aux newsletters, blogs, articles, vidéos, podcasts et émissions de radio pour faire entendre votre voix et vos idées concernant notre avenir compromis. Aidez notre imagination sociale à se rendre compte des choix qui nous attendent en matière de maturation, de réconciliation, de communauté et de simplicité.

12. **Devenez un activiste bienveillant** — Rejoignez les autres qui œuvrent pour une profonde transformation. Cherchez sur internet les organisations qui représentent vos intérêts. Qu'elle soit locale ou globale, trouvez une communauté qui vous soutient pour vous permettre d'offrir au monde vos dons vrais en cette époque critique. Faites don de votre temps, de votre amour, de vos talents et de vos ressources.

13. **Demandez des comptes aux institutions** — Faites en sorte que les principales institutions (entreprises, médias, gouvernement et éducation) rendent des comptes publics de leur responsabilité de reconnaître les défis critiques auxquels la Terre et l'avenir de l'humanité sont confrontés et d'y réagir. Cette responsabilisation peut être difficile, car nous faisons tous partie intégrante de ces institutions. Cela signifie que nous devons nous aussi rendre des comptes.

Certaines actions apparemment mineures de nos vies personnelles forment des fondations pour nous-mêmes et un exemple rayonnant pour les autres.

Ne doutez jamais qu'un petit nombre de citoyens volontaires et réfléchis peut changer le monde ; en fait, cela se passe toujours ainsi.
— Margaret Mead

L'optimisme visionnaire et le réalisme intrépide importent tous deux. Les études mondiales montrent que la plupart des gens reconnaissent, dans une certaine mesure, les graves dangers et difficultés qui nous attendent. Une étude de 2021 a analysé les avis de dix mille jeunes de 16 à 25 ans dans dix pays autour du monde et trouvé qu'ils ressentaient une profonde anxiété vis-à-vis de l'avenir.[11] Les trois-quarts d'entre eux disaient qu'ils pensaient que l'avenir faisait peur et plus de la moitié (56 pour cent) ont dit que l'humanité court à sa fin ! Les deux tiers ont rapporté qu'ils ressentaient de la tristesse, de la peur et de l'anxiété. Pour les deux tiers d'entre eux, les gouvernements trahissent et négligent les jeunes. La plupart pensent que l'humanité a échoué à prendre soin de la planète (83 pour cent). Voilà un constat stupéfiant. Les jeunes à travers le monde perdent espoir et confiance en ce monde dont ils vont hériter. Pour la jeunesse, il existe déjà une rupture fondamentale avec l'histoire humaine. Ils ne se sentent plus à l'aise dans notre monde en mutation.

Une autre étude mondiale réalisée en 2021 a interrogé plus d'un million de personnes dans cinquante pays. L'étude *Peoples' Climate Vote* constitue la plus grande enquête d'opinion publique sur le changement climatique jamais réalisée. Dans l'ensemble, cette gigantesque enquête a révélé que 59 % des personnes interrogées estiment qu'il existe une urgence climatique et que le monde doit « faire tout ce qui est nécessaire » pour faire face à cette crise mondiale.[12] Il existe aujourd'hui une profonde prise de conscience du fait que le sort de la Terre est en jeu.

Bien que nous soyons confrontés à une urgence climatique profonde, les défis auxquels nous faisons face dépassent largement le climat. Tout le réseau du vivant est attaqué. Une extinction de masse est en cours, avec des conséquences pour la faune et la flore sur terre et dans les océans du monde entier. Alors que la productivité agricole chute, la population humaine croît et cette disparité entraîne des pénuries alimentaires mondiales. En outre, les famines forcent les migrations de masse vers des endroits disposant de plus de ressources. Un nombre très élevé de réfugiés climatiques entraîne des effondrements civiques lorsque les pays et gouvernements ne sont pas en mesure de les gérer. La flore et la faune disparaissent, incapables de s'adapter à la mutation du climat et des écosystèmes. Les forêts vierges de l'Amazonie deviennent des écosystèmes diminués, de simples brousses.

Environ la moitié des personnes vivant sur Terre subsistent avec l'équivalent de deux dollars par jour, ou moins. Les souffrances déclenchées par notre époque de grande transition affectent de manière disproportionnée les pauvres, les indigènes et les personnes de couleur. Les inégalités extrêmes de revenus et de bien-être déclenchent des conflits plus fréquents au fur et à mesure que les personnes dépossédées tentent de sortir des profondeurs de la pauvreté. Au-delà d'une crise climatique, nous nous trouvons dans une crise qui concerne tous les systèmes sur Terre. C'est le tissu même de la vie qui subit ces déchirures et ces blessures.

La communauté de la Terre a été avertie à de nombreuses reprises de ces développements critiques. L'avertissement le plus vif et puissant nous est parvenu il y a des décennies déjà. En 1992, plus de 1 600 scientifiques parmi les plus éminents au monde, dont une majorité de lauréats du prix Nobel de sciences encore en vie, ont signé un document sans précédent intitulé « *Avertissement des scientifiques du monde à l'humanité* ».[13] Dans leur déclaration historique, ils ont affirmé que « [l]es êtres humains et le monde naturel vont vers la collision [...] peuvent altérer le monde vivant au point qu'il soit incapable de subvenir à la vie de la manière que nous connaissons. » Voici leur mise en garde :

> « Nous, soussignés, membres aînés de la communauté scientifique mondiale, avertissons toute l'humanité de ce qui nous attend. Un grand changement est nécessaire dans notre manière de gérer la terre et la vie sur elle, si l'on veut éviter une misère sans précédent et si l'on ne veut pas voir irrémédiablement mutilée notre « maison » globale sur cette planète. »[14] [emphase ajoutée]

En relisant cette conclusion, je me remémore un passage clé de leur avertissement où les scientifiques déclarent qu'en l'absence d'un grand changement dans notre manière de gérer la terre, la planète sera « irrémédiablement mutilée. » Ces deux derniers mots résonnent au plus profond de mon être. Que signifie donc « irrémédiablement mutilée » pour les innombrables générations à venir ? La Terre défigurée à jamais, endommagée de façon permanente, mutilée pour toujours ? L'échec de la planification responsable et de la gestion durable sera-t-il l'héritage que nous laisserons aux générations futures ?

Plus de trente ans se sont écoulés depuis que nous avons reçu cet avertissement brutal. Notre réaction à cette terrible menace a été extrêmement lente et peut se réduire à quatre mots : *trop peu, trop tard.* Nous avons laissé les tendances décisives poursuivre leur course exponentielle, nous laissant loin derrière. La vitesse de la fracture est bien plus rapide que la vitesse à laquelle nous y réagissons collectivement pour la réparer et la guérir. Nous sommes déphasés par rapport à la réalité. L'écologie de la Terre se décompose depuis plus d'un demi-siècle et la fracture progressive court maintenant vers l'effondrement. Nous sommes dépassés, au sens propre comme au sens figuré. Nous devons nous préparer pour l'effondrement ainsi que pour l'avancée évolutionnaire.

Notre défi sera de nous éveiller ensemble et de réagir avec maturité à un monde en grande transition. Ce n'est pas seulement la vitesse du changement qui nous dépasse, mais aussi son échelle et sa complexité. Nous nous trouvons face à une multitude de crises qui vont en s'accélérant — les perturbations croissantes du climat, la propagation de la pénurie d'eau, la baisse de la productivité agricole, les inégalités croissantes en matière de richesse et de bien-être, un nombre toujours croissant de réfugiés climatiques, l'extinction généralisée des espèces végétales et animales, le déclin des océans pollués par le plastique et une bureaucratie qui croît jusqu'à prendre des proportions et une complexité qui nous dépassent. Notre monde se trouve dans une spirale infernale. Il est urgent de trouver de nouvelles manières de vivre et d'être sur la Terre.

L'effondrement est inévitable.
Traverser l'effondrement est un choix.

Nous, les humains, sommes déjà allés trop loin et notre inertie est trop grande pour éviter la fracture et l'effondrement. Nous nous trouvons déjà profondément dans le dépassement — nous volons les générations futures et perturbons le bien-être de toutes les formes de vie. Nous ne pouvons continuer ainsi que pour peu de temps. Ni nous continuons à voler l'avenir, l'effondrement des systèmes humains et des écosystèmes est notre inévitable destinée. Cependant, si nous témoignons collectivement de l'immense dévastation qui croît de manière exponentielle, nous pouvons choisir ensemble un avenir plus favorable à toutes les formes de vie. L'alternative est la ruine destructive et l'extinction fonctionnelle des humains sur Terre.

Être à la hauteur de ce niveau de changement, totalement inédit, ne nécessitera rien de moins qu'une révolution concernant l'effort collectif exigé de l'humanité. Néanmoins, même cette description bouleversante ne suffit pas à révéler la profondeur du changement pratique qui va s'avérer essentiel. Nous avons besoin d'une transformation radicale de la production et de l'utilisation de l'énergie pour éviter un réchauffement climatique catastrophique. Les scientifiques ont estimé que la communauté humaine devait stopper l'augmentation des émissions de combustibles fossiles en 2020, puis les réduire de moitié d'ici à 2030, puis de nouveau de moitié d'ici à 2040, et enfin parvenir à des émissions nettes de carbone nulles d'ici à 2050.[15] Le *monde entier* doit éliminer ou compenser la pollution par le carbone d'ici à 2050. Cela signifie :

• D'ici à 2050, aucun foyer, aucune entreprise, aucune industrie ne sera chauffé par le gaz ou le fioul ou, le cas échéant, leur pollution en matière de carbone devra être compensée.

- Aucun véhicule ne pourra fonctionner au gazole ou à l'essence.

- Toutes les centrales au charbon et au gaz devront être fermées.

- Même si le monde arrive à générer toute son électricité à partir de sources à émissions zéro, telles que les énergies renouvelables ou nucléaire, l'électricité représente moins d'un tiers de notre consommation actuelle d'énergies fossiles. Par conséquent, les autres utilisateurs intensifs d'énergies fossiles, notamment celles utilisées dans la fabrication de l'acier et du béton, doivent se tourner vers les énergies renouvelables.

Alors qu'une refonte complète de toute l'infrastructure énergétique du monde en l'espace de quelques décennies est essentielle à l'avènement d'un avenir permettant le travail, elle est loin de suffire. En outre, une transformation profonde et structurelle est requise dans à peu près tous les aspects de notre vie : notre alimentation, nos savoir-faire, le travail que nous effectuons, nos foyers et les communautés au sein desquelles nous vivons, les messages médiatiques que nous produisons et recevons, les conversations que nous développons du local au mondial, les valeurs d'équité économique et de justice sociale que nous partageons, nos dirigeants (politiques, religieux, médiatiques, au sein des organisations à but non lucratif) et plus encore. *La construction d'une société, d'une économie, d'une culture et d'une conscience complètement repensées est le seul moyen d'éviter la mutilation irrévocable de la Terre.*

Comment pouvons-nous mettre en place une transformation massive et complexe de nos modes de vie pour nous permettre de retrouver notre équilibre dans les limites de la nature ? Actuellement, les personnes vivant dans les pays et régions plus riches de la Terre consomment bien plus que leur juste part des ressources de la planète. La surconsommation prive une majorité de leur juste part et les condamne à la pauvreté et à un niveau disproportionné de souffrances provoquées par le climat. Cette inégalité représente un tel niveau de discrimination et de déséquilibre qu'elle ne peut continuer ainsi. Il sera immensément difficile pour les personnes au niveau de vie ultra-consommateur de limiter consciemment leur prélèvement des ressources et de partager leur richesse avec ceux qui sont économiquement moins privilégiés. La survie de l'humanité dépend d'une révolution des modes de vie, les plus riches choisissant des modes de vie beaucoup plus restreints sur le plan matériel en ce qui concerne l'exploitation des ressources limitées de la Terre et beaucoup plus généreux en ce qui concerne le bien-être de ceux dont le niveau de vie est au plus bas.

Un bouleversement des modes de vie est plus qu'une question de justice morale et d'équité. Il est également essentiel pour prévenir une guerre des classes généralisée pour l'accès aux ressources. Si nous voulons travailler ensemble en tant que communauté humaine, ceux qui sont habitués à occuper des positions d'autorité et de pouvoir (en raison de leur classe, de leur sexe, de leur race, de leur situation géographique, de leur âge, de leurs capacités, de leur niveau d'éducation, etc.) doivent s'investir pour lever les vies et les voix de la majorité globale (les pauvres, les communautés indigènes et d'autres groupes qui subissent depuis longtemps et souffrent d'oppression). Ce n'est qu'alors qu'il sera possible d'opérer des changements significatifs au niveau des systèmes, y compris la redistribution des ressources qui permettra à la majorité globale de ne plus être limitée par les pressions pour survivre et de se concentrer uniquement sur ses besoins urgents à court terme.

En plus de la grande inquiétude provoquée par la *magnitude* du changement, l'humanité est de plus en plus alarmée par la *vitesse* du changement, notamment en ce qui concerne le dérèglement climatique. Par le passé, les scientifiques pensaient qu'il faudrait des siècles, voire même des millénaires pour faire basculer le climat vers une configuration différente. Ce fut un choc profond de découvrir qu'un changement majeur peut se produire en l'espace de « quelques décennies, voire moins ».[16] À titre d'exemple, une période de refroidissement global, nommée Dryas récent, s'est produite il y a environ

11 800 ans (probablement suite à la désintégration d'un astéroïde dans l'atmosphère) et a été suivie d'une période de réchauffement brutal, estimée à environ 10 °C en l'espace de quelques années ![17] Bien que des niveaux de changement de température aussi étonnamment rapides ne soient pas prévus à l'heure actuelle, cet exemple révèle la vulnérabilité à laquelle nous nous exposons si nous ignorons les variations historiques. Les institutions gouvernementales et politiques actuelles seraient totalement incapables de faire face à un changement climatique aussi brutal. La plupart des institutions dirigeantes sont conçues pour perpétuer le passé, non pour s'engager rapidement dans un avenir en pleine transformation.[18]

Outre l'ampleur et la rapidité du changement, nous avons également le devoir de reconnaître la profondeur du changement nécessaire en cette période de grande transition. « Choisir la Terre » signifie choisir une nouvelle relation avec la Terre, ce qui revient à choisir une nouvelle relation avec l'ensemble de la vie. De nous-mêmes, nous avons créé les conditions qui nous obligent à examiner nos comportements de manière plus consciente et à choisir délibérément notre chemin vers l'avenir, à la fois en tant qu'individus et en tant qu'espèce. L'effondrement de la vie sur Terre entraîne l'effondrement de notre psyché collective. *L'effondrement écologique entraîne l'effondrement de l'ego.* Il est désormais impératif de réaliser des progrès fondamentaux dans notre psyché collective. Nous ne pouvons pas réparer la Terre sans guérir nous-mêmes et sans soigner notre relation avec le reste du monde vivant. Gus Speth, ancien directeur du Conseil de la qualité de l'environnement, a décrit clairement la nature du défi auquel nous sommes confrontés :

> « Je pensais auparavant que les principaux problèmes environnementaux étaient la perte de biodiversité, l'effondrement des écosystèmes et le changement climatique. J'avais tort. Les principaux problèmes environnementaux sont l'égoïsme, la cupidité et l'apathie. Et pour y faire face, nous avons besoin d'opérer une transformation spirituelle

et culturelle et les scientifiques ne savent pas comment s'y prendre. »[19]

Les politiciens et les médias ont beau présenter les événements comme une crise écologique, la situation est bien plus grave. Nous nous heurtons non seulement à un « mur écologique » c'est-à-dire aux limites physiques de la capacité de la Terre à soutenir l'humanité, mais aussi à un « mur évolutionnaire » qui nous met face à nous-mêmes, à la conscience et aux comportements qui nous conduisent au dépassement et à l'effondrement. Le « mur évolutionnaire » place l'humanité face à une crise identitaire : Qui sommes-nous comme espèce ? Quel est le voyage évolutionnaire que nous entamons ? Possédons-nous le potentiel intérieur pour répondre aux demandes du monde extérieur ? Pouvons-nous nous élever dans notre maturité et grandir dans une relation saine et salutaire avec la Terre ?

Si nous ne relevons pas les défis extérieurs et intérieurs de notre époque, nous semblons destinés à suivre l'exemple de plus de vingt grandes civilisations qui se sont effondrées au cours de l'histoire. Celles-ci comprennent les civilisations romaine, égyptienne, védique, tibétaine, minoenne, grecque classique, olmèque, maya, aztèque et quelques autres. Notre vulnérabilité apparaît clairement lorsque nous reconnaissons l'effondrement et la désintégration de ces grandes civilisations du passé. Cependant, la situation actuelle est unique sur un point essentiel : la civilisation humaine a atteint une échelle mondiale et encercle la Terre comme un système interdépendant. *La boucle est bouclée. Aujourd'hui, c'est la disparition simultanée de toutes les civilisations interconnectées de la Terre qui menace.* Rien, dans l'histoire de l'humanité, ne nous prépare à un effondrement rapide des civilisations étroitement interconnectées à travers le monde. Une poussée extraordinaire et une traction sans précédent sont à l'œuvre en ces temps de transition. Si nous ne nous intéressons qu'à la poussée et ignorons la traction, notre voyage court un grand danger. Pour visualiser ce processus, imaginez que vous poussez sur un bout de ficelle. Si l'on continue de pousser, la ficelle va se mettre en boule et créer un enchevêtrement de nœuds. Imaginez alors que vous tirez simultanément sur la ficelle. Elle ne forme plus un amas, mais peut avancer dans une ligne de progression. De la même manière, si nous comprenons et respectons les forces de poussée et de traction de notre époque, nous pouvons aller de l'avant sans nous empêtrer complètement dans le processus.

Si nous ne considérons que la poussée inflexible de la crise climatique combinée à d'autres tendances d'adversité, alors nos efforts produiront des nœuds complexes et nous pourrons facilement nous enliser dans la confusion et le désespoir. Cependant, si nous approfondissons notre vision pour y inclure la force de traction des opportunités, nous voyons alors la possibilité d'aller de l'avant à une vitesse stupéfiante. La force de traction de l'opportunité n'élimine pas les énormes défis auxquels nous sommes confrontés. Au contraire, en reconnaissant et en travaillant avec la puissante poussée de la nécessité et la remarquable traction de l'opportunité, nous pouvons trouver le courage, la compassion et la créativité nécessaires pour surmonter les difficultés de la transition.

Pour voir plus clairement notre époque de grande transition, adoptons une vue d'ensemble des systèmes selon trois perspectives :

- **Observer largement** : Regardez largement, au-delà des facteurs simples et considérez une large gamme de tendances tel un système interconnecté : le dérèglement climatique, l'augmentation de la population, les migrations de réfugiés, l'épuisement des ressources, la disparition d'espèces, l'accroissement des inégalités, et bien plus encore. En prenant un point de vue large, nous contemplons une image bien plus claire du changement qui nous échappe lorsque nous nous concentrons sur une seule zone.

- **Observer profondément** : Regardez les profondeurs cachées sous le monde extérieur. Comprenez les dimensions internes du changement telles que l'évolution de notre psychologie, de nos valeurs, de notre culture, de notre conscience et de nos paradigmes. Le monde extérieur est le miroir de notre condition intérieure. En faisant évoluer notre monde intérieur, nous faisons évoluer simultanément notre capacité à faire évoluer le monde.

- **Observer longuement** : Regardez loin vers l'avenir, bien plus loin que la courte durée des cinq ou dix prochaines années. Les tendances qui sont incertaines et ambiguës sur le court terme deviennent beaucoup plus claires lorsqu'elles sont extrapolées sur le plus long terme où leur impact est bien plus distinct et précisément défini.

Figure 1 : largement, profondément, longuement

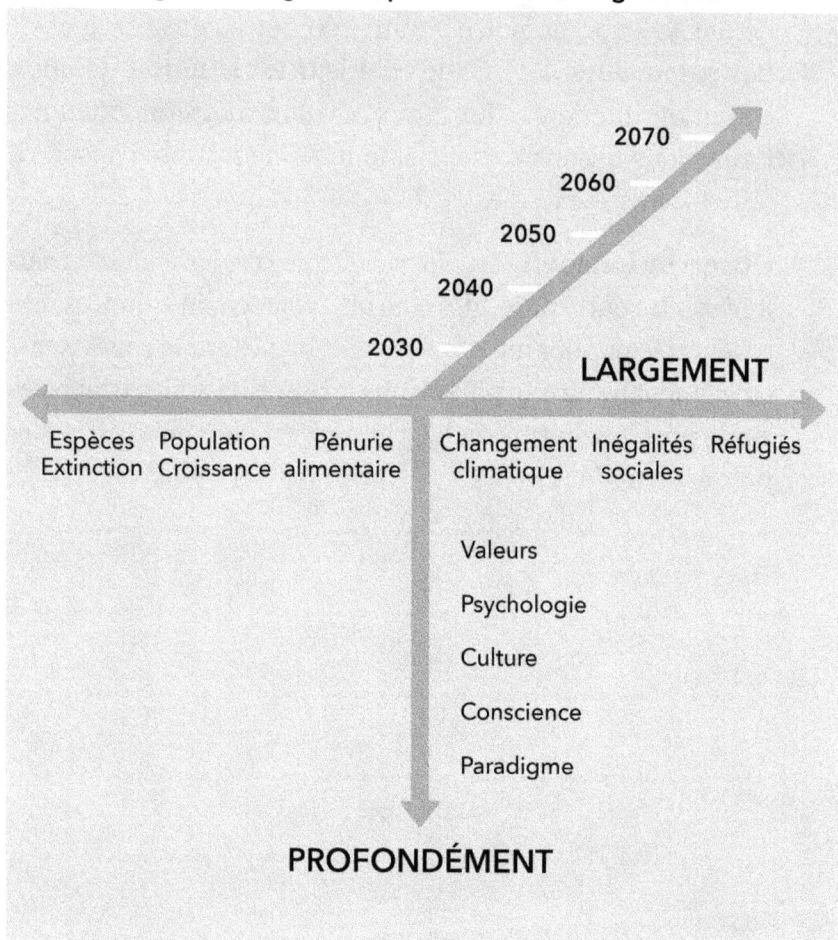

Lorsque nous observons largement, profondément, longuement, nous voyons plus clairement le moment pivot de l'histoire dans lequel nous sommes entrés et comment nous pouvons aller plus délibérément au-delà du temps de grande transition dans lequel nous nous trouvons. Depuis cette perspective qui englobe les systèmes complets, nous pouvons soit trouver un courant ascendant qui nous élève vers un nouveau mode de vie ou nous confronter à un courant descendant qui nous mènera vers l'effondrement et la ruine. Des choix difficiles s'offrent à nous. Pas dans des décennies ou des siècles, mais *maintenant*. Le temps nous est compté.

PARTIE II

Trois avenirs pour l'humanité

« Des forces indépendantes de votre volonté peuvent vous priver de tout ce que vous possédez, sauf une : votre liberté de choisir comment réagir à la situation. »

— Victor Frankl

« Nous sommes pèlerins ensemble, traversant un pays inconnu, chez nous. »

— Père Giovanni, 1513

Extinction, autoritarisme, transformation

Il est important de reconnaître à quel point notre avenir est exposé et vulnérable en ce moment unique. Nous entrons dans une période extraordinairement rare de l'histoire, un tournant dans notre parcours collectif, un espace entre le passé et l'avenir où la vie d'innombrables générations à venir (espérons-le) sera profondément influencée par les choix que nous faisons aujourd'hui. Nous ne pouvons pas prédire le chemin que prendra l'humanité à partir d'ici, pour une simple raison : notre avenir dépend de nos choix conscients, ou de notre échec à choisir, individuellement comme collectivement. Notre voyage évolutionnaire sera conscient ou descendra dans les ténèbres. Nous nous trouvons à un pivot de l'histoire, un temps dont on se souviendra toujours comme celui où nous nous serons élevés dans notre maturité d'espèce consciente de ses responsabilités ou comme celui où nous plongeons vers la ruine et l'obscurité.

Cette crise qui nous appelle à agir d'urgence nous aurions pu y échapper. Il y a presque un siècle, dans les années 1970, l'humanité a laissé passer une occasion de s'adapter progressivement à un avenir aux changements radicaux. C'est à ce moment que les défis immenses auxquels nous sommes aujourd'hui confrontés ont été reconnus pour la première fois. Coûte que coûte, nous avons consommé la marge de temps qui nous restait pour maintenir le statu quo pour quelques décennies de plus.[20] Il est maintenant trop tard pour choisir un chemin de changement progressif.

Ayant gaspillé la marge de manœuvre qui nous restait pour nous adapter progressivement, l'humanité est maintenant confrontée à de graves conséquences si nous ne réagissons pas rapidement en opérant des changements radicaux de notre mode de vie sur cette planète. En quelques décennies, de vastes territoires de notre monde ne seront plus adaptés à la vie humaine. Les extrêmes sécheresses, inondations et orages deviendront monnaie courante. La famine et les maladies ébranleront profondément l'humanité. Des centaines de milliers de réfugiés climatiques se déplaceront à la recherche de lieux où vivre. L'extinction de masse de la faune et de la flore appauvrira encore l'écologie de la Terre. Les options pour l'avenir deviennent extrêmement limitées. Le temps des changements progressifs est passé.

J'explorerai ci-après trois voies majeures qui représentent les options les plus claires pour notre avenir. Il est important de constater que *chacun de ces trois cheminements débute avec les mêmes tendances et conditions de base : un processus dynamique appelé « effondrement »*. Les termes de « fracture » et d'« effondrement » revenant souvent, je souhaite clarifier la signification de chacun. Ces termes sont souvent utilisés indifféremment, mais peuvent être compris de manière très différente :

- La **fracture** signifie que les liens au sein des systèmes clés se défont et se désintègrent. Les chaînes d'approvisionnement de livraison cessent de fonctionner pendant de longues périodes. Des pannes de courant se produisent. L'eau s'arrête parfois de couler et sa potabilité est douteuse. Les services de pompiers et de police ferment périodiquement leurs portes parce qu'ils ne peuvent pas payer leurs employés. La fracture fait référence à la désintégration de systèmes entiers en leurs éléments constitutifs qui, tout en perturbant et en endommageant la santé, l'emploi et l'accès aux services essentiels, crée également des conditions opportunes pour de nouvelles configurations de vie. En perturbant le cours normal des affaires, les pannes ouvrent la voie à une reconstruction selon de nouvelles modalités qui peuvent être plus saines et plus résilientes. Les fractures peuvent servir de catalyseur pour la créativité et accélérer l'innovation, par exemple pour la reconstruction et la rénovation des communautés par les économies locales qui aident à développer des approches de la vie avec plus de résilience.

- **L'effondrement** est bien plus sévère que la fracture, car il décrit un processus de destruction ruineux des communautés, cités et civilisations. Avec l'effondrement, la société est entièrement détruite au fur et à mesure que les systèmes de logement, de transport, d'eau et d'égouts et bien plus encore tombent dans un chaos inextricable. L'effondrement représente l'échec catastrophique du système *et* de ses composants. L'effondrement laisse ceux-ci (le système et ses composants) à l'état de ruines, une décharge ouverte de systèmes brisés en tous genres : transport, communication, services civiques. L'effondrement laisse derrière lui des fondations (physiques, économiques, psychologiques, sociales et spirituelles) sur lesquelles il est très difficile de construire un avenir prometteur de bien-être inclusif et durable.

Je propose ici deux descriptions graphiques de ce que l'effondrement pourrait signifier pour le monde. Le premier est le Venezuela. Dans ce pays qui fut une fois l'un des miracles économiques de l'Amérique du Sud, avec l'une des plus grandes réserves de pétrole au monde, l'économie s'est effondrée ces dernières années avec des conséquences dévastatrices :

> « Des ouvriers du pétrole désespérés et des criminels dépouillent la compagnie pétrolière d'équipements indispensables (véhicules, pompes et câblages en cuivre), emportant tout ce qu'ils peuvent revendre à profit. Le Venezuela est économiquement à genoux, écrasé par l'hyperinflation et une histoire de mauvaise gestion. La généralisation de la faim, les conflits politiques, les pénuries dévastatrices de médicaments et l'exode de plus d'un million de personnes au cours des dernières années ont transformé ce pays, qui faisait autrefois l'envie économique de nombre de ses voisins, en crise allant au-delà des frontières internationales. »[21]

Deuxièmement, voici une description de l'effondrement en Haïti, où les gangs règnent sur une grande partie du pays :

> « Alors que plus d'un tiers des 11 millions d'habitants d'Haïti nécessite déjà une aide alimentaire, des bandes criminelles endémiques ont paralysé les livraisons de carburant, sans lesquelles l'activité économique – et la disponibilité de la nourriture et des soins médicaux – s'est arrêtée. Le gouvernement est une coquille vide et fait souvent équipe avec les gangs qui ont pris le contrôle de quartiers entiers et d'axes routiers essentiels. Une épidémie d'enlèvements s'est propagée de manière incontrôlée. Le chaos s'installe dans presque tous les aspects de la vie quotidienne. Les massacres, les viols collectifs et les violents incendies criminels dans les quartiers font les gros titres. »[22]

Lors de *ruptures*, les composants de la vie restent suffisamment intacts pour être assemblés à nouveau dans des configurations qui peuvent fonctionner, potentiellement, encore mieux qu'avant. Cependant, l'*effondrement* nécessite la construction d'un nouveau système d'exploitation sur les décombres d'une infrastructure en ruines, d'institutions anéanties et d'une écologie dévastée.

Les conséquences de guerres dévastatrices illustrent la capacité de récupération après un effondrement systémique, *si* l'écosystème continue de fonctionner parfaitement. Pour s'en convaincre, il suffit d'observer la période qui a suivi la Seconde Guerre mondiale, lorsque les nations se sont reconstruites à partir des décombres et des ruines de la guerre. L'Allemagne a subi une destruction massive et l'effondrement de son économie, de sa société et de ses infrastructures. Néanmoins, l'après-guerre a été marquée par une reconstruction rapide. Comme le montre cet exemple, le terme « effondrement » décrit une situation de ruine presque totale d'un pays, d'une économie et d'une société, mais cela ne signifie pas une fin définitive. Ce qui émerge du processus dynamique d'effondrement dépend fortement de la capacité des gens à se mobiliser rapidement et de manière constructive. De même, la voie future qui émergera d'un effondrement à l'échelle planétaire dépend largement de la capacité des citoyens de la Terre à se mobiliser avec des réponses rapides et créatives pour construire un nouvel avenir.

J'imagine qu'après un effondrement planétaire et l'éclatement des nations, le pouvoir sera largement dispersé dans un conglomérat déconcertant de groupes et de communautés, chacun se mobilisant pour sa survie. Il en ressortira probablement une mosaïque vive de communautés et de compétences, sans que personne n'en ait le contrôle global. Certains pourraient avoir une plus grande puissance guerrière grâce à l'accès à des armes puissantes et d'autres pourraient avoir une plus grande puissance économique grâce à l'accès à des ressources importantes et à des personnes qualifiées. Certaines communautés pourraient s'organiser et se gouverner elles-mêmes, tandis que d'autres pourraient être dirigées par des « dominateurs » et leurs armées. La condition générale pourrait être celle de négociations, d'échanges, de combats et de compromis permanents. La fragmentation risque d'être si importante que personne ne sera en mesure de prendre le dessus et d'exercer un contrôle global. La lutte pour le pouvoir dans un monde qui exige des savoir-faire diversifiés crée un creuset pour la découverte de nouveaux modes de vie. La rupture et l'effondrement pourraient créer des environnements propices à une expérimentation intense. Un nouvel « alliage » humain pourrait émerger de la concurrence acharnée entre les communautés et servir de base à la construction de sociétés plus larges et régénératrices.

La nature dynamique de l'« effondrement » révèle une question clé :

Les habitants de la Terre seront-ils prêts à s'engager réellement et à stopper la dégradation de la biosphère avant que la planète ne devienne complètement inhabitable ? Afin de préparer le terrain pour une enquête plus approfondie, voici de brefs résumés de la manière dont l'effondrement pourrait se développer dans trois futurs différents :

- L'**extinction fonctionnelle** pourrait être le produit d'un réchauffement planétaire incontrôlé, produisant un climat inhabitable et l'extinction massive de la plupart des formes de vie, combiné à l'effondrement des civilisations en raison de la famine, des maladies et des conflits. La dévastation de l'écosystème de la Terre et la descente destructrice des civilisations pourraient pousser l'humanité aux limites mêmes de son existence. L'humanité pourrait connaître une « extinction fonctionnelle » tout en continuant à vivre à la limite de la survie, mais en étant tellement réduite en nombre et en capacités que nous passerions sous le seuil d'importance évolutive. En effet, l'humanité pourrait passer de l'extinction fonctionnelle à l'extinction *réelle* si nous modifions le climat de la Terre au-delà de ce que la biologie peut supporter. En bref, nous pourrions nous faire cuire jusqu'à mourir et disparaître complètement.

- L'**autoritarisme** pourrait apparaître comme une alternative radicale si l'humanité devait reculer au cours des premières phases de l'effondrement planétaire et accepter des formes de contrainte très intrusives. L'intelligence artificielle pourrait permettre des formes sophistiquées de surveillance et de contrôle qui réduisent la gravité de l'effondrement en imposant des limites extrêmes aux interactions sociales. Des formes régimentées de civilisation pourraient devenir dominantes, la vie des citoyens étant fortement contrôlée par une autorité puissante. L'autorité étant concentrée, les masses finiraient par être à la merci de quelques-uns.

- La **transformation** pourrait se produire si les gens étaient prêts à s'adapter rapidement et à s'orienter vers un avenir plus durable, plus inclusif et plus compatissant, avec un niveau élevé de maturité collective et de vie en collaboration. Avec anticipation et imagination, les expressions les plus extrêmes de l'effondrement pourraient être modérées, et notre maturité éveillée pour soutenir diverses expressions d'élévation en vue de construire un avenir utile et régénérateur.

Trois points essentiels se dégagent. Premièrement, *ces trois voies commencent par la rupture et l'effondrement.* La différence ne réside pas dans les tendances qui conduisent à l'effondrement initial, mais dans la manière dont nous nous mobilisons en réponse à ces tendances. Deuxièmement, l'« effondrement » n'est pas une condition singulière, mais un processus dynamique dont le redressement peut émerger. Jusqu'à présent, la Terre a connu cinq extinctions massives et la vie s'est rétablie chaque fois, généralement sur une période de plusieurs millions d'années. La ruine de la Terre par l'humanité ne signifie pas la fin de toute vie, mais elle pourrait très bien signifier un temps de récupération mesuré en dizaines de milliers, voire en millions d'années, ce qui, à son tour, signifie que l'humanité s'éteindrait probablement, tout comme l'ont fait les dinosaures et de nombreuses autres formes de vie lors d'une précédente extinction massive. Troisièmement, ces trois voies seront présentes à des degrés divers dans les prochaines décennies de transition turbulente, ce qui nous amène à une question essentielle : *lequel de ces trois scénarios nous dirige principalement vers un avenir lointain ?* Dans cette introduction, explorons brièvement chacune de ces voies.

Avenir I : l'extinction

> *Le monde doit s'éveiller au péril imminent auquel nous sommes confrontés en tant qu'espèce.*
> — Inger Andersen, directeur du programme environnemental des Nations Unies

Dans cette voie, le monde continue de fonctionner comme si de rien n'était, en niant largement les grands dangers qui se développent et se renforcent rapidement les uns les autres, provoquant une grave crise de l'ensemble des systèmes. Une grande partie du monde matériellement développé reste absorbée dans une transe collective de consumérisme, acceptant l'idée que nous sommes séparés les uns des autres, de la nature et de l'univers. Bien que divers mouvements de transformation de la société et de restauration de l'écologie puissent émerger, ils sont trop petits et trop faibles pour pénétrer la distraction et le déni de la majorité. De ce fait, nous ne prenons pas conscience des dangers qui nous guettent et nous nous dirigeons vers l'effondrement et l'extinction fonctionnelle. Je le répète, l'« effondrement » n'est pas un état singulier, mais un processus dynamique dont la gravité s'accroît. Voici comment je conçois le spectre de l'effondrement en cinq étapes, allant de l'effondrement initial à l'extinction totale :

1. **Ruptures généralisées.** Des systèmes divers s'effilochent et se défont. Les chaînes d'approvisionnement en biens et services se brisent. Les services essentiels tels que la police et la protection contre les incendies, l'assainissement, l'éducation et les soins de santé deviennent de moins en moins fiables. Le climat continue de se réchauffer, les espèces disparaissent, des migrations massives se produisent et les pénuries d'eau deviennent critiques. Les ruptures peuvent servir de catalyseur à une adaptation créative, de sorte que cette étape recèle encore un grand potentiel pour prendre du recul et développer des approches plus viables de la vie sur Terre.

2. **Effondrement en cours.** Les chaînes d'approvisionnement et les systèmes vitaux s'effondrent dans le monde entier. Les écosystèmes s'effondrent, les océans ne sont plus propices à la vie, la productivité agricole diminue, la famine et les migrations augmentent. Le potentiel de régénération des

systèmes humains et des écosystèmes existe toujours, mais il devient de plus en plus coûteux et inabordable. Bien que ce scénario implique une blessure profonde de l'avenir de la Terre et de l'humanité, nous pouvons néanmoins nous remettre de cette période destructrice.

3. **Effondrement complet.** L'effondrement brutal des systèmes humains s'ajoute aux dommages irrémédiables causés à la biosphère. Il est impossible de régénérer les écosystèmes du passé ; au lieu de cela, nous sommes obligés de reconstruire à partir d'une base écologique et humaine profondément blessée pour tenter de créer une biosphère saine à partir de ce qui reste.

4. **Extinction fonctionnelle.** L'être humain n'est plus une espèce viable. Le nombre de spermatozoïdes chute à près de zéro et nous sommes incapables de nous reproduire en tant qu'espèce. Des pandémies implacables prolifèrent sans contrôle, érodant encore davantage les chances de survie de l'humanité. Le réchauffement climatique rend la Terre inhospitalière et largement inhabitable. L'écosystème global est dévasté et mutilé au point d'être méconnaissable. Des poches d'humanité subsistent, mais une présence humaine significative a disparu, ne laissant que quelques survivants enfermés dans une lutte pour la survie au milieu des ruines.

5. **Extinction totale.** La montée en flèche des niveaux de CO_2 produit des niveaux de réchauffement qui rendent la Terre entière inhabitable pour les humains et de nombreuses autres espèces animales et végétales. Au-delà de l'effondrement du nombre de spermatozoïdes humains, d'autres forces produisent des effondrements et des extinctions à grande échelle : guerre nucléaire généralisée, systèmes d'intelligence artificielle échappant au contrôle de l'homme, génie génétique produisant un éventail d'espèces humaines hostiles aux humains « ordinaires », disparition des insectes

pollinisateurs entraînant une extinction massive des plantes et de nombreuses espèces animales.[23] Les efforts déployés pour éviter l'extinction totale se traduisent par des manipulations génétiques extrêmes visant à créer des êtres humains de synthèse tolérant des niveaux élevés de chaleur et résistant à de nombreuses maladies.[24] Des armes de bioterrorisme pourraient être créées pour prendre l'humanité en otage, en menaçant de libérer des agents pathogènes s'il n'y a pas de redistribution massive des richesses, et ces agents pathogènes pourraient devenir incontrôlables et achever la disparition des êtres humains sur Terre.[25] Seuls des fragments de vie peuvent subsister, mais à partir de ceux-ci, de nouvelles formes de vie pourraient se développer sur des dizaines de milliers ou des millions d'années.[26]

Dans un monde qui se dirige vers l'effondrement total, deux modes d'adaptation semblent susceptibles d'émerger :

1. l'adaptation *compétitive* ou une approche survivaliste, marquée par des groupes en lutte constante et violente pour les éléments de base de la vie ; et

2. l'adaptation *fondée sur la compassion* ou l'approche de la bonté, marquée par des écocommunautés engagées dans des efforts de survie pacifique et de restauration collaborative de l'écologie locale.

Bien qu'une adaptation fondée sur la compassion puisse réussir dans les premiers stades de l'effondrement, à mesure que le monde devient de plus en plus dominé par des luttes féroces et des conflits pour l'accès à des ressources de plus en plus rares, il semble probable que les communautés de bonté seront attaquées et submergées par des gangs bien armés qui voleront les précieuses réserves de nourriture, de graines, de plantes, d'animaux et d'outils. Une fois que les luttes extrêmes pour la survie se seront généralisées, il sera extrêmement difficile pour les gens de se réunir avec gentillesse et de travailler en coopération. Une leçon claire s'en dégage : *nous devons faire tout ce qui est en notre pouvoir pour éviter de sombrer dans un effondrement total où les guerres pour la survie deviennent normales et où les initiatives de transformation sont marginalisées.*

Pour illustrer l'effondrement menant à l'extinction fonctionnelle, prenons l'exemple de l'île de Pâques. Avec un climat doux et un sol volcanique riche, l'île de Pâques était un paradis couvert de forêts et rempli d'une vie animale et végétale diversifiée lorsque les colons polynésiens s'y sont installés pour la première fois vers 500 apr. Jésus-Christ. Au fur et à mesure de leur prospérité, les habitants de l'île sont passés de quelques centaines à environ 7 000 personnes, voire plus, et ils ont rapidement consommé les ressources de l'île au-delà de sa capacité de régénération. Des preuves archéologiques montrent que la destruction des forêts de l'île de Pâques était déjà bien avancée en l'an 800, soit environ 300 ans après l'arrivée des premiers hommes. Vers 1500, les forêts et les palmiers avaient complètement disparu, car les gens défrichaient les terres pour l'agriculture et utilisaient les arbres restants pour construire des canoës de haute mer et des maisons ou pour le brûler comme bois de chauffage. Jared Diamond, professeur de médecine à l'UCLA, décrit comment la vie animale a été éradiquée sur l'île de Pâques :

> « La destruction des animaux de l'île a été aussi extrême que celle de la forêt : toutes les espèces d'oiseaux terrestres indigènes, sans exception, ont disparu. Même les coquillages ont été surexploités, jusqu'à ce que les gens se contentent de petits escargots de mer. Les os de marsouins ont brusquement disparu des tas d'ordures vers 1500 ; personne ne pouvait plus harponner les marsouins, car les arbres utilisés pour la construction des grands canoës de mer n'existaient plus. »[27]

La biosphère a été dévastée au point de ne plus pouvoir se rétablir à court terme. Les forêts ayant disparu, la pêche en mer n'étant plus possible et les animaux ayant été chassés jusqu'à l'extinction, les gens se sont retournés les uns contre les autres. L'autorité centralisée s'est effondrée et l'île a sombré dans le chaos, avec des groupes rivaux vivant dans des grottes et rivalisant les uns avec les autres pour survivre. Enfin, selon Diamond, les habitants de l'île « se sont tournés vers la source de viande la plus abondante disponible : les *humains*, dont les ossements sont trouvés plus couramment dans les amas de déchets à la fin de la civilisation de l'île de Pâques. Les récits oraux des habitants de l'île font état de cannibalisme ». La seule source sauvage d'alimentation restante était les rats. En 1700, la population s'était effondrée pour n'être plus qu'entre un quart et un dixième de son niveau antérieur. Lorsqu'un explorateur hollandais visita l'île en 1722 (le dimanche de Pâques), il n'y trouva qu'un terrain vague presque entièrement dépourvu de végétation et d'animaux. Cook décrivit les habitants de l'île comme étant « petits, maigres, timides et misérables ».[28]

Les parallèles entre l'île de Pâques et la Terre sont frappants : l'île de Pâques abondait de vie au cœur d'un vaste océan. La Terre est une île qui abonde de vie et flotte dans un vaste océan d'espace. La signification de ce qui est arrivé sur l'île de Pâques devrait à nos yeux représenter une évidence glaçante. Diamond conclut en effet que l'île de Pâques représente une miniature de la Terre :

> « Lorsque les habitants de l'île de Pâques ont rencontré des difficultés, ils n'ont pu fuir nulle part ni trouver d'assistance ; de même, nous, Terriens modernes, n'aurons aucun recours si nous laissons nos problèmes s'aggraver. Si quelques milliers d'habitants de l'île de Pâques qui disposaient seulement d'outils en pierre et de leur propre force musculaire ont suffi à détruire leur environnement et donc leur société, comment des milliards de personnes disposant d'outils en métal et de la puissance des machines peuvent-ils échouer à faire pire ? »[29]

Comme nous le révèlent les événements survenus sur l'île de Pâques, l'espèce humaine a démontré sa capacité, à petite échelle, à dévaster irrémédiablement notre biosphère et à introduire notre propre effondrement fonctionnel.

Avenir II : l'autoritarisme

Dans ce modèle, les risques d'extinction suivant une crise systémique globale pour la Terre sont reconnus et, pour les contenir, l'humanité troque ses libertés personnelles et les droits de l'homme contre la sécurité promise par des communautés ou des sociétés très autoritaires. Le fonctionnement des démocraties est souvent encombrant et lent, tandis que les gouvernements autoritaires peuvent agir rapidement, sans se soucier de l'opinion du public. Cela permet de rationaliser les prises de décision et d'agir rapidement en cas de crise. Les dérives des gouvernements autoritaires sont entre autres l'oppression des minorités, la suppression des libertés d'association et d'expression et l'étouffement de l'innovation créative. Les sociétés autoritaires présentent également des taux plus élevés de maladies mentales et des déficiences plus importantes en matière de santé et d'espérance de vie.[30]

Les dictatures numériques utilisent de puissantes technologies informatiques intégrées à un vaste éventail de domaines (financier, social, médical, éducatif, emploi, etc.) pour contrôler étroitement leurs importantes populations. Dans ce modèle, le monde évite un effondrement dévastateur en imposant des restrictions sévères à presque tous les aspects de la vie, freinant ainsi notre précipitation vers le chaos. Les tendances aux effondrements écologique, social et économique sont strictement contrôlées et stoppées avant qu'un effondrement ruineux ne mène à l'extinction fonctionnelle. Un avenir composé de contraintes et de conformité nous attend.

On cite souvent l'exemple de la Chine, qui est en voie de devenir une dictature numérique par l'intermédiaire des scores de « crédit social » combinés à des systèmes de reconnaissance faciale et à d'autres technologies visant à surveiller et à contrôler chaque personne, accompagnés d'un éventail de punitions et de récompenses.[31]

Des numéros uniques sont attribués aux téléphones portables et aux accès à internet pour permettre leur suivi. Les transgressions qui réduisent la cote de confiance d'une personne peuvent être mineures (traverser en dehors des clous, jouer trop longtemps à des jeux vidéo) ou majeures (promouvoir des « fake news », « avoir des pensées malsaines » ou encore des activités criminelles). Les sanctions vont de l'humiliation publique (affichage public du nom et de l'image de la personne) à la restriction des possibilités d'emploi, en passant par la diminution de l'accès à l'éducation pour cette personne et/ou ses enfants, la limitation de l'accès aux médicaments de qualité, la réduction du débit internet et bien d'autres encore. Parmi les récompenses, on trouve de meilleures opportunités professionnelles, de meilleures options de voyage (en avion au lieu d'en bus), des réductions sur les factures énergétiques, un accès plus facile aux hôtels et même de meilleures rencontres sur les sites de rencontres numériques. Avec l'accélération du développement de l'intelligence artificielle, les punitions et les récompenses sont calculées en continu pour chaque individu afin de produire une société hautement surveillée, réglementée et stricte. L'opinion publique et les discours sont étroitement contrôlés. Certains sujets sont interdits dans les médias d'information, tels que la promotion de « thèmes pro-sociaux », l'étendue de la surveillance des conversations sur internet, la restriction sélective des rassemblements de plus de trois personnes et bien plus encore. Il en résulte une société étroitement surveillée, scrutée et contrôlée qui se confine aux limites écologiques, mais au prix de la perte d'un grand nombre de libertés.

Plus important encore, la Chine n'est pas le seul pays qui avance dans le chemin de l'autoritarisme numérique. L'approche chinoise de l'internet baptisée « Grand Pare-feu » s'étend à un nombre croissant d'autres pays, notamment la Russie, l'Inde, la Thaïlande, le Vietnam, l'Iran, l'Éthiopie et la Zambie.[32] Même au sein de nations historiquement attachées à la démocratie telles que les États-Unis une part importante de la population — estimée à environ 20 %

des citoyens américains en 2021 — se déclarent favorables à une réduction des libertés civiles en échange de solutions radicales pour assurer l'ordre public en cas d'effondrement de la société.[33]

Bien qu'un certain nombre de nations aient commencé à renforcer un contrôle autoritaire de leurs populations, il n'est pas certain qu'elles puissent s'imposer à long terme dans un monde qui connaît des niveaux catastrophiques de changement climatique, de pénuries d'eau, d'extinctions d'espèces, de pénuries alimentaires et d'autres facteurs qui acheminent le monde vers un effondrement de l'ensemble des systèmes. Les pays dirigés par des poignes de fer pourraient se décomposer et laisser à leur place des fiefs concurrents qui chercheront à conserver un contrôle autoritaire à plus petite échelle. Pire encore : ils pourraient sombrer dans une dictature totale, avec à leur tête des dirigeants uniques hautement narcissiques et sans compassion qui prendraient les décisions pour tout le monde.

Avenir III : la transformation

Ce parcours transformationnel commence comme les deux autres : les ruptures se poursuivent et entraînent un processus d'effondrement dynamique. Néanmoins, avant de s'effondrer vers l'extinction fonctionnelle ou l'abandon de nos libertés dans l'autoritarisme, la population de la Terre pourrait se rendre compte de l'immense péril qui nous guette et s'écarter de ces deux voies pour, au contraire, s'engager sur la voie d'un monde en transformation. Plus facile à dire qu'à faire ! Un cheminement de transformation nécessite bien plus que de l'énergie renouvelable, une modification des alimentations, des véhicules électriques et des familles ayant un seul enfant. Nous avons également besoin de puissantes forces pour nous élever dans le processus évolutionnaire et transformer une crise des systèmes planétaires en un monde au service du bien-être de toute forme de vie.

Les forces puissantes, pratiques et stimulantes qui seront nécessaires à la construction d'une Terre qui se transforme sont décrites en détail dans la dernière section du livre (Partie IV). En voici le résumé :

Sept forces pour s'élever

1. **Choisir la vie** — Nous basculons d'un état d'esprit fondé sur la séparation et l'exploitation au sein d'un univers mort à un autre, centré sur la communauté et la bienfaisance au sein d'un univers vivant. Vivre l'instant présent en faisant directement l'expérience de la vie devient ce qui nous donne sens et notre objectif.

2. **Choisir la conscience** — Nous nous déplaçons hors de la bulle du matérialisme pour accéder à une participation bienfaisante avec la vie en prêtant attention à nos déplacements à travers la vie avec une conscience réfléchie ou une attention prête à témoigner.

3. **Choisir la communication** — En utilisant les outils d'une communication « locale à globale », nous développons un sens de la communauté qui inclut l'aspect local et une dimension globale et construisons un nouveau consensus qui guidera notre chemin vers l'avenir.

4. **Choisir la maturité** — En faisant la transition d'un état d'esprit égocentrique et adolescent à un regard mature et à un engagement en faveur du bien-être de toute forme de vie, nous posons les fondations psychologiques d'un avenir transformateur.

5. **Choisir la réconciliation** — En reconnaissant le racisme structurel, les inégalités extrêmes en matière économique et de bien-être, les divisions de genre et l'« altérité » de façon plus générale, nous cherchons à guérir et à trouver un terrain d'entente d'un niveau supérieur où la coopération et la collaboration sont éveillées.

6. **Choisir la communauté** — En quête de sécurité et d'un sentiment d'appartenance au sein d'un monde qui s'effondre, nous entamons la reconstruction des communautés

au niveau local et redécouvrons le sentiment d'être chez soi dans le monde.

7. **Choisir la simplicité** — Au-delà de la consommation infinie définie comme le but de notre vie, nous entamons un cheminement vers la simplicité reconnaissante que nous sommes en vie et choisissons de vivre en conscience saine du bien-être de toute forme de vie.

Il n'est pas question de fiction. Chacune de ces forces élévatrices est déjà largement reconnue. Le défi consiste à dynamiser et à mobiliser des forces déjà présentes qui se trouvent à notre disposition. La synergie de ces deux ensembles de changements, d'une part, les changements concrets (tels que la prolifération de l'énergie solaire, les nouveaux modèles alimentaires, la réduction de la taille des familles, les nouveaux modes de travail, etc.) et d'autre part, les changements immatériels (tels que la maturation de l'espèce humaine, sa prise de conscience, la réconciliation, etc.) sont indispensables afin d'opérer une transformation profonde et durable. L'intersection de ces ensembles de changements donnera naissance à une période de transition dynamique et turbulente, à mesure que l'élan évolutif du passé deviendra une nouvelle dynamique entraînant un avenir qui nous transforme. En apparence, cette période pourrait être marquée par la confusion et le chaos ; pourtant, de profonds courants de changement seraient à l'œuvre, tissant et élevant le monde vers un niveau supérieur de cohérence, de potentiel et de sens.

Puisqu'on attend l'émergence d'une voie de transformation à partir d'un processus d'effondrement, patience et persévérance seront incontournables pour un épanouissement visible de l'évolution dans le monde. Bien que ce cheminement soit profondément exigeant, par exemple, car il en appelle à un nouveau niveau de maturité, de réconciliation et de conscience de la part de l'humanité, il fait déjà partie des options qui sont actuellement à notre portée.

Il est utile de reconnaître les nombreux domaines dans lesquels les humains collaborent avec succès depuis longtemps.

- *Météo* – Le système météorologique mondial fusionne tous les jours des informations provenant de plus de cent pays pour fournir des informations météorologiques à l'échelle mondiale.

- *Santé* – Les nations du monde entier ont coopéré pour éradiquer des maladies telles que la variole, la polio et la diphtérie.

- *Voyages* – Les accords internationaux sur l'aviation garantissent le bon fonctionnement du transport aérien mondial, tandis que la coopération mondiale a permis la construction de la station spatiale internationale par un consortium de nations.

- *Communications* – L'Union internationale des télécommunications (UIT) attribue le spectre électromagnétique de sorte que les signaux de télévision, les téléphones portables et les signaux radio ne sont pas submergés par les interférences.

- *Justice* – Une éthique mondiale émerge à mesure que les cours et tribunaux mondiaux réclament des comptes aux chefs d'État pour les politiques de génocide, de torture et de crimes contre l'humanité.

- *Environnement* – Malgré le retard pris dans l'action climatique, les nations du monde ont conclu des accords importants sur des questions écologiques, dont l'interdiction des CFC qui endommagent la couche d'ozone de l'atmosphère.

Ces exemples de collaboration réussie au sein de la communauté humaine constituent un contexte important lorsque nous contemplons l'avenir : ils illustrent la capacité de l'humanité à atteindre un niveau de maturité plus élevé et à travailler ensemble de manière efficace.

Il est utile d'analyser les trois principaux cheminements en les comparant pour se rendre compte de leurs similitudes et de leurs différences. Ce qui différencie le plus ces trois avenirs possibles, ce ne sont pas les tendances sous-jacentes, mais les choix apparents que nous faisons en tant qu'humains. Car il n'existe pas d'avenir unique qui soit plus probable, le cheminement qui prévaudra dépendra d'un choix conscient ou d'une renonciation inconsciente de notre part. Par conséquent, un cheminement de transformation et d'élévation ne représente pas une prédiction. Bien au contraire, il s'agit d'une description plausible du choix collectif et du changement de conscience que nous pourrions réaliser en tant que société mondiale en réponse à la rupture et à l'effondrement dynamique.

L'une de nos facultés les plus importantes en tant qu'espèce est notre aptitude à regarder de l'avant, à anticiper ce qui pourrait se passer et à réagir rapidement. Si nous pouvons exploiter notre imagination collective et imaginer comment nous sommes en train de créer une Terre inhabitable, nous n'avons pas besoin que cet avenir devienne une réalité physique pour en tirer les leçons. Nous pouvons intérioriser les enseignements et les leçons d'un avenir imaginé et choisir consciemment un cheminement différent pour la suite. Notre vive imagination se représente déjà des avenirs dans lesquels nous ne souhaitons pas vivre. Par ailleurs, nul besoin d'attendre que le réchauffement climatique fasse fondre les calottes glaciaires et inonde les villes côtières du monde entier pour nous réveiller et décider que ce n'est pas l'avenir que nous voulons. Nous n'avons pas besoin de tuer un million d'espèces différentes de faune et de flore avant de décider qu'une biosphère appauvrie et stérile n'est pas l'avenir que nous choisissons. Nul besoin de céder à un régime autoritaire et à une dictature numérique avant de décider que les libertés humaines pour une évolution consciente sont précieuses au-delà de toute mesure. Si nous mobilisons notre imagination collective et visualisons plus clairement les voies à suivre, nous pouvons nous orienter consciemment vers un avenir différent ; *dès maintenant* et non après des années d'atermoiements et de distractions.

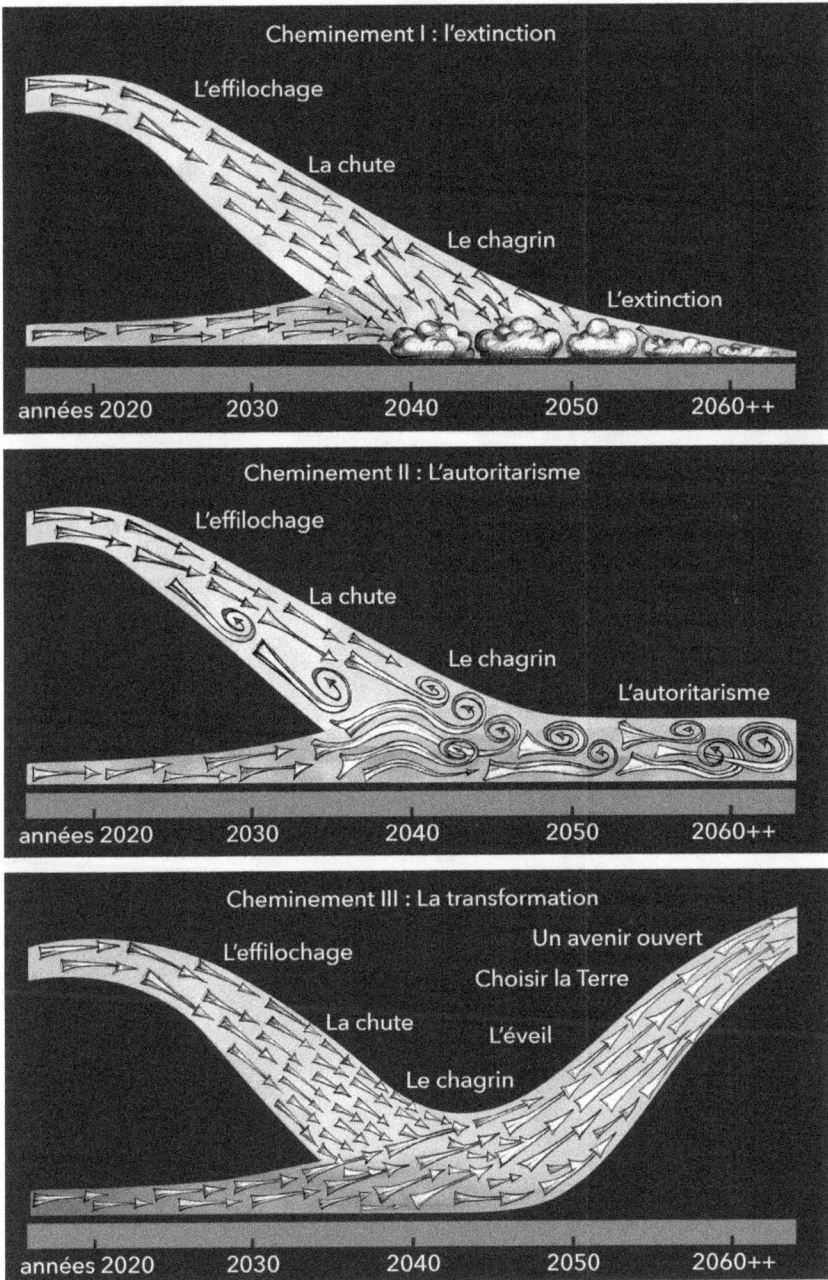

Figure 2 : Trois cheminements pour l'humanité

PARTIE III

Étapes de l'initiation et de la transformation

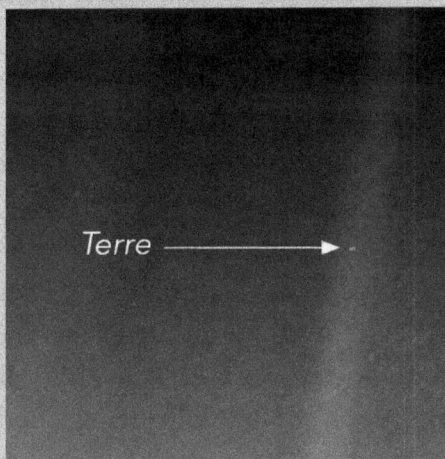

La Terre vue par la sonde Voyager depuis près de 4 milliards de milles de distance

« Regardez ce point. C'est ici. C'est chez nous. C'est nous. Sur lui toutes les personnes que vous aimez, les personnes que vous connaissez, toutes les personnes dont vous avez jamais entendu parler, tous les êtres humains ayant jamais vécu ont passé leur vie. La somme de nos joies et souffrances, des milliers de religions, d'idéologies et de doctrines économiques persuadées d'avoir raison, chaque chasseur et chaque cueilleur, chaque héros et chaque lâche, chaque créateur et chaque destructeur, chaque roi et chaque paysan, chaque jeune couple amoureux, chaque mère et chaque père, chaque enfant plein d'espoir, chaque inventeur et chaque explorateur, chaque professeur de morale, chaque politique corrompu, chaque "superstar", chaque "guide suprême", chaque saint et pécheur de l'histoire de notre espèce a vécu ici — sur un grain de poussière suspendu dans un rayon de soleil. »

— Carl Sagan

Scénario résumé de l'initiation de l'humanité : de 2020 à 2070

Les années 2020 Le grand effilochement : la rupture
Toutes les institutions majeures commencent à s'effilocher et à se défaire. L'économie du monde se fragmente et échoue à tous les niveaux : local, national et global. L'écologie de la Terre sur terre, dans les océans, de la faune et de la flore se détériore de manière préoccupante. Les systèmes **sociaux** dysfonctionnent à tous les niveaux, entraînant la perte de la confiance de la population, le déclin de la légitimité et la croissance des divisions. Les institutions **académiques** sont de plus en plus déconnectées des besoins d'apprentissage des étudiants pour vivre efficacement sur notre Terre en mutation. Les **médias** de masse font la promotion du consumérisme tout en exploitant la peur et les distractions. Les institutions **religieuses** perdent la confiance de leurs fidèles en tant que sources de sens et de compréhension dans notre monde qui s'effiloche.

Les années 2030 Le grand effondrement : la chute libre
Le monde se trouve profondément empêtré dans le dépassement. Les demandes de l'humanité dépassent ce que la biosphère peut fournir de manière durable par ses capacités de régénération et de renouvellement. Nous ne pouvons plus continuer selon les modèles du passé. Les fils de connexion qui ont maintenu le tissu de civilisations se désintègrent et nous descendons vers l'effondrement. Tout l'appareil complexe d'un monde qui vit largement au-dessus de ses moyens matériels met l'humanité face à une écologie qui s'effondre, avec des changements climatiques violents, des extinctions massives de la faune et de la flore, une baisse de la production alimentaire, une augmentation de la famine et des maladies, des conflits généralisés, et plus encore.

Les années 2040 La grande initiation : le chagrin

Un monde qui s'effondre produit des pertes, un chagrin, un deuil et une culpabilité immenses. Le changement climatique, l'extinction des espèces, l'épuisement des ressources, les migrations massives, entre autres, engendrent des conflits de grande ampleur. Le monde devient incontrôlable, provoquant une grande mort et d'incroyables souffrances alors que des millions d'êtres humains périssent en même temps que des masses d'animaux et de plantes partout sur la Terre.

Les années 2050 La grande transition : le jeune âge adulte

Nous nous éveillons collectivement à la réalité de l'effondrement des systèmes de la Terre. Nous avons le choix entre nous résigner à l'extinction fonctionnelle de la vie humaine ou accéder à notre maturité collective. Nous reconnaissons notre responsabilité collective d'œuvrer au bien-être de toute vie humaine : les riches comme les pauvres, le nord comme le sud, les personnes de toutes les races, et plus encore. Les mouvements pour la régénération se développent à toutes les échelles ; dans les « écovillages », les « villes en transition » et les « écocités ». Nous commençons à construire les fondations d'une nouvelle vie sur Terre.

Les années 2060 La grande liberté : choisir la Terre

Une nouvelle maturité humaine et une volonté collective de communiquer et de collaborer à de nouveaux modes de vie sur la Terre émergent de cette immense perte. Par des conversations à l'échelle de notre espèce, nous choisissons la Terre comme notre habitat et communiquons de manière entièrement nouvelle afin de détourner la courbe de l'évolution de la ruine et de l'orienter vers un avenir qui nous élèvera. Des efforts acharnés en matière d'innovation et de restauration sont déployés partout sur Terre.

Les années 2070 Le grand voyage : un avenir ouvert

Une conscience à l'échelle de la Terre et une espèce-civilisation commencent à voir le jour. Prenant conscience que nous nous élèverons ensemble ou que nous sombrerons ensemble, nous choisissons de nous élever dans un nouveau sens de notre humanité, définie comme la communauté de la Terre toute entière. Un nouveau chemin nous invite à restaurer l'intégrité de la vie sur Terre.

Scénario complet de transformation

Dépassons maintenant les trois cheminements en passant à l'examen approfondi d'un avenir « transformationnel ». Les deux autres cheminements, « l'extinction » et « l'autoritarisme », sont relativement clairs, car leur émergence est déjà visible à travers le monde. Toutefois, un avenir transformationnel est différent. Il représente en effet une avancée évolutive vers l'inconnu. Parce que nous ne nous sommes jamais aventurés sur ce chemin, nous n'avons pas de préconception sur ce à quoi ressemble un parcours transformationnel. Il prend appui sur la puissance combinée des forces d'élévation que nous reconnaissons individuellement, mais que nous n'avions pas imaginé qu'elles puissent converger en une force collective d'évolution. Pour donner un aperçu d'une vision transformationnelle de l'avenir, voici un paragraphe extrait de mon livre de 2009 *The Living Universe* :

> « La souffrance, la détresse et l'angoisse de ces temps deviendront un feu purificateur qui fera se consumer les anciens préjugés et hostilités pour purifier l'âme de notre espèce. Je ne m'attends pas à ce qu'un brillant moment unique de réconciliation s'abatte sur la planète ; au contraire, des vagues de calamités écologiques viendront renforcer les périodes de crise économique, et toutes deux seront amplifiées par des vagues massives de troubles civils. Plutôt qu'un crescendo unique de crises et de conflits, il y aura probablement une réconciliation passagère suivie d'une désintégration, puis d'une nouvelle réconciliation. En donnant naissance à une civilisation mondiale durable, l'humanité traversera probablement

des cycles de contraction et de relâchement. Ce n'est qu'en nous épuisant totalement que nous franchirons les barrières qui nous séparent de notre plénitude en tant que famille humaine. Finalement, nous verrons que nous ne pouvons pas échapper au choix entre une civilisation planétaire gravement blessée (voire mort-née) et la naissance d'une famille humaine et d'une biosphère meurtries, mais relativement saines. En témoignant et en acceptant la responsabilité de ce choix inéluctable, nous nous efforcerons de découvrir un sens commun de réalité, d'identité et de sens social. Pour trouver ce nouveau sens commun, des efforts extrêmes seront exigés de notre part. Ce n'est qu'après que nous aurons épuisé tout espoir de solutions partielles que nous serons prêts à aller de l'avant avec une ouverture d'esprit et de cœur vers un avenir de développement où tous se soutiendront les uns les autres. En fin de compte, en passant par notre initiation, nous pouvons maturer de l'adolescence au début de l'âge adulte et assumer consciemment notre responsabilité dans le cadre de notre relation avec la Terre, le reste de la vie et l'univers ».[34]

Ce paragraphe ne détaille pas la nature des changements transformationnels à venir. Afin d'élaborer un scénario plus solide pour l'avenir, je décris ci-dessous chaque décennie de trois manières différentes :

1. Un **résumé** de la décennie. Il est facile de se perdre dans les informations détaillées, c'est pourquoi ce résumé présente une vue d'ensemble de la décennie.

2. Un examen des **tendances motrices** principales de chaque décennie. Il s'agit des informations concrètes et factuelles qui proviennent des sources les plus fiables que j'ai pu trouver, pour une compréhension détaillée des principaux défis

qui nous attendent. Les tendances motrices fournissent le « squelette » ou le cadre analytique du scénario.

3. Un scénario ou **une histoire** qui décrit le déroulement de la décennie. Il s'agit de la « chair », d'une description plus subjective de l'évolution de la décennie. Les tendances détaillées sont entretissées pour former un récit réaliste de l'avenir.

En m'appuyant sur les meilleures estimations scientifiques disponibles, j'ai identifié huit tendances directives communes à chaque décennie :

1. Réchauffement de la planète et perturbation du climat

2. Pénurie d'eau

3. Pénurie alimentaire

4. Réfugiés climatiques

5. Extinction d'espèces

6. Population mondiale

7. Croissance économique/rupture

8. Inégalités économiques

Alors que les études prospectives ne s'intéressent souvent qu'à quelques tendances directrices, j'examine ces huit tendances et la manière dont elles sont susceptibles d'interagir entre elles au cours des prochaines décennies. J'élabore ensuite sept *facteurs d'élévation* supplémentaires — la « chair » qui complète les descriptions du « squelette ». En réunissant ces quinze facteurs directeurs, on obtient un scénario riche en détails. Cette approche ne garantit pas d'avoir les « bonnes réponses » concernant l'avenir, mais elle propose une approche disciplinée qui permet de développer une vision réaliste du cheminement élévateur qui peut émerger de ces décennies sombres.

Il est important de reconnaître que la division de ce scénario en périodes de dix ans est plutôt arbitraire. Le monde est un endroit désordonné et complexe qui ne se divise pas en décennies de développement nettes et pratiques. De plus, nous sommes entrés dans une période turbulente et chaotique de transition planétaire qui contiendra des éléments imprévisibles tels que l'émergence soudaine d'une pandémie mondiale de Covid, susceptibles de faire déraper des attentes par ailleurs plausibles. Il y a donc de bonnes raisons d'être prudent lorsqu'il s'agit de diviser l'avenir en décennies distinctes.

La confiance scientifique dans les données d'analyse des tendances tend à diminuer plus les projections sont éloignées dans l'avenir, les premières décennies reposent plus fortement sur les données et les analyses scientifiques. Comme je l'ai mentionné auparavant, *les trois cheminements — extinction, autoritarisme et transformation — commencent avec ces mêmes forces motrices.* La différence entre ces cheminements ne se trouve pas dans les tendances précoces, mais dans les choix que la communauté humaine fait en réponse à celles-ci. *Un avenir transformationnel ne se dessine que parce que nous levons la tête et éveillons nos cœurs pour qu'ils se consacrent à une raison supérieure et à un potentiel plus élevé en tant qu'espèce.*

L'exploration d'un scénario transformationnel est un exercice difficile d'imagination sociale qui nécessite un degré élevé de compassion, de persévérance et de patience. *C'est un travail éprouvant.* Nous devons mettre en œuvre toutes les facultés dont nous disposons afin de développer une image claire de l'avenir. Celle-ci comprend des peines et des pertes, mais également des facteurs d'élévation tels que la maturation collective et l'éveil, qui peuvent transformer la difficulté inflexible en une opportunité réaliste. Bien que l'exploration des prochaines cinquante années représente un défi important, elle renferme le potentiel de la visualisation d'une initiation profonde de sens et d'un rite de passage pour notre espèce.

Je souhaite m'arrêter un instant et saluer le courage dont vous faites preuve en choisissant de lire ce livre. Vous lisez au nom de toutes les formes de vie. Je présume que vous êtes une personne douée d'une intelligence curieuse et d'un cœur bienveillant. Je présume que vous aimez la vie, les gens, la nature et la Terre. Je présume que vous ressentez de manière intuitive comment la vie à l'avenir appelle toutes les personnes éveillées dans le présent à témoigner de ce qui se déroule actuellement sur Terre. À se manifester à témoigner que ce temps de transformation inédite que nous traversons est un cadeau pour l'avenir. Jusqu'à récemment, peu de personnes étaient conscientes qu'un effondrement dynamique de la civilisation humaine est en cours, créant une initiation profonde de sens pour notre espèce. Aujourd'hui, nous sommes en mesure de reconnaître qu'une initiation est en cours, et cette conscience peut opérer une différence radicale dans notre choix de cheminement vers l'avenir. Je souhaite vous exprimer mon admiration pour vos sentiments de perte ainsi que pour votre gratitude envers la vie qui continue. Je respecte que vous acceptiez de voir ce qui se déroule. Ce faisant, vous contribuez à une nouvelle espèce humaine en mesure de servir le bien-être de toute forme de vie. Je vous remercie d'être un fidèle serviteur de notre avenir qui se transforme.

Les années 2020 : le grand effilochement – la rupture

Résumé

Dans les années 2020, la grande transition s'amorce à mesure que l'humanité s'éveille au fait indéniable que nous sommes confrontés à une crise mondiale profonde. Nous prenons conscience, progressivement, que nous ne sommes pas confrontés à un seul problème que nous devons résoudre, mais à une crise de systèmes entiers qui nécessite des modifications profondes de notre mode de vie sur Terre. Collectivement, cette réalisation ne nous vient pas rapidement ou facilement. L'humanité entame cette décennie charnière dans un état de divisions profondes. Lentement, une minorité prend conscience que nous nous trouvons face à une crise menaçant des systèmes entiers et qui dépasse largement le dérèglement climatique.

Au cours de cette décennie, le réchauffement climatique provoque une augmentation des sécheresses, incendies, inondations et orages intenses à travers le monde. Des actions sont entreprises pour combattre les niveaux croissants de CO_2, mais le rythme de l'innovation est bien inférieur à ce qu'il nous faudrait pour stabiliser les températures globales. Nous sommes sur la voie d'une catastrophe climatique. La pénurie d'eau représente une source de stress pour près de la moitié de la population mondiale. Aux États-Unis, en Inde et ailleurs dans le monde, les nappes phréatiques sont asséchées par les pompages. Tous les ans, plusieurs millions de personnes supplémentaires deviennent des réfugiés climatiques cherchant à s'installer dans des zones aux ressources plus abondantes. La faune et la flore subissent ce stress, incapables de migrer rapidement en réponse à la vitesse du changement climatique. Les chaînes d'approvisionnement économiques se brisent.

Les différents types d'institutions (économiques, politiques, académiques, sanitaires, etc.) peinent à opérer des changements. La plupart des dirigeants se limitent à protéger leur richesse, leur pouvoir, leur position et leurs privilèges. Les dirigeants se préoccupent plus de perpétuer leurs institutions que de protéger le bien-être de toutes les formes de vie. La profonde perte de confiance que ressentent les jeunes générations du monde ne cesse de croître. Une majorité de jeunes se sentent « condamnés » et ont l'impression que leur avenir à long terme a été abandonné au profit de gains à court terme par les générations qui les précèdent.

La remise en cause de la mentalité matérialiste, consumériste et capitaliste se développe, mais reste largement inefficace compte tenu du pouvoir économique et politique des individus les plus riches. Au niveau global, les disparités de richesse sont extrêmes : les 10 % les plus riches de la population mondiale détiennent 76 % des richesses et les 50 % les plus pauvres n'en possèdent que 2 %. En d'autres termes, 10 % de la population mondiale accapare les trois quarts de la richesse totale ne laissant à la moitié la plus pauvre de la population mondiale qu'un minuscule pourcentage des richesses.[35] En ce qui concerne le changement climatique, ces inégalités ne reflètent pas seulement des disparités en matière de bien-être économique, mais aussi de grands écarts d'émissions de CO_2. Les plus riches sont responsables d'une quantité disproportionnée des émissions de carbone. Il semble de plus en plus improbable que notre monde puisse fonctionner comme un ensemble intégré et coopératif avec des différences aussi extrêmes. Si nous voulons transitionner vers un monde à faibles émissions de carbone et fournir des systèmes de santé et d'éducation adéquats, une taxe sur la richesse et une taxe sur le carbone sont importantes. Bien que le besoin d'une plus grande équité soit énorme, la résistance est encore plus forte. Il semble probable que le système économique qui perpétue ces inégalités profondes s'effondrera sous le poids de ce dysfonctionnement. Il n'est tout simplement pas viable à long terme.

La révolution des communications se poursuit à un rythme rapide avec le développement des réseaux à grande vitesse aux États-Unis et leur croissance au niveau global. Deux tiers des citoyens du monde avaient accès à internet au début de la décennie, avec une augmentation rapide pour atteindre les trois quarts à la fin de la décennie. Néanmoins, le contenu des communications axé sur le consommateur favorise la plupart du temps une mentalité plus adolescente et autocentrée qui se concentre sur l'éphémère.

Dans l'ensemble, au cours de cette décennie, les conflits se multiplient au fur et à mesure que les gens se replient de plus en plus au sein de groupes identifiés par leur race, ethnie, religion, richesse et opinions politiques. Malgré des ruptures de plus en plus importantes, les préoccupations premières sont le retour à la normalité d'avant et la pérennité du modèle économique.

Analyse des principales tendances directives des années 2020

- **Réchauffement climatique** : une augmentation de 1,2° Celsius du réchauffement climatique (environ 2° Fahrenheit) jusqu'en 2020 fournit une preuve claire de l'existence d'un dérèglement climatique majeur en cours. Les scientifiques craignent qu'une augmentation de 1,5 °C n'entraîne une instabilité climatique beaucoup plus importante que ce que l'on imaginait jusqu'à présent.[36] Certaines projections scientifiques alarmantes estiment qu'une augmentation catastrophique de la température de l'ordre de 3 °C se produira d'ici la fin du siècle.

Les implications de ce réchauffement climatique sont terribles : un rapport spécial du GIEC *de 2019*, par exemple, reconnaît que la moitié des mégapoles mondiales, comptant près de deux milliards d'habitants, se trouvent sur des côtes vulnérables. Même si l'augmentation de la température mondiale se limitait à 2 °C, les scientifiques s'attendent à ce que l'effet de l'élévation du niveau de la mer provoque plusieurs milliers de milliards de dollars de dommages chaque année et entraîne la migration de millions de personnes depuis les zones côtières.[37] Le rapport spécial brosse un sombre tableau de l'avenir à long terme :

« Nous avons tout simplement attendu trop longtemps pour réduire les émissions et nous serons contraints de faire face à des effets inévitables. Toutefois, la différence entre une forte réduction des émissions et la poursuite du statu quo est flagrante : dans un modèle avec de faibles émissions, la gestion des effets du changement climatique serait coûteuse, mais envisageable ; ne rien faire entraînerait des effets catastrophiques ingérables. »[38]

L'élévation du niveau de la mer se poursuivra pendant des centaines, voire des milliers d'années, même si les émissions sont réduites à zéro immédiatement.[39] Malgré des avertissements clairs sur l'imminence de la catastrophe, les émissions de CO_2 continuent de croître.[40] Cela fait craindre que nous ne créions un effet de « Terre-serre » sans précédent dans l'histoire de l'humanité.[41]

Outre la hausse des températures qui entraîne le réchauffement des océans, le rétrécissement des calottes glaciaires et l'acidification des océans, le réchauffement climatique est également à l'origine de nouveaux phénomènes météorologiques extrêmes : tempêtes, pluies, inondations et sécheresses — qui ont de graves répercussions sur l'agriculture et les habitats.[42] Tous ces changements devraient s'intensifier au cours du XXIème siècle et au-delà.

Le réchauffement climatique nuit aussi directement à la santé humaine. Un rapport de l'Organisation mondiale de la santé indique que « La crise climatique est une crise sanitaire... qui aggrave la malnutrition et favorise la propagation de maladies infectieuses telles que le paludisme. Les mêmes émissions qui provoquent le réchauffement climatique sont responsables de plus du quart des décès par crise cardiaque, accident vasculaire cérébral, cancer du poumon et maladie respiratoire chronique. »[43]

- **Pandémies** : pour différentes raisons, les pandémies — ces maladies qui se propagent dans le monde entier — sont plus susceptibles d'émerger dans les conditions produites par le réchauffement climatique.

  1. Alors que les régions gelées de la Terre commencent à fondre sous l'effet du réchauffement climatique, celles-ci libèrent des virus qui y étaient restés à l'abri depuis des dizaines de milliers d'années. Au cours des périodes glaciaires

précédentes, l'humain et les autres animaux ont pu diminuer leur résistance aux maladies et devenir beaucoup plus vulnérables à ces infections.

2. De nouvelles pandémies apparaissent au fur et à mesure que les progrès économiques favorisent une croissance démographique spectaculaire et conduisent à la présence d'importantes populations humaines vivant à proximité des habitats d'animaux sauvages, permettant aux maladies de passer plus facilement à l'homme.

3. À la suite des progrès technologiques et d'une mobilité accrue, le mélange accéléré des personnes et des animaux sauvages autour de la Terre permet aux virus de faire rapidement le tour du monde. L'ampleur et la rapidité des déplacements humains modernes rendent les quarantaines presque impossibles à mettre en œuvre et à faire respecter.

4. Les progrès technologiques créent la possibilité pour les terroristes de fabriquer ou de concevoir par bio-ingénierie des agents pathogènes en tant qu'armes biologiques afin de créer des menaces de pandémie.

Les pandémies — telles que celle du coronavirus — sont susceptibles de devenir une nuisance récurrente dans un monde qui se réchauffe rapidement.[44] S'il est peu probable que les pandémies soient le catalyseur d'un effondrement de la civilisation mondiale, elles révèlent la vulnérabilité de nos systèmes sociaux et économiques étroitement interconnectés. Elles présentent également un exemple convaincant de la nécessité d'une collaboration mature au niveau planétaire. La Covid a fait prendre conscience à l'humanité de notre vulnérabilité collective et démontre que la réaction dynamique de quelques nations isolées ne sera pas adéquate. Dans notre monde où la mobilité est omniprésente, de nouvelles variantes du virus peuvent se propager à travers la planète en quelques semaines seulement. Arrêter le virus avant que de nouvelles variantes puissent émerger et se propager, il faudrait que presque tous les humains soient vaccinés à peu près en même temps, une mesure globale face à une menace globale. La Covid réveille une conscience collective à l'échelle de la Terre alors que nous recherchons frénétiquement une solution. Il existe toutefois des différences majeures entre la crise climatique et les pandémies. Bien que les pandémies révèlent que nous sommes tous connectés dans la toile de vie de la Terre, elles sont généralement perçues comme une menace relativement discrète, proche, immédiate et personnelle pour soi-même et sa famille. En comparaison, le dérèglement climatique représente une menace plus complexe, profondément interconnectée, éloignée, vague et générale pour la société et l'économie dans son ensemble. Les mesures requises pour répondre à la crise climatique ne sont pas simples et les bénéfices de ces actions sont moins certains et moins immédiats. L'ambiguïté et l'incertitude rendent beaucoup plus difficile une réponse unifiée et une action climatique décisive. Malgré ces différences, la pandémie de coronavirus apporte une contribution importante à la prise de conscience par l'humanité de la réalité de notre existence dans un monde étroitement interdépendant.

• **Pénuries d'eau** : bien que d'immenses océans recouvrent la Terre, seuls trois pour cent de l'eau de la planète est douce et une grande partie de cette dernière est inaccessible : les calottes glaciaires et les glaciers représentent plus des deux tiers de l'eau douce et la quasi-totalité du reste se trouve dans les nappes phréatiques. Seuls trois dixièmes d'un pour cent de toutes les eaux douces du monde se trouvent dans les lacs et les rivières de surface. Compte tenu de l'augmentation exponentielle de la population mondiale et des modes de vie gourmands en eau, celle-ci devient déjà une ressource rare. En 2020, la pénurie d'eau était estimée toucher entre

30 et 40 pour cent de la population mondiale, et d'ici 2025, on estime que trois milliards de personnes vivront dans des zones affectées par les pénuries d'eau, avec deux tiers de la population mondiale vivant dans des régions frappées par le stress hydrique.[45] En 2019, « 844 millions de personnes, soit une personne sur neuf, n'avaient pas accès à de l'eau potable et 2,3 milliards de personnes, soit une personne sur trois, n'avait pas accès à des toilettes. »[46] Plus de deux milliards de personnes vivent dans des pays exposés à un stress hydrique élevé et environ quatre milliards de personnes sont exposées à des pénuries d'eau sévères durant au moins un mois de l'année. Les niveaux de stress vont continuer à croître au fur et à mesure que la demande d'eau augmente et que les effets du réchauffement climatique s'intensifient.[47]

- **Pénurie alimentaire** : « En 2019, un peu plus de 800 millions de personnes ont souffert de la faim, ce qui équivaut à environ une personne sur neuf dans le monde. »[48] Malgré des améliorations significatives au cours des décennies précédentes, les perspectives alimentaires pour l'avenir sont sombres en raison des perturbations climatiques.[49] Cette situation difficile peut être illustrée comme suit : « Selon l'UNICEF, 22 000 enfants meurent chaque jour à cause de la pauvreté. Et ils meurent en silence dans certains des villages les plus pauvres de la planète, loin des regards et de la conscience du monde. On estime que 27 % environ de tous les enfants des pays en développement souffrent d'un poids insuffisant ou d'un retard de croissance. »[50] La demande mondiale de nourriture va plus que doubler au cours des cinquante prochaines années, avec de deux à trois milliards d'habitants supplémentaires attendus. La question centrale qui se posera au cours du prochain demi-siècle est la suivante : l'humanité peut-elle réaliser une augmentation aussi considérable de la production alimentaire et la maintenir ?[51] Une autre étude a été réalisée avec les résultats suivants :

« Les décisions prises au cours des prochaines décennies auront d'énormes ramifications pour l'avenir de notre planète et au cœur de cette problématique se trouve l'organisation correcte de nos systèmes alimentaires. Les pratiques actuelles contribuent au problème, tout cela dans le but de produire les quantités de nourriture record nécessaires à nourrir nos populations globales… c'est précisément ce progrès qui a contribué à la dégradation à grande échelle des terres et des eaux, de la biodiversité et à l'augmentation des émissions de gaz à effet de serre. À l'heure actuelle, la productivité de 23 pour cent des terres mondiales_a diminué et environ 75 pour cent de l'eau douce est utilisée uniquement pour l'agriculture. »[52]

- **Réfugiés climatiques** : entre 2008 et 2015, 26,4 millions de personnes par an en moyenne étaient déplacés par le climat ou des catastrophes météorologiques, selon les Nations Unies.[53] Des dizaines de millions de personnes étaient en migration en 2020.

- **Extinction des espèces** : d'ici la fin de ce siècle, conclut un rapport des Nations Unies, plus d'un million d'espèces végétales et animales sont menacées de disparition. Un grand nombre de ces espèces risque d'être poussé vers l'extinction en l'espace de quelques décennies seulement. Robert Watson, chimiste britannique qui a présidé le groupe d'experts, a déclaré : « Le déclin de la biodiversité érode les fondements de nos économies, de nos moyens de subsistance, de notre sécurité alimentaire, de notre santé et de notre qualité de vie dans le monde entier. »[54] L'intégrité de la biosphère est dévastée et les pertes concernent les insectes, les oiseaux, les mammifères et les reptiles, ainsi que les poissons. Les perspectives sont très sombres.

Les **insectes** du monde dévalent un chemin vers l'extinction, menaçant un « collapsus catastrophique des écosystèmes de la nature » selon la première revue scientifique globale.[55] L'analyse a montré que plus de 40 pour cent des espèces d'insectes déclinent et qu'un tiers d'entre elles est en danger d'extinction. Le taux d'extinction des insectes est huit fois plus rapide que celui des mammifères, des oiseaux et des reptiles et tellement élevé que « si nous ne changeons pas nos modes de production alimentaire, l'ensemble des insectes disparaîtra d'ici quelques décennies. Les répercussions pour les écosystèmes de la planète sont catastrophiques, c'est le moins que l'on puisse dire. »

Les **abeilles** disparaissent également à une vitesse alarmante en raison de l'utilisation excessive des pesticides sur les récoltes et la propagation de certains parasites qui ne se reproduisent que dans les colonies d'abeilles. *L'extinction des abeilles pourrait signifier la fin de l'humanité. Si les abeilles n'existaient pas, il est difficile d'imaginer la survie des humains.* Parmi les 100 espèces végétales qui fournissent 90 pour cent de notre alimentation, 35 pour cent sont pollinisées par les abeilles, les oiseaux et les chauves-souris.[56]

Une autre étude a constaté que les **oiseaux** disparaissent en Amérique du Nord : le nombre des oiseaux aux États-Unis et au Canada a chuté de trois milliards, c'est-à-dire 29 pour cent, au cours des cinquante dernières années.[57] David Yarnold, président de l'association National Audubon Society, a décrit ces constants comme « une crise totale. » Kevin Gaston, biologiste conservateur, a dit que ces nouveaux constats signalent l'avènement de questions plus importantes : « Il s'agit de la perte de la nature. » « Les ciels se vident. Il y a 2,9 milliards d'oiseaux en moins qui s'envolent qu'il n'y en avait il y a cinquante ans. »[58] L'analyse, publiée dans la revue *Science*, est la tentative la plus complète et ambitieuse pour apprendre ce qui arrive aux populations aviaires. Les résultats ont choqué les chercheurs et les organisations de conservation.

L'écosystème **de l'océan** est en train d'être détruit à grande échelle, avec un déclin de 49 pour cent de la vie marine entre 1970 et 2012. La surpêche et la pollution produisent une extinction marine « sans précédent ». Un rapport important a trouvé que chaque espèce marine pêchée en pleine mer — du thon aux sardines — s'effondrera d'ici à l'année 2050. L'« effondrement » a été défini comme une décimation de 90 pour cent de l'abondance de base de l'espèce.[59] Un autre rapport nous avertit que chasser et tuer les espèces les plus grandes de l'océan perturberont les écosystèmes pendant des millions d'années.[60]

Voici la crise d'extinction générale telle qu'elle est décrite par le centre pour la diversité biologique (Center for Biological Diversity) :

« Les populations de faune sauvage s'effondrent tout autour du monde. Notre planète est maintenant confrontée à une crise d'extinction globale d'une mesure jamais vue par l'humanité. Les scientifiques prédisent que plus d'un million d'espèces se trouvent sur une voie menant à leur extinction dans les décennies qui suivent. Les populations de faune sauvage autour du monde s'effondrent à une vitesse alarmante et avec une fréquence effrayante. À chaque fois qu'une espèce s'éteint, le monde autour de nous se défait un peu. Les conséquences sont considérables, non seulement pour ces endroits et ces espèces, mais pour nous tous. Il s'agit de pertes conséquentes et tangibles, telles que la pollinisation des récoltes et la purification de l'eau, mais aussi des conséquences spirituelles et culturelles. Bien qu'elles soient souvent masquées par le bruit et la frénésie de la vie moderne, les humains conservent des connexions émotionnelles profondes avec le monde sauvage. Les espèces sauvages et les plantes ont inspiré nos histoires, nos mythologies, nos langages et notre manière de voir le monde. La présence de la vie sauvage nous apporte de la joie et nous enrichit tous – et chaque extinction fait de notre planète un endroit plus solitaire et froid pour nous-mêmes et pour les générations futures. La crise actuelle d'extinction est entièrement de notre fait. »[61]

- **Population mondiale** : au début des années 2020, la population mondiale est d'environ 7,8 milliards.[62] Bien que les projections de population d'ici la fin du siècle soient difficiles, une estimation médiane de la population mondiale totale en 2100 est d'environ 11 milliards. Grossièrement, on estime que d'ici 2100, les cinq pays les plus peuplés du monde seront l'Inde, avec 1,2 milliard, la Chine avec 1 milliard, le Nigéria avec près de 800 millions (comparable à la population totale de l'Europe en 2010), les États-Unis avec 450 millions et le Pakistan avec 350 millions d'habitants.[63]

Figure 3 : Croissance de la population mondiale : 1750-2100[64]

Milliards d'habitants

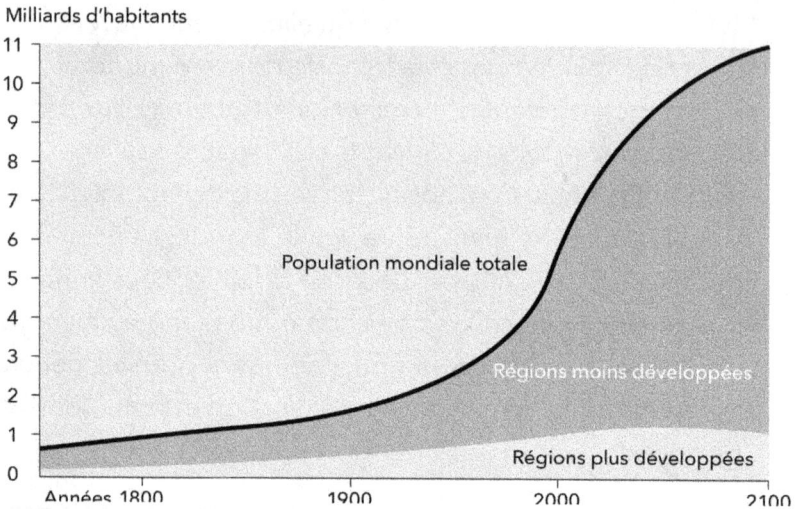

Population mondiale totale

Régions moins développées

Régions plus développées

Années 1800   1900   2000   2100

Régions moins développées : Afrique, Asie (sauf le Japon), Amérique latine et Caraïbes et l'Océanie (sauf l'Australie et la Nouvelle-Zélande).

Régions plus développées : Europe, Amérique du Nord (Canada et États-Unis), Japon, Australie et Nouvelle-Zélande.

L'estimation de population mondiale de 11 milliards environ est loin d'être une certitude — notamment si des mutations profondes et rapides vers des modes de vie durables ne sont pas adoptées. Compte tenu de la capacité de production alimentaire et des ressources en eau actuelles, la Terre peut subvenir aux besoins d'environ neuf milliards de personnes *si les ressources sont partagées de manière égale.* Néanmoins, avec la baisse de la productivité agricole liée au réchauffement climatique et à la pénurie d'eau, la capacité de la Terre à nous porter est en train de diminuer. De plus, de nombreux facteurs dépendent des schémas de consommation des nations développées par rapport au reste du monde. Si le monde entier consommait autant que les États-Unis, la Terre pourrait répondre aux besoins d'environ un milliard et demi d'habitants. Avec des modes de vie de classe moyenne européenne, la capacité de la terre est d'environ deux milliards d'habitants.[65] La Terre ne supporte les niveaux de consommation des États-Unis que parce que les habitants de ce pays puisent dans le « compte d'épargne » des ressources non renouvelables, telles que la terre arable fertile, l'eau potable, les forêts vierges, les pêcheries non exploitées et le pétrole inexploité.

Notre « compte d'épargne » s'épuise déjà et nous sommes désormais obligés de vivre dans la limite de nos moyens en tant qu'espèce. De ce fait, la capacité de la Terre dépend non seulement du nombre d'habitants de la planète, mais aussi de leur niveau et de leur mode de consommation. Au début des années 2020, la communauté humaine consomme les ressources renouvelables de la Terre à un rythme environ 1,6 fois supérieur au rythme qui permettrait de préserver les ressources.[66] Et ce, alors qu'environ six milliards de personnes vivent involontairement dans des « modes de vie à faible émission de carbone » et ne consomment pratiquement rien par rapport à la classe moyenne américaine.

Étant donné la grande réticence des nations les plus riches à sacrifier leur mode de vie axé sur la consommation et compte tenu du fait que l'empreinte de la consommation sur la Terre approche rapidement le double de ce que la Terre peut fournir à long terme, il semble probable que l'on assistera à une diminution dramatique du nombre d'êtres humains. Les grandes souffrances qui en résulteront sont-elles *inévitables* ? Une telle catastrophe sera-t-elle nécessaire pour inciter les habitants des pays développés à apporter les changements nécessaires à leur niveau et mode de consommation ? Combien de douleur et de souffrance sont nécessaires pour que l'humanité se tourne vers un nouvel équilibre et une nouvelle équité dans la consommation mondiale ?

• **Croissance économique/rupture** : certains réseaux sécurisés d'activité économique dans le monde entament une rupture. L'économie mondiale s'effiloche, les chaînes d'approvisionnement se désagrègent et les flux et livraisons de marchandises sont de plus en plus imprévisibles. Les matières premières clé (des produits sylvestres aux puces électroniques) se raréfient, les ports sont encombrés, les coûts d'expédition augmentent et les livraisons aux clients ne sont plus fiables.

Les experts s'accordent généralement à dire qu'environ 70 % de l'activité économique aux États-Unis sont liés à la production de biens de consommation, ce qui est compréhensible pour une économie basée sur la consommation.[67] De nombreuses études arrivent à cette conclusion : « Les émissions représentent un symptôme de la consommation et à moins que nous ne réduisions ladite consommation, nous ne réduirons pas les émissions. »[68] Par conséquent, la croissance économique future sera vraisemblablement réduite par le besoin urgent de réduire les émissions de carbone et donc le besoin de réduire les niveaux de consommation généraux. « Peu importe que vous habitiez dans un climat chaud ou froid, dans un pays riche ou pauvre, une crise non maîtrisée des systèmes de la Terre va dévaster l'économie. Ces études interviennent alors que les Nations unies affirment que les effets du climat se font sentir plus rapidement et plus durement que prévu. »[69] Les risques associés au changement climatique ne sont pas intégrés aux prix, ce qui réduit les incitations nécessaires à la réduction des émissions, une erreur économique aux conséquences catastrophiques.[70]

« Les deux prochaines décennies seront décisives. Elles détermineront si nous subissons des dommages graves et irréversibles à nos moyens de subsistance et au monde naturel ou si, au contraire, nous nous engageons sur la voie plus attrayante d'un développement et d'une croissance économiques durables et inclusifs. Si nous continuons à émettre des gaz à effet de serre au rythme actuel pendant les deux prochaines décennies, il est probable que nous dépasserons de loin une augmentation de 3 °C. Une augmentation de 3 °C serait extrêmement dangereuse, nous amenant à une température que nous n'avons pas connue sur cette planète depuis environ trois millions d'années. Un réchauffement de cette ampleur pourrait transformer nos lieux de vie, nuire gravement à nos moyens de subsistance, déplacer des milliards de personnes et entraîner des conflits sévères et prolongés. »[71]

• **Inégalités économiques** : peu importe la manière dont on la considère, l'inégalité mondiale en matière de richesses et de revenus s'aggrave rapidement et considérablement. En 2017, les six hommes les plus riches au monde possédaient autant de richesses que la moitié de l'humanité ![72] Six individus avec autant de richesses que 3 600 000 000 personnes, les plus pauvres du monde. Tout aussi stupéfiante est l'estimation selon laquelle les 1 % les plus riches de la population mondiale possèdent plus de richesses que le reste de la population mondiale réunie.[73]

L'étonnante iniquité qui règne aux États-Unis est révélée par le fait stupéfiant que les taux d'imposition des plus riches sont inférieurs à ceux de toutes les autres catégories de revenus : « Pour la première fois dans l'histoire, les 400 Américains les plus riches s'acquittent en 2019 d'une imposition totale (impôts fédéraux, étatiques et locaux) d'un taux inférieur à celui de toutes les autres catégories de revenus. »[74] Tant qu'une élite riche détiendra le pouvoir de dicter les règles à son avantage, les inégalités continueront de s'aggraver.[75]

Une manière puissante de présenter visuellement l'iniquité et l'injustice de la répartition des revenus au niveau mondial est de regarder la forme de la figure suivante, où le revenu mondial est divisé en cinq groupes, chacun représentant 20 pour cent du monde, des revenus les plus faibles aux plus élevés.[76] La partie longue et fine du tracé (semblable à la tige d'une coupe de champagne) représente le revenu annuel d'une majorité : environ 60 pour cent des personnes dans le monde. La partie où la tige commence à s'élargir représente le revenu des 20 % suivants, la classe moyenne mondiale. La partie la plus large illustre les revenus perçus par les 20 % les plus riches du monde. Il suffit de regarder pour constater que la famille humaine est composée d'une immense classe pauvre, d'une classe moyenne peu nombreuse, mais en expansion et d'une élite très restreinte et extrêmement riche.

Ces inégalités ont des conséquences majeures sur le climat de la Terre. Près de 50 % des émissions mondiales de carbone sont générées par les activités des 10 % les plus riches de la population mondiale. À l'inverse, les 50 % les plus pauvres de la population mondiale ne sont responsables que d'environ 10 % des émissions mondiales de carbone, mais vivent en grande majorité dans les pays les plus vulnérables au changement climatique.[77] Au vu de ces immenses disparités, l'adaptation au climat est déjà une question profonde de justice sociale.

La « justice » climatique signifie que ceux qui portent le moins de responsabilité pour le changement climatique ne devraient pas être ceux qui souffrent des conséquences les plus graves de celle-ci.[78] Toutefois, les iniquités structurelles, souvent basées sur la race, signifient que les communautés de couleur continueront à subir les effets de la crise climatique « en premier et avec les pires conséquences ».[79] Pour corriger ce déséquilibre, il faut en priorité imposer une limite d'émissions de carbone par habitant aux premiers dix pour cent des émetteurs mondiaux (ce qui équivaut à peu près à celles d'un citoyen européen moyen). Si cette mesure était appliquée, les émissions mondiales pourraient être réduites d'un tiers en l'espace d'un ou deux ans !

Historiquement, les grandes disparités de richesse ont toujours précédé des ruptures sociales spectaculaires et des changements violents. Si l'humanité veut éviter un conflit civil profond, il est vital de reconnaître que l'économie actuelle ne fonctionne pas pour bénéficier à la majorité. Un virage volontaire en faveur d'une répartition beaucoup plus équitable des richesses est une ligne de conduite très sage.

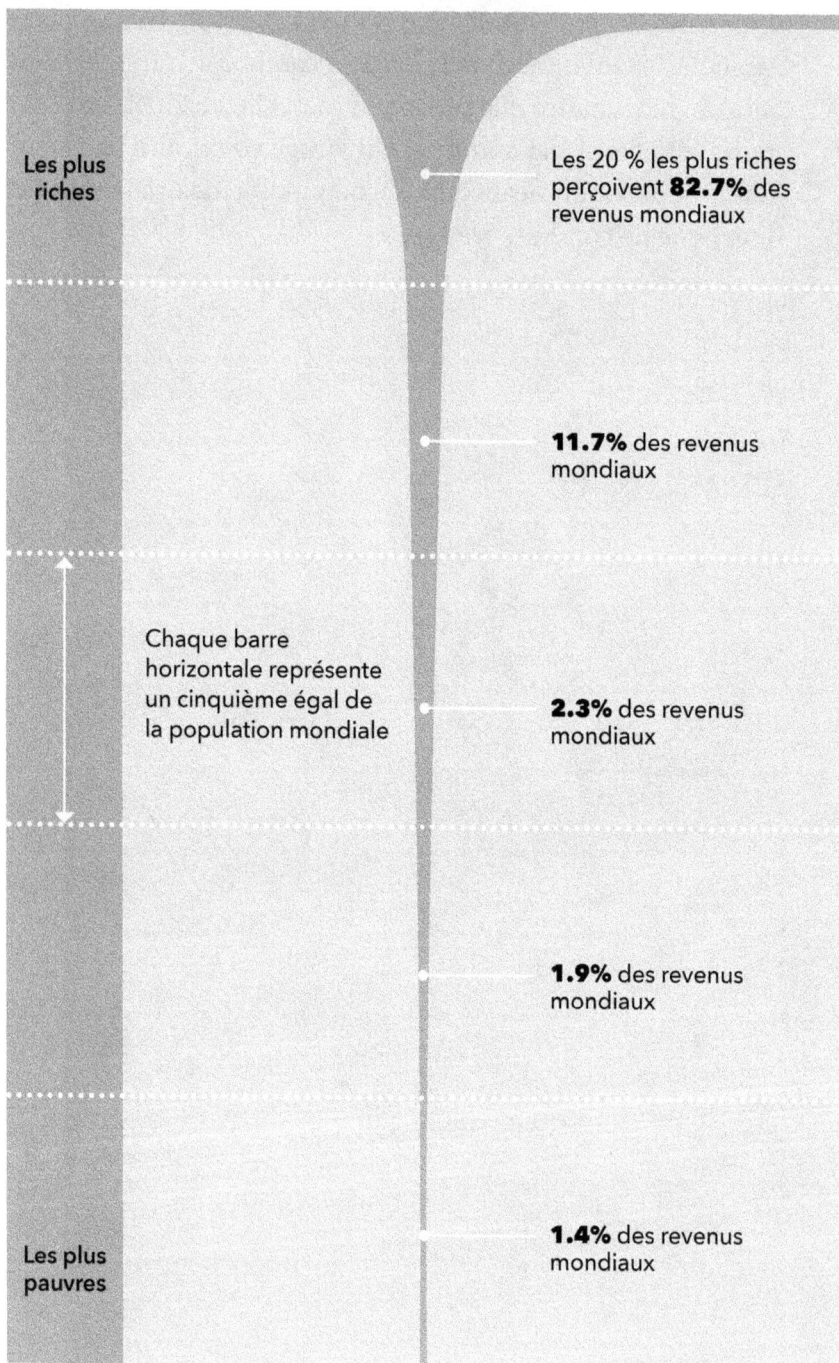

Figure 4 : Distribution globale de la richesse

Les plus riches

Les 20 % les plus riches perçoivent **82.7%** des revenus mondiaux

11.7% des revenus mondiaux

Chaque barre horizontale représente un cinquième égal de la population mondiale

2.3% des revenus mondiaux

1.9% des revenus mondiaux

Les plus pauvres

1.4% des revenus mondiaux

Scénario : imaginer comment les années 2020 pourraient se dérouler

Au cours de cette décennie, la communauté humaine commence à reconnaître que le réchauffement climatique modifie le monde de manière si profonde que la vie ne sera plus jamais la même. Bien que les inquiétudes concernant le changement climatique aient augmenté de manière significative avant les années 2020, une minorité substantielle n'y voyait pas une menace existentielle pour la survie de l'humanité.[80] Dans l'ensemble, les personnes plus instruites sont plus préoccupées par le réchauffement de la planète et, de manière générale, les femmes sont plus susceptibles que les hommes d'être plus alarmées par le changement climatique.[81]

Le maintien du réchauffement de la planète en-deçà de l'objectif d'1,5 °C (c'est-à-dire 2,7 °F) — l'objectif fixé par les accords de Paris sur le climat signés en 2015 — semble impossible, tant il requiert une réduction immédiate et drastique des émissions de CO_2, qui nécessitent en même temps des changements radicaux dans les modes de vie qui produisent ces émissions.

Les accords de Paris prévoient également des moyens pour les nations développées d'aider les nations en développement dans leurs efforts de protection du climat et d'adaptation créative.[82] Pourtant, au début de cette décennie charnière, les émissions de CO_2 augmentent et les tentatives de les réduire grâce à des actions coordonnées entre les nations ont échoué. Les émissions mondiales de CO_2 sont en passe de provoquer une augmentation dangereuse de la température de 2 °C (3,6 °F) à partir de la fin de cette décennie, déjà.

Au début des années 2020, de nombreuses personnes manquent d'informations concernant l'impact profond du réchauffement climatique sur l'avenir de la vie sur la planète. Au fur et à mesure que les gens prennent conscience de la gravité que notre situation va bientôt prendre, les réactions vont aller du déni et de l'incrédulité à la confusion et à l'inquiétude. Les riches élites qui dominent le monde des affaires, de la politique et des médias considèrent que le réchauffement climatique, l'extinction des espèces et d'autres tendances sont certes des problèmes importants, mais qu'ils sont exagérés. La plupart des dirigeants appartiennent à une minorité privilégiée, immergée dans le confort de leur aisance, de leur statut social, de leurs privilèges et du pouvoir, et sont distraits par l'activité et les exigences de la vie quotidienne. Leur principale préoccupation est de maintenir l'état actuel de leurs affaires malgré l'inquiétude croissante des scientifiques, des jeunes et des universitaires. Au lieu de se mobiliser pour des actions radicales et des innovations, les élites privilégiées ne recherchent que des ajustements graduels qui ne perturbent pas le statu quo.

Les médias dominants renforcent fortement la transe sociale de la société de consommation avec des divertissements sans fin — sports, télé-réalité, films, jeux vidéo et ragots sur les stars — qui glorifient les modes de vie consuméristes et détournent et engour- dissent l'attention de la société.

Bien que les dérèglements du climat et une cascade d'autres difficultés augmentent, des personnalités influentes édulcorent les affirmations selon lesquelles il s'agit d'une crise interdépendante qui touche l'ensemble des systèmes. Au lieu de cela, les problèmes tels que le changement climatique sont décrits comme :

- n'étant pas aussi importants que d'autres questions, telles que l'emploi et l'état du système de santé,

- n'étant pas aussi urgents ou immédiats qu'on le prétend, nous avons donc amplement le temps de réagir,

- n'étant pas aussi étendus qu'on le prétend,

- n'étant pas aussi difficile à résoudre qu'on le prétend ; si l'on part du principe que la technologie résoudra une grande partie des problèmes,

- n'étant pas d'une crise systémique globale, mais plutôt de problèmes individuels qui peuvent être résolus un par un,

- n'étant pas un problème saisissable que des individus peuvent résoudre : « Que puis-je faire ? Je ne suis qu'une seule personne. »,

- n'étant pas ma responsabilité : « Je n'ai pas créé ce désordre, alors pourquoi me demander d'y remédier ? ».

Le « déni passif » de nombreux dirigeants se combine à un sentiment d'impuissance omniprésent. La préservation de l'état actuel des choses est compréhensible et les institutions traditionnelles réagissent par des mesures timorées qui ne contribuent guère à ralentir la progression inexorable vers un avenir désastreux. Néanmoins, une minorité de personnes adapte son mode de vie et de travail.

Les États-Unis, première nation consommatrice au monde, illustrent la difficulté d'aborder la transition de manière constructive. Le révérend Victor Kazanjian, de l'Initiative des religions unies, décrit comment les États-Unis sont une société centrée sur les doléances, incapable d'accepter son destin et de faire le deuil des changements qui s'imposent à elle. Il écrit :

> « …la colère, la rage et la violence sont dues en grande partie au deuil, c'est-à-dire au sentiment d'avoir subi perte sur perte sur perte. Mais notre culture ne laisse pas beaucoup de place au deuil. Le deuil, lorsque l'on ne s'y confronte pas, devient une doléance. Nous vivons dans une culture de la doléance. Nous exprimons notre deuil en rejetant la faute sur autrui. Nous devons nous confronter à notre deuil profond. »

Malgré une forte résistance, au milieu des années 2020, les dérèglements du climat et des systèmes naturels deviennent si importants qu'ils commencent à briser la transe consensuelle du consumérisme, de la désaffection et du déni. Les urgences climatiques se multiplient et suscitent une prise de conscience croissante des défis qui se posent à l'échelle de la planète. La complaisance cède la place à une inquiétude croissante lorsque les saisons de la planète sont tellement perturbées que la production alimentaire est compromise, entraînant une famine sévère et des troubles civils dans certaines régions.

Le défi majeur des années 2020 est d'éveiller notre imagination sociale à l'impératif d'opérer des changements extraordinaires dans la manière dont nous vivons sur la Terre et de reconnaître qu'une approche entièrement nouvelle de l'avenir est nécessaire pour réduire et maîtriser les émissions de CO_2.

- Peu à peu, les personnes les plus privilégiées du point de vue financier commencent à passer de la surconsommation à un mode de vie de « simplicité volontaire », tandis que les personnes les plus démunies continuent à vivre dans une simplicité involontaire et à lutter quotidiennement pour leur survie.

- Les inégalités extrêmes en matière de richesse et de bien-être sont de plus en plus fortement dénoncées. Le consensus appelant à « taxer les milliardaires » pour financer les filets de sécurité en matière de santé, les systèmes de sécurité sociale et la réparation des infrastructures est croissant.

- Pour les plus aisés, les régimes alimentaires commencent à évoluer vers le végétarisme, les transports vers les véhicules électriques, les maisons deviennent plus économes en énergie et le travail s'oriente vers une réduction de l'impact sur l'environnement et une augmentation de la contribution sociale et de la signification.

- Les modes de vie écologiques passent d'un mouvement marginal réservé à une minorité à une vague d'expérimentation pour la culture dominante. Les modes de vie à faible émission de carbone, matériellement simples et riches en expériences se généralisent. Pour la plupart d'entre eux, il s'agit d'une façon relativement superficielle de « vivre de manière écologique ».

- De plus en plus, le matérialisme et le consumérisme sont remis en question, les gens remettent en cause les cultures de la publicité agressive et déclarent : nous sommes plus que des consommateurs qu'il faut divertir ; nous sommes des citoyens de la Terre voulant participer à la création d'un avenir plus durable.

- De nouvelles configurations de l'activité économique commencent à émerger, mettant l'accent sur la résilience, les savoir-faire et les modes de travail locaux.

À la fin de la décennie, une transition culturelle et consciente s'amorce, principalement dans les pays riches où les gens peuvent s'offrir le luxe de penser à autre chose qu'à leur survie quotidienne. On comprend de plus en plus clairement que de nouvelles approches de la vie sont essentielles, mais les mesures prises sont rarement à la hauteur des besoins.

Depuis quelques décennies, une révolution fondée sur la conscience se développe à travers la planète. Un nombre relativement faible, mais significatif, de personnes développent les compétences de la conscience réfléchie, c'est-à-dire la capacité d'être simplement témoin de leur vie et de vivre avec moins de réactivité et plus de maturité. Une fraction modeste, mais non négligeable de l'humanité commence à se réveiller et à mûrir. Grâce à la conscience réfléchie, nous assistons avec plus de clarté aux crises écologiques, à la pauvreté, à la surconsommation, à l'injustice raciale et à d'autres situations qui nous ont divisés par le passé. Avec une perspective plus réfléchie, nous commençons à développer une compréhension collective au service du bien-être de tous. La conscience réfléchie fournit le ciment invisible qui permet de commencer à rassembler la famille humaine en un tout qui s'apprécie mutuellement, tout en honorant nos différences.

Avec le développement d'une conscience testimoniale, les gens reconnaissent que la crise de l'ensemble des systèmes est une *crise des communications,* ce qui donne lieu à diverses initiatives de communication allant des conversations domestiques aux dialogues et conférences entre les dirigeants des entreprises, des gouvernements, des médias, de l'éducation, de la religion, et plus encore. Celles-ci sont importantes, mais bien insuffisantes. L'échelle de communication n'est pas à la hauteur des défis auxquels nous sommes confrontés. Les gens ont conscience que la portée de la conversation civique doit correspondre à la portée de l'urgence, qui est souvent de dimension nationale et mondiale. La transition vers un avenir renouvelable exige que des millions, voire des milliards, de citoyens communiquent entre eux. Quels que soient leurs points de vue, les gens veulent être entendus et avoir leur mot à dire à l'avenir. Les différentes initiatives de communication commencent à fournir une source vitale de cohésion sociale dans un monde qui s'effiloche. Vers le milieu de la décennie, cette reconnaissance donne naissance à un mouvement assimilable à une « Voix de la Communauté » à l'échelle locale et à une « Voix de la Terre » à l'échelle mondiale.

Les initiatives de Voix de la Communauté visent à mobiliser la télévision et à reprendre les ondes pour un nouveau niveau de dialogue citoyen à l'échelle régionale des grandes villes aux quatre coins de la planète. Un mouvement de Voix de la Terre s'efforce de mobiliser la puissance et la portée de l'internet qui est retrouvé partout sur la planète. Ces initiatives, convoquées par une communauté hétérogène d'aînés de confiance et de personnes plus jeunes, n'ont généralement que deux rôles : tout d'abord écouter les préoccupations des citoyens et ensuite présenter ces préoccupations à la communauté sous la forme de « réunions urbaines électroniques », puis « laisser les choses suivre leur cours ». Les organisations de Voix de la Communauté à succès sont impartiales et neutres et ne font pas la promotion d'une perspective en particulier ; au contraire, elles servent de moyen pour que les citoyens aient leur mot à dire pour leurs propres affaires et leur avenir. La direction d'une communauté inspire et catalyse d'autres communautés pour qu'elles créent leurs propres organisations de Voix de la Communauté, et une nouvelle couche de dialogue solide commence à se répandre dans les régions et les nations. En exprimant leurs préoccupations et en votant par voie électronique sur différentes solutions, les citoyens commencent à sortir de l'immobilisme et de l'impuissance du passé.

D'ici la fin de la décennie, les trois quarts de la population mondiale posséderont un téléphone mobile et auront accès à l'internet. Une initiative « Voix de la Terre » est en cours, car les gens prennent conscience du pouvoir de l'internet et le mobilisent en tant que moteur d'attention et d'action collectives. Une majorité de citoyens de la Terre se rend compte qu'avec les téléphones portables, ils ont réellement entre les mains la technologie nécessaire pour engager un dialogue à l'échelle de la planète et développer un consensus visible pour un avenir viable.

Une combinaison inédite de crises mondiales se développe et met l'humanité au défi de changer radicalement sa façon de communiquer sur la façon de vivre sur Terre. La communauté humaine est entrée dans des territoires inconnus. Jamais auparavant nous n'avons été à ce point contraints de nous rassembler en tant que régions, nations et monde. Le pouvoir et le potentiel combinés des mouvements Voix de la Communauté et Voix de la Terre fournissent des outils pratiques pour que le monde qui s'effiloche puisse se retisser de nouvelles façons.

Les années 2030 : le grand effondrement – la chute libre

Résumé

Le système mondial, fragile et complexe, s'est tellement effiloché qu'il ne peut plus tenir ensemble et, avec une rapidité inattendue et époustouflante, il se désagrège et tombe en chute libre. Le chaos, la confusion et la panique s'emparent du monde. Les services vitaux sont interrompus. Les services de police et de pompiers deviennent sporadiques. Des vagues de coupures d'énergie se produisent lorsque les réseaux électriques à grande échelle tombent en panne. Les grandes institutions (entreprises, universités, systèmes de santé) font faillite, entraînant un chômage massif. Dans l'ensemble, le monde n'ayant plus grand-chose pour se maintenir, le plancher s'effondre et nous ressentons la panique collective d'une grande chute.

L'endettement massif créé par les dépenses extravagantes des dernières décennies empêche maintenant de nombreuses institutions de mobiliser des ressources nécessaires à une action créative. Au lieu de relever les défis, de nombreuses institutions s'effondrent. La banqueroute se généralise à des villes entières. De nombreux services essentiels vacillent, notamment la protection de la police et des pompiers, ainsi que l'entretien des infrastructures, telles que les routes et les réseaux électriques. Les grandes entreprises font faillite, ce qui entraîne des pertes d'emploi pour un nombre incroyable de personnes. Les grandes écoles et universités se retrouvent en situation d'insolvabilité et ferment leurs portes. De nombreuses grandes églises n'ont pas les moyens d'assurer leur entretien et disparaissent. Les pannes se propagent par vagues dans le monde entier et les gens doivent de plus en plus se débrouiller seuls au niveau local. Au lieu de prendre des mesures créatives pour éviter l'aggravation de la crise climatique, le monde se préoccupe de faire face aux effondrements qui se propagent rapidement.

La demande mondiale d'eau douce augmente au-delà de la disponibilité et environ trois milliards de personnes souffrent de pénuries d'eau. La diversité des options alimentaires diminue considérablement à mesure que la sécheresse réduit la productivité agricole. Le nombre de réfugiés climatiques s'élève à environ cent millions de personnes qui migrent vers des zones plus favorables. Les structures et les ressources civiques de nombreuses nations sont complètement dépassées. Les insectes pollinisateurs meurent, ce qui compromet l'approvisionnement alimentaire du monde. L'intégrité et la santé de la biosphère (plantes, animaux terrestres, oiseaux, insectes et vie marine) se détériorent rapidement. Les pressions exercées pour la survie deviennent si fortes que l'on accorde peu d'attention à la réparation et à la restauration des écosystèmes.

La population mondiale continue de croître, en particulier en Afrique, pour atteindre un total de neuf milliards d'habitants. Les divisions et les séparations de toutes sortes se multiplient — financières, politiques, générationnelles, de genre, raciales et ethniques et religieuses. Le monde est inondé de tant de conflits à tant de niveaux, avec tant de différences de toutes sortes, qu'il y a peu de place pour s'élever à un niveau d'humanité plus élevé. Le monde est rempli de reproches, de blâmes, de dénonciations, d'hostilités, de condamnations et d'opprobres. La remise en cause de la mentalité consumériste et capitaliste s'amplifie à mesure que des millions de personnes luttent pour leur survie.

Une initiative « Voix de la Terre » basée sur l'internet, riche en dialogues et en retours d'informations de la base, prend racine dans un monde qui s'effiloche. Les médias sont tenus de soutenir un nouveau niveau de communication sociale. Au fur et à mesure que les nations s'affaiblissent, la gouvernance est de plus en plus déléguée aux régions, aux villes et aux communautés locales. Les écovillages, les miniquartiers et d'autres formes d'habitat commencent à former une base solide pour des villes durables. Les rôles professionnels changent radicalement à mesure que les petites communautés autoorganisées offrent de nouveaux contextes d'emploi avec des savoir-faire diversifiés adaptés à la vie locale. La simplicité est acceptée à contrecœur comme une approche survivaliste de la vie, une façon de ne pas sombrer complètement.

Synthèse des tendances principales des années 2030

- **Réchauffement planétaire et perturbations climatiques** : les températures mondiales augmentent de 2 °C

(3,6 °F) par rapport aux niveaux historiques d'ici la fin des années 2030. Avec une augmentation de 2 °C, les nappes glaciaires commencent à se désagréger de manière irréversible, ce qui entraînera une élévation catastrophique du niveau de la mer, surtout au cours du siècle prochain. Outre le réchauffement des océans, le rétrécissement des calottes glaciaires et l'acidification des océans, l'augmentation de la température entraîne également de nouveaux phénomènes extrêmes de tempêtes, de pluies, d'inondations et de sécheresses qui ont de graves répercussions sur l'agriculture et les habitats.[83]

Une augmentation de 2 °C est considérée comme un point de basculement critique pour le climat, c'est-à-dire le début d'un emballement du changement climatique.[84]

La possibilité d'un réchauffement irréversible commence par la libération du « géant endormi » qu'est le méthane, un gaz à effet de serre environ 80 fois plus puissant que le CO_2.[85] Une flambée du méthane atmosphérique menace d'effacer les gains attendus de l'accord de Paris sur le climat.[86] En outre, nous sommes confrontés à la perspective désastreuse de boucles de rétroaction qui se renforcent d'elles-mêmes et poussent le climat vers le chaos avant que nous n'ayons le temps de restructurer notre système énergétique.

Un autre « géant endormi » est la forêt amazonienne, considérée comme un « puits » de CO_2 qui absorbe le carbone. Cependant, une étude récente montre que les forêts tropicales perdent leur capacité à absorber le carbone, ce qui transformera l'Amazonie en une *source* de CO_2 d'ici aux années 2030 et accélérera la dégradation du climat, produisant des impacts beaucoup plus graves et nécessitant une réduction beaucoup plus rapide des activités productrices de carbone pour contrebalancer la perte des puits de carbone.[87]

- **Réfugiés climatiques** : avec le dérèglement climatique, le nombre de réfugiés passe de dizaines de millions en mouvement à une centaine de millions ou plus migrant vers des zones plus favorables d'ici la fin des années 2030. Des migrations d'une telle ampleur dépassent la capacité d'adaptation des régions. À titre de comparaison, environ un million de réfugiés ont déstabilisé une grande partie de l'Europe au cours de la décennie 2010. La migration d'une centaine de millions de personnes, voire plus, devrait avoir des répercussions beaucoup plus importantes et inégales, principalement dans l'hémisphère nord, plus riche en ressources.

- **Pénurie d'eau** : la demande mondiale en eau dépasse de 40 pour cent les niveaux d'utilisation durables.[88] Au plus tard en 2030, au moins trois milliards de personnes souffriront de pénuries d'eau.[89] Avec l'aggravation des sécheresses, les grandes villes du monde entier commencent à manquer d'eau. En 2019 la ville de Cape Town en Afrique du Sud a approché le « jour zéro » — le jour où la ville ne dispose plus d'eau du tout. Cape Town, c'est juste le début. Au moins onze autres grandes villes risquent de manquer d'eau avant la fin du siècle : São Paulo au Brésil ; Bangalore en Inde ; Beijing en Chine ; Le Caire en Égypte ; Jakarta en Indonésie ; Moscou en Russie ; Mexico City au Mexique ; Londres en Angleterre ; Tokyo au Japon et Miami aux États-Unis.[90]

« En Inde, un pays de 1,3 milliard d'habitants, la moitié de la population vit dans une situation de crise hydrique. Plus de 20 villes, dont Delhi, Bangalore et Hyderabad, verront leurs nappes phréatiques entièrement asséchées au cours des deux prochaines années. Cela se traduit par une centaine de millions de personnes vivant totalement sans eau phréatique. »[91]

- **Pénurie alimentaire** : pour chaque degré Celsius d'augmentation de la température, on peut s'attendre à une diminution de 10 à 15 % des rendements agricoles. Par conséquent, une augmentation de la température de 2 °C (3,6 °F) devrait réduire la productivité agricole de 20 à 30 % à un moment où la demande tend déjà les réserves alimentaires à leurs limites. Les zones de pénurie alimentaire se transforment en zones de famine pure et simple, entraînant de nouvelles migrations massives et des ruptures civiques. (Consultez la liste des pénuries alimentaires ci-dessous pour découvrir comment les régimes alimentaires pourraient être considérablement réduits.)[92]

PÉNURIE ALIMENTAIRE

Dans les décennies à venir, toute une série de denrées alimentaires atteindront des prix prohibitifs pour tous, à l'exception des plus riches. Une liste illustrative est donnée ci-dessous. Il est édifiant de parcourir la liste et de cocher les aliments qui vous manqueront au fur et à mesure qu'ils deviendront de plus en plus coûteux. À moins de cultiver soi-même un grand nombre de ces produits ou de disposer d'une fortune considérable, ces aliments ne seront pratiquement pas disponibles. Il s'agit là d'un exemple flagrant de l'impact de la crise climatique sur la population.

☐ Amandes	☐ Courgettes/Courges	☐ Pommes
☐ Avocats	☐ Crevettes	☐ Pommes de terre
☐ Bananes	☐ Fraises	☐ Poulet
☐ Cabillaud	☐ Huîtres	☐ Riz
☐ Cacahouètes	☐ Maïs	☐ Sirope de Arce
☐ Café	☐ Miel	☐ Soja
☐ Chocolat (Cacao)	☐ Pêches	☐ Vin (raisin)

Les gens commencent à créer de nouveaux régimes alimentaires qui s'adaptent à la disponibilité réduite des aliments de base. Les personnes les plus pauvres sont contraintes d'accepter des régimes alimentaires moins nutritifs, moins variés et moins savoureux, ce qui entraîne une baisse significative du bien-être et de la qualité de vie. Une révolution alimentaire est en cours, qui privilégie les riches qui peuvent éviter les restrictions alimentaires en achetant des aliments génétiquement modifiés, produits en serre, à des coûts beaucoup plus élevés.

- **Population mondiale** : le nombre d'êtres humains devrait atteindre près de neuf milliards d'ici à 2037.[93] Une population mondiale de neuf milliards d'habitants à la fin des années 2030 est une estimation réaliste, l'essentiel de la croissance se produisant en Afrique, en Inde et en Asie du Sud.

- **Extinction des espèces** : sur la base des projections réalisées dans les années 2020, selon lesquelles un million d'espèces pourraient disparaître d'ici la fin du siècle, la disparition des espèces animales et végétales devrait s'accélérer rapidement.[94] L'intégrité et la santé de la biosphère terrestre (plantes, animaux terrestres, oiseaux, insectes et vie océanique) se détériorent rapidement. La perte d'oxygène due au réchauffement climatique (et à la pollution par les nutriments, produite par les eaux de ruissellement provenant de l'agriculture et des égouts) asphyxie les océans, ce qui a des conséquences biologiques complexes et de grande portée, entraînant un déclin marqué de la vie marine.[95]

- **Croissance économique/rupture** : compte tenu des exigences extraordinaires liées à une transition extrêmement rapide vers les sources d'énergie renouvelables, l'économie mondiale est en proie à une crise et à des bouleversements profonds. La croissance globale marque le pas malgré les efforts draconiens déployés pour faire croître les énergies renouvelables. D'énormes pressions économiques et sociales détournent les nations les plus développées de la priorité historique accordée à la croissance économique effrénée et au consumérisme.

Partout dans le monde, des expériences créatives sont en cours pour découvrir des moyens pratiques de recréer l'économie afin qu'elle soit bénéfique à la fois pour les personnes et pour la planète. L'objectif de créer des formes d'activité économique autoorganisées et régénératrices au service de la civilisation mondiale est plus largement accepté.[96] Face aux déplacements massifs de travailleurs dus à l'automatisation, combinés aux bouleversements climatiques et à l'effondrement des grandes usines et entreprises, les approches régénératives de l'habitat favorisent le développement d'« économies locales vivantes ».

Des économies axées sur la régénération nichées dans des formes alternatives de communautés émergent à travers le monde entier pour créer des systèmes vivants plus résistants. Néanmoins, des changements d'une ampleur insurmontable semblent nécessaires pour assurer une transition mondiale vers les énergies renouvelables et les économies régénératives conçues avec justice et équité.

- **Iniquité économique** : les 1 % les plus riches de la planète sont en voie de détenir les deux tiers de l'ensemble des richesses d'ici 2030.[97] Les disparités considérables en matière de richesse, associées aux exigences économiques visant à passer à une économie zéro carbone net d'ici 2050, exercent des pressions extrêmes sur l'économie et la société mondiales déjà perturbées. Un manque extrême d'équité et de confiance dépouille le système économique mondial de sa légitimité.

Avec d'énormes disparités en termes de richesse et de revenus, nous risquons, dans les années 2030, de connaître une décennie de ruptures économiques en cascade, au cours de laquelle les régions vulnérables connaîtront un effondrement économique total. Le paradigme de croissance du matérialisme et du consumérisme n'est plus un objectif social impérieux — non seulement ce paradigme nuit au bien-être de la majorité, mais il contribue également à la dévastation de la biosphère de la Terre.

Scénario : Imaginer comment les années 2030 pourraient se dérouler

Au cours de la décennie 2030, les populations du monde entier reconnaissent qu'une véritable catastrophe climatique est en train de se produire. Toutefois, les bureaucraties enracinées, dans les entreprises, les médias, l'éducation, la religion et les services sociaux, par exemple, manquent encore largement de préparation et des équipements adéquats pour relever les défis d'un climat qui se dégrade, d'économies qui se détériorent et d'une biosphère qui s'effondre.

Dans les pays les plus riches, la plupart des gens sont lourdement endettés, les impôts sont profondément inégaux et les moteurs de la croissance économique s'essoufflent. Les dirigeants et les solutions politiques se succèdent rapidement, mais rien ne semble fonctionner longtemps. Les efforts déployés pour créer de l'ordre sont dépassés par les niveaux croissants de désordre. La cohésion sociale à grande échelle est dangereusement faible et de nombreux dirigeants gouvernent sans aucun soutien.

Les niveaux de résilience antérieurs s'épuisent dans une spirale descendante de confusion et de chaos bureaucratiques.[98] Nous n'avons plus les moyens de rebondir rapidement face aux difficultés. Certaines personnes recherchent la sécurité en se tournant vers des districts plus contrôlés et autoritaires. D'autres se tournent vers des communautés autoorganisées qui dépendent de relations solides et d'approches collaboratives de la vie.

À mesure que le dérèglement climatique s'aggrave, les divisions de toutes sortes se multiplient : financières, politiques, générationnelles, de genre, raciales, ethniques et religieuses. La seule constante de cette décennie désorientée et déroutante est le stress permanent engendré par les ruptures et les séparations.

Les personnes les plus riches, qui jouissent d'une « qualité de vie élevée » faite de conforts matériels et d'avantages, sont confrontées à des protestations de plus en plus véhémentes de la part de milliards d'individus qui luttent pour leur survie. Néanmoins, les élites aisées rejettent l'idée de s'adapter rapidement aux nouveaux modes de vie. Ayant investi leur vie et leur identité dans l'accumulation de biens matériels, ils se défendent en affirmant que leurs privilèges sont acquis et mérités. Bien que la plupart reconnaissent les nouvelles réalités, beaucoup rejettent les nouvelles normes de vie. Toutefois, à la fin des années 2030, leurs efforts pour se regrouper en communautés séparées, closes et surveillées commencent à s'essouffler alors que des milliards de personnes appauvries, qui n'ont rien à perdre, mais beaucoup à gagner, s'élèvent pour protester.

Face à l'augmentation des ruptures, la localisation se développe grâce à l'afflux d'innovations sociales, économiques et techniques. Les microquartiers se transforment en diverses formes d'écovillages, établissant ainsi une base solide pour les villes en transition et les villes durables. Des communautés nouvellement organisées construisent plus que des structures physiques ; elles développent une nouvelle compréhension du caractère humain et une maturité qui cherche à servir le bien-être de tous. Les rôles professionnels changent radicalement à mesure que les petites communautés autoorganisées offrent de nouveaux contextes permettant de développer des savoir-faire diversifiés adaptés à la vie.

Poussée par la crise climatique et la propagation des ruptures, la majorité aisée des pays développés reconnaît que nous devons transformer notre culture consumériste et réduire notre empreinte écologique si nous voulons éviter une catastrophe mondiale.

L'hypnose culturelle du consumérisme perd de sa puissance à mesure que les gens reconnaissent que le rêve de consommation effrénée constitue un avenir cauchemardesque et dévastateur pour la Terre. En réponse, une culture mondiale valorisant la simplicité et la durabilité commence à émerger. La publicité dans les médias, qui encourageait agressivement la transe de la culture consumériste, évolue des publicités pour des produits vers des « publicités pour la Terre », les entreprises proclamant leur engagement en faveur d'une planète en bonne santé.

Les pays riches sont responsables du changement climatique, mais les pays pauvres sont ceux qui en souffrent le plus. Compte tenu de l'impact disproportionné du réchauffement climatique sur les pays les plus pauvres, les nations les plus riches sont pressées, avec un succès néanmoins modeste, d'assumer la responsabilité de soutenir les adaptations pour le climat. Des initiatives fortes sont essentielles pour créer un sentiment d'unité et de coopération à l'échelle mondiale. Pourtant, le changement climatique a des effets de plus en plus dévastateurs sur la vie quotidienne dans les pays pauvres, notamment sur la disponibilité de l'eau, la production alimentaire, le système de santé, la qualité de l'environnement et le bien-être des populations vulnérables, principalement les femmes et les enfants.

Dans les pays les plus pauvres, les effets du réchauffement climatique annulent souvent les progrès réalisés en matière d'égalité des sexes, car les hommes sont contraints de migrer pour trouver du travail, laissant aux femmes le soin d'élever les enfants, de cultiver ou de pêcher localement et de gérer le ménage. Les femmes se retrouvent donc plus isolées et moins à même de trouver un travail ou une formation qui ait du sens.

En reconnaissant les impacts négatifs du réchauffement climatique sur les nations en développement, un mouvement mondial de compensation, de réparation et d'adaptation se développe, cherchant à construire un nouveau sentiment de partenariat entre les peuples de la Terre.

Les mouvements transpartisans de *Voix de la Communauté* qui ont vu le jour dans les années 2020 deviennent aujourd'hui d'importantes sources de cohésion sociale. Ils continuent de se développer autour de la Terre, rassemblant l'humanité en communautés de plus en plus grandes, engagées dans des conversations intenses. Reconnaissant que l'échelle de la conversation doit correspondre à l'échelle des défis, les dialogues de la *Voix de la Terre* s'établissent fermement dans le monde qui s'effiloche. De plus en plus, les gens se rendent compte que les médias sont un élément clé de notre « cerveau social », une expression directe de l'intelligence collective. Le slogan, « La voie que prennent les médias est la voie que prendra notre avenir » est largement confirmée. Les médias sont amenés à rendre des comptes dans une toute nouvelle mesure et sont mobilisés pour soutenir l'imagination sociale de l'humanité afin de visualiser les voies du progrès vers un avenir durable et significatif.

L'activisme médiatique devient une force centrale de cohésion à mesure qu'un nombre croissant d'institutions se délitent et se désagrègent. Le chagrin et le deuil augmentent au fur et à mesure que les pertes et les tragédies se multiplient dans le monde. À travers ce constat collectif, nous nous rendons compte que nous vivons ce rite de passage ensemble.

Bien que l'ancien monde s'effiloche et que la communication « de local à global » se développe, nous ne disposons toujours pas du soutien global nécessaire pour entrer rapidement dans un monde en mutation. La société de consommation et les modes de vie évoluent lentement, les personnes démunies continuent d'être largement ignorées, la transition écologique ne parvient pas à mobiliser une majorité en faveur d'une action radicale et les districts autoritaires continuent de se diviser en zones de contrôle compartimentées. Compte tenu des profondes divisions, les années 2030 seront marquées par une succession de chaos et de conflits, en l'absence d'un ensemble global de valeurs et d'intentions permettant d'aller de l'avant.

Les institutions financières se retrouvent en chute libre. Les gouvernements locaux et nationaux, les organisations financières, les institutions académiques, les organisations religieuses, pour ne citer qu'eux, sont débordés lorsqu'ils tentent de comprendre ce qui se passe et manquent cruellement de ressources lorsqu'ils tentent de réagir. La lutte pour un nouveau paradigme de vie est pourtant en marche. Les gens posent la question suivante : *comment pouvons-nous nous sentir à nouveau chez nous sur Terre ?* Possédons-nous la maturité collective nécessaire pour opérer consciemment une grande transition vers un nouvel avenir ?

Les années 2040 : la grande initiation – le chagrin

Résumé

Au cours de la décennie 2040, la plupart des gens reconnaissent que nous sommes en train de perdre la course à la catastrophe climatique. Le dérèglement climatique n'est plus seulement une possibilité imminente, mais une réalité écrasante et bien présente. Alors que les conséquences du chaos climatique, des ruptures financières, de l'anarchie civique, de l'extinction des espèces, des migrations de masse et des famines généralisées ne cessent de s'aggraver, le monde entier se dirige vers un effondrement inéluctable. La nécessité d'une transformation profonde est ancrée dans l'expérience brute de l'humanité. Nous reconnaissons que nous devons nous unir dans un effort commun ou faire face à l'extinction fonctionnelle de notre espèce. Nous comprenons que la Terre ne reviendra jamais aux schémas climatiques des 10 000 dernières années qui ont suivi la fin de la dernière période glaciaire. Nous acceptons les sentiments de honte, de culpabilité, de deuil et de désespoir alors qu'un avenir ruineux se dessine autour de nous.

La biosphère est de plus en plus appauvrie, affaiblie et stérile. Les profonds bouleversements climatiques, la baisse de la productivité agricole, l'extrême pénurie d'eau et les grandes inégalités économiques créent de vastes zones de famine dévastatrice. C'est aussi une période de « grands incendies », car les sécheresses incessantes dessèchent la terre et les incendies brûlent de vastes régions de la Terre. C'est aussi une période de « grande mort », puisque des millions de personnes et d'innombrables espèces d'animaux et de plantes périssent. L'humanité est confrontée à une tragédie à double portée, aux proportions inimaginables, qui choque et réveille l'âme de notre espèce.

La rupture des chaînes d'approvisionnement provoque thésaurisation, pillage, marché noir et hyperinflation. Les adaptations sont poussées jusqu'au niveau local du quartier et de la communauté et les gens cherchent d'autres personnes en qui ils peuvent avoir confiance et avec qui ils peuvent travailler pour reconstruire la vie en partant de rien. Les anciennes sources de valeur (mesurées en liquidité, en actions et en obligations) sont devenues pratiquement sans valeur. Les nouvelles sources de valeur résident dans des relations personnelles solides et dans l'accès à des ressources rares telles que la nourriture, les médicaments et le carburant, qui ont une importance tangible. Malgré sa grande valeur, un mouvement de la *Voix de la Terre* lutte pour rester en vie, car l'internet est constamment en panne et en réparation.

Le monde sombre dans le désespoir collectif. Avec le sentiment que nous n'avons pas su assumer nos responsabilités en tant que citoyens de la planète, nombreux sont ceux qui pleurent la Terre perdue. L'âme de l'humanité est moralement gravement blessée. Nous sommes confrontés à un avenir de morosité et de désespoir sans fin, à moins que nous ne relevions collectivement ce défi.

Synthèse des tendances principales des années 2040

- **Réchauffement de la planète et dérèglement climatique** : au cours de cette décennie, nous dépassons les 2 °C (3,6 °F) de réchauffement pour atteindre un nouveau point de référence de 3 °C (5,4 °F), un point critique pour le climat.[99] Le méthane est exponentiellement relâché dans l'atmosphère, déclenchant des boucles de rétroaction incontrôlées.[100] Le monde va au-delà des ruptures, vers l'effondrement total et la catastrophe climatique. Un climat déjà turbulent et chaotique prend des proportions catastrophiques. Les extrêmes climatiques concernent à la fois le feu et l'eau : de vastes régions de la Terre connaissent une sécheresse sans précédent qui provoque des incendies sur une terre brûlée, alors que d'autres régions subissent des tempêtes, des inondations et une élévation du niveau de la mer sans précédent.[101]

- **Pénurie d'eau** : les pénuries d'eau sont dévastatrices pour trois milliards (ou plus) de personnes. La pénurie d'eau entraîne à son tour une augmentation spectaculaire du nombre de réfugiés climatiques fuyant les régions frappées par la sécheresse.

- **Pénurie alimentaire** : la pression démographique croissante, combinée au dérèglement climatique, à la baisse de la productivité agricole, à la pénurie d'eau et aux inégalités économiques, a engendré de vastes zones de famine dévastatrice.

- **Réfugiés climatiques** : on s'attend à ce qu'au moins 200 millions de réfugiés climatiques se déplacent, créant des perturbations sociales et économiques colossales, tandis que les communautés des régions riches en ressources tentent de faire face à l'afflux d'un nombre écrasant de personnes.

- **Population mondiale** : dans les années 2040, la population continue à croître et bute contre des limites extrêmement sévères créées par les pénuries d'eau et alimentaires et la rupture des écosystèmes.[102] Tragiquement, il semble plausible que dix pour cent ou plus des populations les plus pauvres et les plus vulnérables de la planète courent un grand risque de mourir pendant cette période de grande transition. Avec une population mondiale d'environ neuf milliards de personnes dans les années 2040, cela signifie que 900 millions de personnes environ pourraient périr. Ces millions de personnes ne mourront pas en silence et à l'abri des regards, mais, dans notre monde aux médias omniprésents, elles mourront très publiquement, douloureusement et visiblement. Leur mort sera causée par la famine et la maladie, ainsi que par des niveaux de violence énormes résultant de conflits portant sur des ressources qui s'amenuisent.

La disparition de centaines de millions de personnes entraînera des traumatismes moraux et psychologiques d'une ampleur inimaginable. La souffrance et la mort inutiles de centaines de millions de personnes incitent l'humanité à choisir la voie d'une plus grande égalité et d'une plus grande équité dans la manière dont nous vivons ensemble.

- **Extinction des espèces** : des décennies de destruction des écosystèmes sapent les fondements de la vie dans le monde. D'innombrables espèces disparaissent, laissant la Terre de plus en plus stérile. La réalité implacable de la rupture écologique confirme que nous faisons partie intégrante du réseau mondial de la vie et que la menace d'extinction s'applique également à l'homme.

- **Croissance économique/rupture** : les ruptures économiques s'étendent à travers le monde, produisant un effondrement à grande échelle des économies vulnérables. Bien que les ruptures économiques ralentissent les émissions de gaz à effet de serre, les efforts généralisés pour survivre ont pour conséquence malheureuse de pousser les personnes et les communautés à utiliser toutes les sources d'énergie facilement disponibles, y compris le charbon et le pétrole, pour assurer leur survie à court terme. Le retour aux combustibles fossiles contribue aux émissions de gaz à effet de serre au moment même où nous devons les réduire. Bien que des efforts soient en cours pour reconfigurer en profondeur l'économie locale en économie mondiale, l'effondrement des économies et des écosystèmes rend ces efforts exceptionnellement difficiles.

- **Iniquité économique** : la transition immensément complexe et difficile vers une économie mondiale fonctionnant avec des énergies renouvelables réduit la production globale et la civilisation est plus que jamais mise au défi de répondre aux besoins des pauvres du monde et d'évoluer vers une équité beaucoup plus grande. Les tensions mondiales entre les plus riches et les plus démunis s'accélèrent et dépassent les points de rupture. La crise mondiale de l'équité et de la justice sociale entre en conflit avec les cultures consuméristes, ce qui donne lieu à une lutte acharnée pour l'orientation future de notre espèce.

Les personnes ayant le moins accès aux ressources sont confrontées aux plus grands défis en matière d'adaptation au réchauffement climatique, et ce, quels que soient la race, le sexe, l'âge, la géographie et la classe sociale.[103] Les efforts généralisés se multiplient pour produire les biens essentiels à la vie à moindre coût et pour limiter les modes de vie luxueux des personnes aisées. La redistribution des terres est également un facteur clé de l'équité et suscite des luttes titanesques pour la propriété et le partage.

Scénario : imaginer comment les années 2040 pourraient se dérouler

Au cours de cette décennie, nous entrons dans une période de grande souffrance, au-delà de tout ce que les humains n'ont jamais connu.[104] Un effondrement mondial est en cours, générant toutes sortes de pénuries, concernant entre autres les médicaments et soins médicaux vitaux, les aliments de base et l'eau potable. De nombreuses grandes entreprises font faillite, car leur base de consommateurs se désintègre. De grandes villes font également faillite à mesure que leur base fiscale se dissout. Les infrastructures essentielles sont abandonnées et tombent en ruine, car presque toute la maintenance est négligée : distribution électrique et téléphonique, services Internet, routes, ponts, feux de circulation, systèmes d'égouts, collecte des ordures et systèmes de distribution d'eau.

La confusion, le chaos et les conflits vont en croissant. Au fur et à mesure que le non-droit s'étend, les forces de protection privées remplacent la police traditionnelle et les forces de l'ordre. À plus grande échelle, l'effondrement s'étend au-delà des villes, aux États et même aux nations. Alors que les nations sombrent dans la faillite et se disloquent, il en va de même pour les organisations internationales telles que les Nations unies, qui ne subsistent guère plus que comme des entités symboliques. La cohésion mondiale est soutenue et façonnée non pas par les institutions internationales, mais par des communs électroniques en expansion rapide qui émerge des mouvements populaires dans le monde entier. Ces mouvements populaires utilisent l'infrastructure mondiale de communication défaillante pour créer de nouveaux communs mondiaux dans notre conscience collective.

Ni le secteur public ni le secteur privé ne disposent des ressources nécessaires pour mettre en place des projets à grande échelle susceptibles d'apporter une réponse pertinente à l'ampleur de l'effondrement en cours. Les adaptations sont ramenées au niveau local du quartier et de la communauté, où les gens doivent s'appuyer sur les personnes, les compétences et les ressources disponibles à proximité.

Dans les années 2040, une grande partie de l'histoire de l'humanité peut être racontée sous deux rubriques : la « grande mort » et les « grands incendies ». Bien que des dizaines de millions de personnes aient péri au cours de la décennie précédente, l'extinction de l'espèce humaine s'accélère et une horrible période de « grande mort » commence dans les années 2040. La capacité de charge de la Terre est estimée à environ trois milliards d'habitants vivant un mode de vie européen de classe moyenne. Une population mondiale approchant les neuf milliards d'habitants dépasse de loin la capacité de charge estimée de la Terre.[105] Les humains découvrent qu'ils ne sont pas différents du reste de la vie sur Terre, qui est en voie d'extinction.[106] Un raz-de-marée de mort déferle sur la planète, entraînant des maladies, des famines et des violences implacables qui souillent l'âme de notre espèce.[107]

Les mathématiques de la mort sont implacables. Avec environ neuf milliards de personnes sur la planète dans les années 2040 et, de manière prudente, avec un risque de mortalité de 10 % de la population mondiale (les plus pauvres des pauvres), cela signifie que 900 000 000 de personnes pourraient mourir au cours de cette période de dix ans. L'arithmétique élémentaire traduit ce chiffre par une mortalité stupéfiante de 90 000 000 de personnes *chaque année* — grossièrement l'équivalent de sept holocaustes pour *chaque année* de cette décennie.

Alors que des vagues de mort balaient la Terre, l'impact moral et psychologique de ces pertes sidère la psyché humaine. Cette calamité se déroule en temps réel et les médias haute définition révèlent les visages et les vies d'innombrables humains et autres créatures. La douleur et la souffrance incommensurables de la Grande Mort déchirent le tissu de la culture et de la conscience. La perte, le deuil et le chagrin sont incalculables. Ces années déchirantes brisent nos liens avec le passé et laissent notre héritage en lambeaux.

L'ampleur de la tragédie et de la souffrance dans la Grande Mort transforme le cœur et l'âme de notre espèce.[108]

Le deuxième domaine de grande tragédie et de souffrance marquant cette décennie est le « grand incendie ».[109] Bien que des incendies extrêmes aient sévi de manière localisée à travers le monde depuis les années 2020, les incendies qui font rage sur l'ensemble de la planète deviennent une urgence absolue deux décennies plus tard. À mesure que le réchauffement climatique s'intensifie, les zones de sécheresse grave et de grands incendies s'intensifient également.

- Une grande partie de l'Amazonie s'est asséchée et brûle.[110]

- De vastes étendues de la Californie et de l'ouest des États-Unis sont en proie à des incendies permanents, transformant d'anciennes forêts en maquis et en broussailles.[111]

- De vastes zones de la région de Los Angeles brûlent, de même que de vastes régions du Texas et du Colorado.

- Une grande partie du Mexique est en flammes.

- Une grande partie de l'Australie est incinérée.[112]

- De grandes régions d'Europe, notamment le sud de la France, le Portugal et le reste de la région Méditerranéenne, sont en feu.

- De grandes parties de l'Inde, du Pakistan, de l'Iran et de l'Afghanistan sont en feu.

- Des régions du nord et du sud-ouest de la Chine sont régulièrement la proie des flammes.

- De vastes régions d'Afrique sont constamment ravagées par les flammes, en particulier l'Éthiopie, l'Ouganda, le Soudan et l'Érythrée.

Au lieu de qualifier notre époque d'« Anthropocène », dans son livre *L'âge du feu*, le professeur Stephen Pyne la définit comme le « Pyrocène », un avenir avec des incendies et des bouleversements si immenses et inimaginables que « l'arc de connaissances héritées qui nous relie au passé s'est rompu » et nous passons à un avenir qui ne ressemble à rien de ce que nous avons connu auparavant.[113]

Le « Grand Incendie » et la « Grande Mort » symbolisent la désintégration fonctionnelle et la déconnexion des civilisations humaines avec le passé. Nous ne sommes littéralement plus capables de fonctionner comme avant. Malgré les efforts considérables déployés au cours des dernières décennies, l'expérience évolutive de l'humanité est en train d'échouer. Les derniers vestiges de confiance dans la voie historique du progrès matériel de l'humanité disparaissent du monde.

Les élites puissantes qui dominaient le monde au cours des décennies précédentes se retirent dans des enclaves tandis que le monde s'effondre autour de nous tous. La crise écologique planétaire arrive à faire ce que les actions non violentes et les manifestations n'ont pas — l'éveil de l'humanité. Plus que tout, l'humanité a besoin d'une voie nouvelle et volontaire pour aller de l'avant, ainsi que d'une vision et d'une voix fortes pour y parvenir.

La population humaine fait collectivement l'expérience du SPTC (Stress Planétaire Traumatique Chronique), un état d'esprit entièrement nouveau qui concerne l'ensemble de la famille humaine. « La différence entre le SSPT (syndrome de stress post-traumatique) et le STPC est qu'au lieu d'un épisode relativement court et restreint, le traumatisme dure toute la vie et concerne toute la planète. On ne peut y échapper : le fardeau des traumatismes collectifs se répand dans l'âme de l'humanité. »

Tout en absorbant cette décennie d'immenses souffrances, les gens se rendent compte que la détérioration de notre biosphère entraînera des souffrances encore plus grandes dans les décennies à venir, car les gens devront faire face à l'arrachement à leurs racines, à leur terre, à leur culture, à leur communauté et à leurs moyens de subsistance. Bien que ce phénomène se soit déjà produit par le passé, il prendra une ampleur planétaire dans les années 2040. Les conséquences du SPTC sont les suivantes :

- des niveaux extrêmement élevés d'anxiété sociale, de peur et de réactions de protection,

- une attention limitée et une difficulté à se concentrer sur la situation dans son ensemble,

- un engourdissement émotionnel et un recours généralisé à l'alcool, aux drogues et aux médias pour s'évader,

- de la réactivité, de la violence et des troubles de l'humeur,

- des sentiments d'impuissance, de désespoir et de dépression qui conduisent à des épidémies de suicides.

La souffrance incalculable de cette décennie dissout les anciennes identités et les dogmes, laissant de nombreuses personnes profondément blessées, tant sur le plan psychologique que social. Hans Seyle, expert en stress, a écrit : « Chaque stress laisse une cicatrice indélébile, et l'organisme paie pour survivre à une situation stressante en vieillissant un peu. »[114] Au moment même où nous avons besoin de coopérer en tant qu'espèce, le SPTC rend les choses beaucoup plus difficiles.

L'immense souffrance de cette époque n'est pas sans fondement. La quête consumériste d'un bonheur permanent a fait perdre à beaucoup le contact avec les profondeurs de la vie, avec nos âmes. Depuis plus de vingt ans, le psychothérapeute Francis Weller travaille avec des groupes, facilitant des rencontres authentiques avec le deuil. Weller écrit :

> « Pour les peuples ancestraux, la perte de l'âme était, sans aucun doute, la condition la plus dangereuse à laquelle un être humain pouvait être confronté. Elle compromet notre

énergie vitale, diminue la joie et la passion, réduit notre vivacité et notre capacité d'émerveillement, affaiblit notre voix et notre courage et, finalement, érode notre désir de vivre. Nous devenons désenchantés et découragés. »[115]

Un don immense se cache dans les grands deuils, un passage pour se reconnecter à notre âme. Carl Jung conseillait, « Accueillez votre chagrin, car c'est là que votre âme se développera. » Les chagrins inavoués limitent le contact avec l'âme collective de notre espèce. Au fur et à mesure que l'humanité affronte l'obscurité de nos pertes collectives, nous reprenons contact avec notre âme commune. Francis Weller écrit :

« … si nous ne nous familiarisons pas avec le chagrin, nous n'atteignons pas notre maturité comme hommes et femmes. C'est le cœur brisé, la partie qui connaît le chagrin, qui est capable d'aimer véritablement. Sans cette prise de conscience, nous restons enfermés dans les stratégies adolescentes de l'évitement et des efforts héroïques. »[116]

Le deuil met au défi l'accord tacite de la société de consommation d'accepter des vies vides et sans sentiments. Le deuil permet d'entrer dans l'aspect vivant, naturel et sauvage de notre âme. Le secret de la pleine vie réside dans l'acceptation du deuil, tel un portail vers la vitalité sauvage et brute de l'âme. Naomi Shihab Nye, dans son poème « Kindness » écrit :

Avant que tu ne connaisses la gentillesse comme la chose la plus profonde à l'intérieur, Tu dois connaître le chagrin comme l'autre chose la plus profonde.
Tu dois te réveiller avec de la peine, Tu dois parler jusqu'à ce que ta voix Attrape le fil de tous les chagrins
Et que tu vois la taille du tissu.[117]

L'ampleur de la douleur du monde est immense. Nous découvrons ce que l'âme indigène a toujours su : *nous ne sommes pas séparés de la Terre — la vie est partout et en toutes choses.* Lorsque la Terre est appauvrie, nous sommes appauvris dans une même mesure.

L'humanité a tant de raisons de pleurer, car les pertes sont si importantes : lors de la grande mort, nous perdons des millions d'êtres précieux, des sœurs et des frères qui cherchent leur vie unique sur Terre, dont le potentiel n'est pas réalisé, les relations ne sont pas épanouies, les talents ne sont pas exprimés, les dons ne sont pas reçus par d'autres. Nous perdons également une grande partie du reste de la vie : les plantes et les animaux qui apportent richesse, résilience et beauté à nos vies.

Dans les années 2040, nous perdons non seulement des vies innombrables, mais également des villes, des cultures, des langues et de la sagesse. Par exemple, avec l'élévation du niveau de la mer, nous perdons un grand nombre des plus anciennes villes du monde établies sur les côtes : Alexandrie (Égypte), Shanghai et Hong Kong (Chine), Jakarta (Indonésie), Mumbai (Inde), Hô Chi Minh-Ville (Viêt Nam), Osaka et Tokyo (Japon), Londres (Angleterre), New York et Washington (États-Unis), et bien d'autres encore.[118]

Les pertes sont si répandues et si fondamentales qu'elles éveillent les gens à la sagesse appelée *ubuntu* : « Je suis qui je suis grâce à ce que nous sommes. » Lorsque le sentiment de « nous » est diminué, je suis diminué proportionnellement à la richesse de la vie qui a été perdue. Lorsque nous sommes en contact avec notre essence, notre âme, nous sommes immergés dans l'écologie plus étendue de la vie. Nous partageons un lien de parenté entre tous les êtres et faisons l'expérience directe du bourdonnement et du chant subtils de toute forme de vie sur la planète.

En proie à un chagrin accablant face à l'immensité de nos pertes, nous aspirons à revenir à la situation qui était la nôtre avant que le deuil ne s'empare de nous. Pourtant, nous savons que nous ne pourrons jamais y revenir ; au contraire, nous sommes mis au défi d'accepter notre destin et de découvrir comment cette sagesse peut transformer notre cheminement vers l'avenir. Le deuil collectif consume les fabrications et les façades, et nous retrouvons notre humanité à l'état brut. Dans l'authenticité de cette rencontre, nous allons de l'avant pour construire de nouveaux mondes.

> *Dans la douleur de la Grande Mort et du Grand Incendie, nous sommes dénudés face à l'évolution. Le chagrin n'est pas une arnaque.*
> *Il s'agit de la vraie vie.*

Lorsque le chagrin nous prend, nous savons que ce monde n'est pas un jeu de rôle. Nous sommes confrontés à l'honnêteté de la vie elle-même, que nous devons honorer et accepter pour ce qu'elle est. Jennifer Welwood, professeur de psychologie spirituelle et poète, parle de cette époque :

Mes amis, grandissons.
Arrêtons de faire semblant de ne pas savoir ce qui se passe.
Ou si nous n'avons vraiment pas fait attention,
réveillons-nous et prenons conscience. Regardez : tout ce qui peut être perdu sera perdu.
C'est simple – comment l'avons-nous ignoré tellement longtemps ? Faisons complètement le deuil de nos pertes, tels des humains matures, Mais je vous prie, ne soyons pas choqués.
Ne faisons pas ainsi semblant d'être trahis,
Comme si la vie avait brisé sa promesse secrète. Sa seule promesse est l'absence de permanence,
Et elle la préserve avec une impeccabilité impitoyable. Aux yeux d'un enfant, elle semble cruelle, mais elle est seulement sauvage, Et sa compassion d'une précision extrême : Brillamment pénétrante, lumineuse de vérité, Elle supprime l'irréel pour nous montrer le réel. Voilà le vrai

voyage – laissons-nous emporter ! Arrêtons de marchander
pour un passage sûr :
Il n'existe pas, de toute manière, et son coût est trop élevé.
Nous ne sommes plus des enfants.
Le vrai adulte humain donne tout pour ce qui ne peut être
perdu. Dansons la danse sauvage de l'absence d'espoir ![119]

Le deuil nous emporte au-delà de l'espoir de la vérité brute de la réalité. Dans notre deuil collectif, nous sommes appelés à dépasser l'adolescence de notre espèce, à reconnaître notre situation actuelle, à défendre ce qui est réel et à réagir du mieux que nous pouvons.

La Grande Mort réclame notre maturité collective,
au-delà de l'espoir ou du désespoir, nous invite à
nous lever et à prendre simplement la responsabilité
d'accomplir le travail exigé par notre époque de
grande transition.

Le deuil révèle les profondeurs. Dans notre rencontre avec la mort, nous sommes prêts à nous tourner plus pleinement vers la vie. En rencontrant ce qui nous semble le plus insupportable, nous découvrons ce qui est le plus poignant et vivant. Le chagrin démolit les faux-semblants et coupe court aux discours superficiels joyeux de la culture de consommation. Nous avons atteint un point charnière de l'histoire où l'humanité doit faire des choix dont les conséquences se répercuteront dans un avenir lointain. C'est l'évolution à l'état brut. La Grande Mort nous appelle à un niveau supérieur de maturité collective, à dépasser l'adolescence de notre espèce pour prendre en charge notre avenir.

Collectivement, nous nous demandons si nous avons la maturité nécessaire pour placer le bien-être de la vie elle-même avant nos intérêts personnels. Pouvons-nous aborder ces temps difficiles avec humilité et compassion ? Pouvons-nous parler moins et écouter davantage les souffrances du monde ? Pouvons-nous reprendre en main notre façon de vivre et de travailler pour créer une biosphère habitable, tout en sachant que cela nécessite un changement radical de notre mode de vie ?

Une crise psychologique profonde s'est développée, notamment dans les pays riches, où les gens ressentent une culpabilité et une honte énormes face à la dévastation de la planète et à la diminution des possibilités offertes aux générations futures. Nombreux sont ceux qui font le deuil de la Terre et estiment que l'humanité a échoué dans sa grande expérience de l'évolution. Après des dizaines de milliers d'années de lente évolution, nombreux sont ceux qui estiment qu'en l'espace d'une seule génération, nous avons anéanti nos chances de réussite évolutive et qui font le deuil de cette occasion perdue. La communauté humaine se rend compte qu'elle est confrontée à un avenir morose où la ruine s'étend et le désespoir s'aggrave, à moins que nous ne relevions collectivement le défi qui nous est lancé.

La souffrance et le chagrin sont un feu purificateur qui réveille l'âme de notre espèce. Les vagues de catastrophes écologiques ont renforcé les périodes de crise économique, les unes et les autres étant amplifiées par des vagues massives de troubles civils. La réconciliation momentanée est suivie d'une désintégration, puis d'une nouvelle réconciliation. En donnant naissance à une espèce-civilisation plus consciente et plus durable, l'humanité passe par des cycles de contraction et de relaxation, jusqu'à ce que nous nous épuisions complètement et que nous brûlions les dernières barrières qui nous séparent de notre pleine identité en tant que famille humaine.

Enfin, nous le savons avec une certitude inébranlable :
nous avons le choix entre l'extinction et la
transformation.

Dans les années 2040, beaucoup se demandent si la disparition de l'humanité serait une tragédie ou une bénédiction.[120] Notre contribution à la Terre est-elle si précieuse que nous méritons de vivre, alors qu'un million d'autres espèces ne le mériteraient pas ? Une crise morale profonde s'empare de la Terre. Méritons-nous de continuer à exister ? Pouvons-nous trouver une voie et un sens à nos vies qui nous permettraient de nous élever au-dessus de ces tragédies et de mériter de vivre ?

Les efforts de réconciliation commencent par une sensation de promesse et d'espoir, pour retomber ensuite face au chaos du climat et la rupture des systèmes. Existe-t-il vraiment une base de vivre-ensemble sur cette petite Terre avec tant de différences ? Nous savons que nous devons accepter les chagrins et divisions d'un monde brisé avant de pouvoir les guérir — l'acceptation de cette rupture est le premier pas sur un cheminement vers la complétude.

Poussées par la brute nécessité, les innovations dans la construction de nouveaux modes de communauté apparaissent. Les gens reprennent des structures anciennes pour créer de nouvelles expressions de communauté, allant des miniquartiers aux cohabitations, en passant par des écovillages de diverses conceptions. Les communautés « radeau de survie » prolifèrent au fur et à mesure que les personnes se rendent compte que des constructions à petite échelle peuvent s'adapter rapidement aux circonstances changeantes. La réalisation de l'importance de communautés saines, l'appui aux villes en transition et aux cités durables croît, mais les dommages causés à l'économie, à la société et à l'écologie antérieures sont si importants qu'il est extrêmement difficile d'y parvenir. En même temps, les tensions grimpent avec la recherche de sécurité de vagues de réfugiés climatiques qui souhaitent s'installer dans des communautés saines.

Une vie simple n'est plus considérée comme un mode de vie régressif. Les modes de vie à faible empreinte carbone et les valeurs qui les accompagnent apportent un nouveau respect pour la communauté, la suffisance et la gentillesse. Les modes de vie simple encouragent des communautés fortes basées sur le support mutuel et la survie. Au fur et à mesure que les personnes développent une gamme de savoir-faire qui contribuent directement au bien-être de leurs voisins, ils ont l'impression que leurs dons réels sont accueillis dans la vie quotidienne.

Les forces d'élévation sont présentes à travers le monde, mais elles sont tellement fragmentées et déconnectées les unes des autres qu'elles ne peuvent pas converger pour former de puissants courants ascendants qui se renforcent mutuellement. Le monde est brisé. L'effondrement écologique entraîne l'effondrement de l'ego. La psyché collective de l'humanité est profondément blessée. Les appels à la maturité se multiplient, avant d'être submergés par des forces de désintégration qui ramènent l'humanité à des niveaux primitifs de lutte pour la vie. Les petites communautés deviennent l'échelle de base de la sécurité et de la survie.

La conscience réflexive ou la conscience testimoniale se développe au fur et à mesure que l'humanité est poussée à regarder en profondeur sous la vie quotidienne et à reconnaître l'existence blessée que nous avons créée comme fondement de notre avenir. Nous reconnaissons que ces périodes de transition aboutiront probablement soit à une descente finale vers l'extinction fonctionnelle, soit à un éveil et à une reconstruction communs.

La communication collective semble offrir le plus grand potentiel pour un renouvellement rapide. Communiquer ou périr ! Face à la réalité de l'effondrement profond des écosystèmes, nous savons que nous ne pouvons pas renoncer au dialogue public et à la formation d'un consensus ; pourtant, pour beaucoup, la communication de local à global visant à découvrir une voie à suivre semble infructueuse et vouée à l'échec.

Les années 2050 : la grande transition – le jeune âge adulte

Résumé

La Grande Mort et le Grand Incendie ne laissent aucun doute sur le fait que le monde d'autrefois a disparu. L'humanité peut sombrer dans les ténèbres de l'autoritarisme ou dans le noir d'encre de l'extinction ou bien choisir d'aller de l'avant pour surmonter la profonde tristesse de notre âme collective et s'ouvrir à un avenir d'une vitalité inattendue. Notre temps de choix collectif est impératif et urgent. Nous connaissons intimement les mots du poète Wallace Stevens :

Après le non final vient un oui.
Et le monde futur dépend de ce oui.[121]

Quel sera le « oui » de l'humanité ? « Oui, nous nous rendons », soit à l'autoritarisme, soit à l'extinction fonctionnelle. Ou : « Oui, nous faisons un choix courageux » et mettons en place une maturité plus élevée et un avenir transformateur !

À mesure que la réalité d'une catastrophe climatique en cours et de crises de systèmes entiers s'impose à nous, la communauté humaine est poussée dans ses retranchements pour réévaluer de manière authentique la façon d'avancer. Pouvons-nous transformer comment nous pensons collectivement (notre pensée d'espèce) et comment nous voyons notre raison de vivre sur Terre (notre cheminement d'espèce) ? Les trois dernières décennies ont apporté un désespoir et un deuil bouleversants. Nous avons abandonné le projet d'une tentative de récupération du passé. Nous pouvons construire un nouvel avenir en éveillant un nouveau sens de notre cheminement d'espèce ? Possédons-nous, en tant que société, la détermination pour réaliser ce grand virage ? Joanna Macy fait un bilan clair de la situation :

« [Servons-nous] d'accompagnateurs au chevet d'un monde mourant ou sommes-nous les sages-femmes de la prochaine étape de l'évolution humaine ? Nous ne savons tout simplement pas. Alors, qu'allons-nous choisir ? Sans rien à perdre, qu'est-ce qui pourrait nous retenir d'être la version la plus courageuse, la plus innovante, la plus chaleureuse de nous-même que nous puissions être ? »[122]

Les profondes blessures infligées par la « Grande Mort » et le « Grand Incendie » hantent la psyché collective de l'humanité. Nous avons été libérés de la transe superficielle du matérialisme et pouvons revenir à notre intuition originelle de l'état de vie qui imprègne le monde. Le paradigme de la vitalité honore les racines spirituelles de toutes les grandes traditions de sagesse du monde et apporte une perspective de guérison dans le monde. Les initiatives en faveur d'une réconciliation large et profonde peuvent se développer et s'étendre à partir de cette base, et commencer à guérir nos nombreuses divisions : raciales, ethniques, religieuses, de richesse et de genre.

Au début de la décennie 2020, nous avons reconnu que la construction d'une Terre habitable nécessiterait une réduction rapide des émissions de CO_2 pour parvenir à des émissions nettes nulles d'ici 2050. Cette décennie arrive maintenant avec la prise de conscience effrayante que les efforts de l'humanité, aussi héroïques soient-ils, ont été bien insuffisants et bien trop tardifs. Nous n'avons pas atteint cet objectif critique.[123] De nombreux seuils de basculement ont été franchis, le méthane continue de se déverser dans l'atmosphère et les températures mondiales se rapprochent d'une augmentation terrifiante de 3 °C, produisant des extrêmes climatiques perturbant toutes les formes de vie. Un milliard de personnes sont devenues des réfugiés climatiques.

Étape par étape, nous commençons à avancer vers le début de la vie d'adulte de notre espèce. Avec un profond respect pour le bien-être de toute forme de vie en tant que fondement de notre avenir, nous sentons la brise réconfortante de l'élévation et de l'émergence de nouvelles possibilités. Les initiatives de *Voix de la Communauté* se développent au niveau régional et une initiative robuste de *Voix de la Terre* porte ses fruits au niveau global. Au plus profond de nous-mêmes, nous comprenons que nous sommes tous des citoyens de la Terre et nous recherchons de nouveaux dialogues afin d'intégrer cette compréhension dans nos vies quotidiennes et de nous élever ensemble pour reconstruire la Terre et en faire un foyer accueillant. Les immenses chagrins de la dernière décennie suscitent un engagement collectif en faveur de la création d'un chemin vers l'avenir qui dépasse les distractions sans fin de la violence.

Reconnaissant l'urgence de trouver un terrain d'entente supérieur en matière de compréhension et de guérison, le monde s'immerge dans un océan de communication. À toute heure du jour et de la nuit, une conversation mondiale riche et complexe recherche la compréhension et une vision salutaire de l'avenir. Nous avons franchi le seuil d'une nouvelle étape de l'âge adulte où nous sommes prêts à travailler pour le bien-être de toute forme de vie et à prendre des engagements pour l'avenir profond. Des millénaires de travail sont encore nécessaires pour nous réconcilier avec le vivre ensemble et la construction d'un avenir prospère sur une Terre profondément blessée.

Analyse des principales tendances directives des années 2050

- **Réchauffement de la planète et perturbation du climat** : l'objectif de zéro émission de CO_2 d'ici 2050 n'est pas atteint. Les températures mondiales augmentent pour atteindre la barre terrifiante des 3 °C (5,4 °F) de réchauffement et provoquent des changements climatiques extrêmement perturbateurs et destructeurs.[124] Le méthane continue de se déverser dans l'atmosphère, amplifiant les phénomènes météorologiques extrêmes, réduisant la productivité agricole, affectant les zones côtières avec des tempêtes et des ouragans et perturbant profondément les habitats des plantes et des animaux. Avec un réchauffement et une acidification sans précédent, la vie est en grande partie décimée dans les océans, les sols sont cuits et secs, et les ruptures écologiques sont généralisées, car les plantes et les animaux ne peuvent pas s'adapter à la rapidité du changement climatique.

Depuis plusieurs décennies, nous savons que si la température augmente de 3 °C, les chances d'éviter un réchauffement de 4 °C sont faibles et que si nous atteignons 4 °C, cela produira des boucles de rétroaction encore plus intenses qui rendront extrêmement difficile l'arrêt de l'augmentation de la température à 5° C.[125] Nous nous trouvons sur des montagnes russes qui nous mènent en enfer.

La pleine crise climatique est arrivée.

- **Pénurie d'eau** : le stress hydrique devrait toucher 52 % de la population mondiale d'ici l'année 2050.[126] La population mondiale approchant les dix milliards d'habitants, cela signifie que la pénurie d'eau touchera probablement plus de cinq milliards de personnes.[127] (Cette estimation ne tient pas compte de la probabilité d'une période de grande mort au cours de laquelle un milliard d'êtres humains ou plus périront.) Pour beaucoup, la vie est devenue une lutte pitoyable pour la survie dans un monde surchauffé et desséché.

- **Pénurie alimentaire** : d'ici à 2050, la population mondiale devrait dépasser les neuf milliards d'habitants. Pourtant, les disponibilités alimentaires sont soumises à d'énormes pressions et sont menacées par l'évolution du monde vers un écosystème de plus en plus stérile, dépourvu d'une riche diversité de plantes et d'animaux. La demande alimentaire est supérieure de 60 % à celle de l'année 2020, alors que le réchauffement climatique, l'urbanisation et la dégradation des sols ont réduit la disponibilité des terres arables.[128] Rappelons que l'on estime que chaque degré Celsius (1,8 degré Fahrenheit) de réchauffement entraîne une diminution de 10 à 15 % des rendements agricoles. Par conséquent, à 3 °C, la productivité agricole diminue de 30 à 45 % du fait de l'augmentation des températures. Pour aggraver la situation, les efforts visant à réduire les émissions de carbone impliquent également de réduire l'utilisation des engrais et pesticides à base de pétrole. Incapables de soutenir la production agricole, les stocks alimentaires continuent de baisser et des milliards de personnes risquent de mourir de faim. « Jusqu'à cinq milliards de personnes... seront confrontées à la faim et au manque d'eau potable d'ici à 2050, car le réchauffement climatique perturbe la pollinisation, l'eau douce et les habitats côtiers. Les populations d'Asie du Sud et d'Afrique seront les plus touchées. »[129]

- **Réfugiés climatiques** : plus de 300 millions de réfugiés climatiques sont attendus d'ici le milieu du siècle, mais ce chiffre pourrait être bien plus élevé.[130] Le déferlement d'un très grand nombre de réfugiés dans des régions plus habitables de la planète ouvre la voie à d'énormes conflits.

- **Population mondiale** : on estime que le monde comptera dix milliards d'habitants d'ici à 2057.[131] Toutefois, cette estimation ne tient pas compte de la « grande mort » des années 2040, au cours de laquelle dix pour cent ou plus de la population mondiale pourrait disparaître. L'ampleur potentielle de la mortalité dans les années 2050 semble inimaginable, notamment en raison de la pénurie croissante d'eau et de la baisse de la productivité agricole.

- **Extinction des espèces** : les habitats des plantes et des animaux de la planète — sur terre, dans les océans et dans l'air — sont profondément perturbés à des vitesses bien supérieures à leur capacité d'adaptation. Au milieu du siècle, environ un tiers de toutes les formes de vie sur la planète sont en train de disparaître, avec des conséquences désastreuses. L'extinction d'espèces entières d'insectes entraîne un effondrement en cascade de la biosphère. La quantité et la nature des denrées alimentaires disponibles sont radicalement modifiées. Les prairies sont en danger. Les animaux qui dépendent des plantes pour se nourrir sont en danger. Les bénéficiaires à court terme de ces disparitions sont les charognards — les cafards et les vautours sur terre et les méduses dans les océans.[132]

• **Croissance économique/rupture** : d'ici le milieu du siècle, les impacts du réchauffement climatique sont terribles. Les efforts visant à réduire à zéro les émissions de carbone freinent la croissance économique et sont considérés comme un échec, aggravé par une vague croissante de ruptures économiques, de faillites et de désintégrations organisationnelles. Les pénuries de toutes sortes se multiplient, accompagnées de thésaurisation, de marchés noirs, de vols généralisés et de violences. Les sources traditionnelles de valeur (liquidités, actions et obligations) continuent de décliner tandis que la valeur des médicaments, des aliments et des combustibles augmente en raison de leur rareté. La productivité agricole continue de s'effondrer alors que les températures augmentent. Les bouleversements climatiques et les migrations humaines massives perturbent profondément les schémas du commerce et de la production. L'économie mondiale se fracture et se fragmente, passant à des économies locales vivantes. L'état d'esprit de croissance du passé est largement remplacé par un état d'esprit axé sur la survie et la durabilité, qui met l'accent sur le renforcement de la résilience locale dans les économies vivantes.

• **Inégalités économiques** : des inégalités extrêmes persistent malgré les tentatives de créer une révolution de l'équité. L'impact du réchauffement climatique est ressenti le plus intensément par les personnes les moins responsables de celui-ci et les moins à même d'agir contre lui. Les pauvres du monde entier font face à la famine, à la maladie et à la dislocation. L'extrême pauvreté, avec l'absence d'accès aux outils et ressources essentiels à la construction d'une économie locale viable, contraint les gens à vivre en mode de survie et les empêche de participer aux efforts de construction d'une écocivilisation pour la Terre. Une plus grande justice dans l'accès aux technologies et aux ressources de base est essentielle pour améliorer la santé et la productivité des personnes défavorisées et pour jeter les bases d'un avenir plus durable. L'amélioration des conditions de vie des plus démunis est plus qu'une expression de compassion, c'est le moyen de mobiliser une réponse populaire à fort effet de levier face au dérèglement climatique et aux ruptures globales.

Scénario : imaginer comment les années 2050 pourraient se dérouler

La Grande Mort se poursuit et des millions de personnes meurent chaque mois. L'ombre de la souffrance inutile assombrit le monde et envahit les perspectives de l'humanité. Le « Grand Incendie » s'accélère, à mesure que le réchauffement planétaire s'accélère. Des millions de réfugiés climatiques cherchent à s'installer dans les régions riches en ressources. Les efforts bien intentionnés des communautés locales pour partager les ressources se heurtent à des vagues massives de réfugiés qui submergent rapidement des systèmes déjà trop sollicités. De nombreuses communautés se trouvent confrontées à des défis qui dépassent largement leurs capacités. Cette situation débouche sur des conflits violents, car les personnes et les communautés sont poussées à la limite de la survie. La violence favorise l'isolationnisme local et la mentalité qui « construit des murs ».

Dans les pays développés notamment, une crise psychologique profonde continue de progresser à mesure que les gens voient se réduire les opportunités qui s'offrent aux générations futures. Beaucoup sombrent dans un profond désespoir. L'âme de l'humanité est moralement gravement blessée—nous avons dévasté la Terre et violé notre sens intuitif de l'éthique. Nous nous trouvons face à un avenir d'une noirceur sans fin. Possédons-nous, en tant que société, la détermination pour réaliser une grande transition ?

La question parmi toutes les questions est la suivante : comment la communauté humaine peut-elle s'unir pour relever solidairement les défis auxquels elle est confrontée ?

Nous sommes confrontés à une crise existentielle en tant qu'espèce et nous sommes obligés de nous demander, encore et encore : Qui sommes-nous ? Où allons-nous ? Nous sommes poussés à nous rappeler la sagesse originelle selon laquelle nous vivons dans un monde imprégné d'une vie subtile. Reprendre possession de la sagesse de la vie profonde nous connecte à l'univers en tant que tout unifié. Notre sens de l'identité et notre parcours évolutionnaire sont en train de se transformer. Nous nous considérons de plus en plus comme des êtres à la fois biologiques et cosmiques qui apprennent à vivre dans une écologie de la vie. En rompant avec la transe de consommation d'un matérialisme superficiel dans un univers mort, nous nous libérons pour explorer des modes de vie dans un univers doué de sensibilité, qui offrent une grande profondeur de sens et d'objectif.

Poussés de l'avant par une perte immense et tirés plus loin par la promesse d'un voyage de guérison, le système nerveux mondial s'éveille avec une nouvelle capacité de conscience collective de soi. Une nouvelle « conscience de l'espèce » ou une conscience réfléchie à l'échelle de la Terre émerge. Nous avons commencé à développer la capacité de nous observer, de nous connaître dans le miroir de notre esprit collectif et de nous guider vers des niveaux plus élevés d'organisation, de cohérence et de connexion. La conscience réfléchie nous permet d'être plus clairement témoins de ce qui se passe dans le monde et de choisir plus consciemment la voie à suivre. Nous quittons la bulle du matérialisme distrait pour nous engager dans une participation éveillée à la vie.

La famille humaine reconnaît désormais que c'est notre capacité à communiquer qui nous a permis d'évoluer pendant des milliers d'années jusqu'à la limite de la civilisation planétaire. Nous reconnaissons également que nous avons besoin d'un nouveau niveau de communication planétaire qui nous permette de collaborer et de travailler ensemble pour le bien-être de tous. En 2050, trois générations sont entrées dans la révolution mondiale des communications et sont fortement réticentes à se laisser manipuler par les médias consuméristes. Nous reconnaissons que notre survie dépend d'une compréhension exacte et réaliste de ce qui se passe dans le monde et nous sommes devenus très méfiants à l'égard de toute tentative de manipulation de notre esprit collectif à des fins de pouvoir et de profit. Notre mémoire d'espèce se souvient d'avoir été inondée de distorsions et de désinformations délibérées visant à créer le chaos, la confusion et la distraction.[133] Ces expériences douloureuses servent à nous immuniser socialement afin de réduire la possibilité d'infections dans notre esprit collectif.

L'apparition de superordinateurs dotés de capacités tellement énormes qu'ils peuvent facilement suivre le vote de milliards de personnes en temps réel est une évolution clé pour la recherche d'un consensus mondial. En combinant la puissance de l'intelligence artificielle avec les enregistrements fiables des technologies blockchain, les systèmes de superordinateurs peuvent garantir la confidentialité du vote de milliards de personnes dans des réseaux sécurisés. Avec ces avancées, la Terre est énergisée par de nouveaux niveaux de communication locale à globale. Les organisations de *Voix de la Communauté* se développent au niveau local et une organisation robuste de *Voix de la Terre* fonctionne au niveau global. Le monde est imprégné d'une communication claire sur notre avenir commun. La plupart des gens se félicitent de sentiments croissants :

- *d'identité* en tant que citoyens de la Terre. Une identité à l'échelle mondiale ne diminue pas les autres identités de nationalité, de communauté, d'ethnie, etc. ; au contraire, elle reconnaît la réalité de l'interdépendance et la responsabilité de tous les citoyens pour le bien-être de la Terre.

- *de prise de pouvoir* en tant que citoyens de la Terre. Des décennies de participation à divers forums électroniques ont démontré que le retour d'information des citoyens peut avoir une influence considérable sur les politiques publiques.

- *d'égalité* en tant que citoyens de la Terre. Malgré les différences de richesse et de privilèges, dans les forums électroniques, la voix et le vote de chaque personne comptent de la même manière dans le choix de l'avenir de l'humanité.

- *de solidarité* en tant que citoyens de la Terre. Des décennies de traumatismes et de souffrances ont créé de nouveaux liens de confiance et de reconnaissance du fait que pour assurer un avenir transformateur, il faut un effort d'équipe.

Un cheminement prometteur vers un avenir régénérateur, intentionnel et durable se dessine. Bien que nous soyons allés jusqu'au bord de la ruine en tant qu'espèce, grâce à des dialogues locaux à mondiaux et à de nouveaux niveaux de maturité et de discernement collectifs, nous avons réussi à nous éloigner du bord du désastre. Après avoir épuisé tous les espoirs de solutions partielles, nous avons commencé à aller au-delà du chaos et de la tristesse de ces temps et à découvrir un sens plus profond de la communauté et une intention collective. Nous avons connu une Grande Mort et nous arrivons maintenant à la maturité d'un Grand Réveil en tant que communauté de la Terre. En tant qu'espèce, nous dépassons l'adolescence égocentrique et entrons dans le début de l'âge adulte en nous préoccupant de plus en plus du bien-être de toutes les formes de vie. Reconnaissant le racisme structurel, les inégalités extrêmes en matière de richesse et de bien-être, les divisions entre les sexes, etc., nous recherchons la guérison et un terrain d'entente plus élevé qui incarne un nouveau niveau de coopération et de collaboration.

Le monde se trouve aujourd'hui dans une course entre l'extinction et la transformation. L'effondrement des civilisations n'a pas encore irrémédiablement endommagé les fondements de la construction d'un avenir viable pour la Terre. De nouvelles configurations de vie émergent dans le monde entier, orientées vers des écovillages à petite échelle, autoorganisés et autosuffisants.

La simplicité volontaire devient une valeur fondamentale et affecte tout : la nourriture que nous mangeons, le travail que nous faisons, les maisons et les communautés dans lesquelles nous vivons, et bien d'autres choses encore. Les modes de vie écologiques s'épanouissent en une multitude d'expressions. Les gens reconnaissent que la restauration et le renouvellement de la Terre en tant que système habitable de maintien de la vie prendront des siècles, mais ce voyage est maintenant en cours.

La nuit noire de l'âme de l'espèce a fait émerger toute une série de facteurs encourageants qui ont suscité un engagement fort en faveur de la construction d'un monde nouveau. Lorsque ces sept facteurs entrent en jeu et commencent à se renforcer mutuellement, ils créent collectivement un effet ascensionnel suffisamment puissant pour permettre à l'humanité de s'élever au-dessus de la tendance descendante de l'autoritarisme ou de l'extinction. Nous reconnaissons que nous avons traversé une profonde initiation en tant qu'espèce et qu'un avenir de restauration et de renouveau est possible si nous choisissons consciemment le cheminement qui s'offre à nous. Les choix timorés ne suffiront pas. Les progrès évolutionnaires nécessitent le plein engagement des humains pour sauver la Terre et notre propre avenir.

Années 2060 : la grande liberté – choisir la Terre

Résumé

Une majorité d'humains reconnaissent que nous vivons un moment décisif de l'histoire. La Terre nourricière qui nous a permis de nous hisser à la pointe de la civilisation mondiale a été transformée par les incendies, les inondations, les sécheresses, les famines, les maladies, les conflits et les extinctions. Plutôt que de laisser ces défis derrière nous, nous savons que notre travail consiste à les accepter et à les intégrer en nous. L'acceptation est la source de l'apprentissage fondamental qui nous permet de durer dans un avenir lointain.

Le cheminement de la transformation nous appelle à la maturité et à nous établir en tant qu'espèce dynamiquement stable, autoréférencée et autoorganisée. Une nouvelle économie commence à se développer à travers le monde. Les écovillages et les communautés plus larges deviennent les moteurs d'un nouveau type de commerce en s'engageant avec d'autres communautés, en utilisant des monnaies locales pour échanger des compétences et des services, tels que l'éducation, les soins de santé, les soins aux personnes âgées, les systèmes d'énergie solaire et éolienne, le jardinage biologique, l'hydroponie, l'agriculture verticale, les compétences en matière de construction domestique, entre autres. Les écovillages résilients se regroupent en communautés résilientes et celles-ci à leur tour en régions résilientes de vie coopérative.

Le respect et le souci du bien-être de la vie s'appuient de plus en plus sur une compréhension émergente du fait que l'univers est lui-même un vaste organisme vivant dont nous faisons partie intégrante. Nous sommes plus que des êtres biologiques, nous sommes des êtres « bio-cosmiques » qui apprenons à nous sentir chez nous dans un univers vivant. La conscience réfléchie n'est plus considérée comme un luxe spirituel réservé à une minorité, mais comme une nécessité évolutionnaire pour le plus grand nombre.

Une majorité de personnes choisissent consciemment de travailler pour le compte d'une communauté terrestre fondée sur la liberté, l'égalité, le bien-être écologique, la simplicité de vie, la guérison et la restauration de la planète, et la communication authentique. Un mouvement vibrant de *Voix de la Terre* offre une cohérence et une direction croissantes à cette intention de notre espèce.

Une espèce-organisme de la taille de la Terre, composée de milliards d'individus, s'éveille en tant qu'humanité collective. Avec une solidarité croissante, nous choisissons la Terre comme notre domicile permanent. Au prix de souffrances et de chagrins indicibles, nous avons surmonté les isolations du passé pour découvrir une relation profonde, imprégnée d'âme, avec la Terre et les autres humains. Nous avons le sentiment d'avoir payé notre tribut, le prix d'admission à la première étape de la maturité mondiale, par nos immenses souffrances. La grande inquiétude quant à la survie de notre espèce est remplacée par des sentiments intenses de communauté, de solidarité et de parenté à l'échelle mondiale, ce qui génère de nouvelles vagues d'optimisme. Nous avons dépassé cette période de profonde initiation *ensemble*. Notre espèce a traversé la période des plus grands dangers imaginables et nous avons survécu. Nous avons véritablement commencé à prendre conscience de notre identité en tant que famille humaine, avec tous nos défauts et nos particularités. Nous savons qu'il n'y a pas de repos final, que nous devons travailler sans cesse pour nous réconcilier avec nous-mêmes. Nous savons maintenant aussi que nous sommes à la hauteur du défi.

Analyse des tendances directives des années 2060

- Le **réchauffement climatique** s'approche rapidement du niveau catastrophique de 3 °C (plus de 5 °F) et le climat du monde sombre dans le chaos. Poussé par une nécessité absolue, le monde commence à se tourner vers l'utilisation à grande échelle de la géo-ingénierie climatique pour limiter le réchauffement de la planète. La « géoingénierie solaire », qui consiste à renvoyer une petite partie de l'énergie solaire dans l'espace, contribue à freiner l'augmentation de la température causée par l'accroissement des niveaux de gaz à effet de serre. Une fine couche de particules lutte contre le réchauffement climatique en imitant les fines cendres des éruptions volcaniques qui dévient le rayonnement solaire dans l'atmosphère. Si ce nuage de particules compense l'augmentation rapide des températures mondiales, la réduction du rayonnement solaire devrait également entraîner des changements spectaculaires dans les systèmes météorologiques et les régimes pluviométriques alimentés par l'énergie solaire. Par exemple, avec la géo-ingénierie solaire, les moussons asiatiques, dont dépendent deux milliards de personnes pour leurs cultures vivrières, pourraient commencer à s'arrêter. Malgré les risques énormes, la géo-ingénierie solaire sera probablement mise en œuvre à l'échelle planétaire d'ici les années 2060 dans le but de stabiliser le réchauffement de la planète. Le réchauffement de la planète pourrait également être atténué par des efforts massifs de capture du carbone, notamment par la plantation d'au moins mille milliards d'arbres sur toute la planète.

- La **pénurie d'eau** met sous pression plus de la moitié de le population mondiale, générant des conflits et de la violence intenses autour de l'accès à l'eau. Une initiative à l'échelle planétaire est lancée pour répartir l'accès à l'eau et développer des usines de dessalement alimentées par l'énergie solaire.

- La **pénurie alimentaire** augmente avec la croissance des populations et la baisse de la productivité. La moitié de la population mondiale est confrontée à la pénurie chronique et à la famine. Comme avec l'eau, une initiative globale de rationnement et de distribution de la nourriture est mise en place.

- Le nombre des **réfugiés climatiques** continue à croître de manière dramatique. L'université de Cornell estime que d'ici à 2060, le nombre ahurissant de 1,4 milliard de personnes, soit environ un cinquième de la population mondiale, pourraient devenir des réfugiés du changement climatique.[134]

  Les structures civiques d'un monde qui s'effiloche seront débordées et nécessiteront une coopération mondiale pour trouver des logements convenables pour les gens.

- L'**extinction des espèces** s'accélère en raison de l'échec des plantes et animaux à s'adapter assez rapidement aux changements brutaux du climat et des conditions météorologiques. À mesure que la biosphère se dégrade, une fraction croissante de l'humanité pourrait s'engager dans un corps de volontaires pour œuvrer au renouveau de la Terre.

- La **rupture économique** est très répandue, provoquant de la thésaurisation, des marchés noirs et de la violence. Toutefois, les luttes pour la survie sont contrebalancées par des poches solides d'économies locales à l'échelle de la communauté. Un nouveau type d'économie émerge au niveau local, axé sur le renouvellement, la restauration et la régénération.

Scénario : imaginer comment les années 2060 pourraient se dérouler

Une majorité de l'humanité reconnaît que nous vivons un moment décisif de l'histoire. La Terre nourricière qui a permis l'essor d'une civilisation mondiale a été transformée. Il n'est pas certain que la biosphère puisse être suffisamment restaurée pour permettre l'avènement d'un nouveau type de civilisation humaine. Le coup de départ de l'histoire a été tiré et nous sommes dans une course pour dépasser un désastre que nous avons nous-mêmes provoqué.

Étape par étape, un esprit d'espèce transformé émerge avec un caractère et un tempérament reconnaissables. Nous développons progressivement un nouveau niveau de maturité et de compassion collectives qui dépasse les divisions du passé. En prenant du recul et en nous considérant comme une espèce contestataire et pourtant créative qui possède d'énormes potentiels inexploités d'innovation et de gentillesse, nous donnons naissance à une espèce-civilisation qui fonctionne. Un organisme-espèce de la taille de la Terre émerge et, avec une solidarité croissante, nous choisissons la Terre comme demeure sur le long terme. Au prix de souffrances et de chagrins indicibles, nous avons surmonté les isolations du passé pour découvrir une relation profonde, imprégnée d'âme, avec la Terre, toutes ses créatures et les autres humains.

L'intelligence créative sous-jacente et l'immense patience de l'univers vivant nous apparaissent de plus en plus clairement. Nous franchissons un seuil qui nous permet d'atteindre de nouveaux niveaux de compréhension collective de notre parcours évolutif. Toute l'histoire de notre espèce nous a amenés à cette ouverture vers une identité, une humanité et un avenir plus vastes. Nous commençons à nous considérer comme des cellules du corps d'un superorganisme. Alors que l'ancien monde s'effiloche et s'effondre, une nouvelle humanité s'assemble à partir de ces fragments.

Des vagues de communication enveloppent la Terre. Un mouvement de *Voix de la Communauté* prend racine dans les régions métropolitaines autour de la planète et crée une voix robuste et populaire pour l'humanité. Les initiatives de « Voix du quartier » contribuent aux initiatives à l'échelle biorégionale, en éclairant la conscience collective de l'espèce par une communication intense autour de la Terre. Ces sources animées de communication locale se fondent dans des initiatives régionales dans le monde entier. Avec une communication renforcée qui illumine la plupart des régions de la Terre, une base solide pour la Voix de la Terre se développe et s'approfondit.

Les divisions liées à la race, à la richesse, au sexe, à la religion, à l'appartenance ethnique et à la géographie subsistent. Cependant, la révolution mondiale des communications est devenue une puissante force de réconciliation. Martin Luther King Jr. a déclaré que pour réaliser la justice dans les affaires humaines, « l'injustice doit être exposée — avec toute la tension qu'elle crée — à la lumière de la conscience humaine et à l'air de l'opinion nationale avant de pouvoir être guérie ».[135] L'injustice et les inégalités dans le monde ont prospéré dans l'obscurité de l'inattention et de l'ignorance. Désormais, la lumière bienfaisante de la sensibilisation du public crée une nouvelle conscience au sein de la communauté humaine. Comme les humains qui survivent savent que le monde entier les regarde, une puissante impulsion réparatrice et curative imprègne les relations humaines. Avec d'innombrables résolutions, pétitions, déclarations et sondages provenant de toutes les régions et de tous les niveaux du monde, les peuples de la Terre font connaître leurs sentiments : nous choisissons, encore et encore, de transcender nos nombreuses différences et de nous unir dans la coopération. Notre engagement en faveur d'un avenir régénérateur et utile se consolide, de manière visible, consciente et profonde, dans notre psyché collective. Poussé par une nécessité impérieuse et tiré par une opportunité irrésistible, le grand tournant que l'humanité cherchait à prendre émerge progressivement du chagrin et de la douleur des décennies charnières.

Des milliards d'humains sont morts en passant de l'initiation de notre espèce au début de l'âge adulte. Nous faisons le serment de consacrer leur sacrifice, de ne jamais l'oublier, mais d'en faire un don sacré de gratitude pendant que nous apprenons à vivre au sein d'une vie plus grande. L'obscurité de la mort a allumé la flamme de la vie de l'âme. Tout en continuant à pleurer la perte de tant de vies, de tant de cultures, de tant d'espèces, nous nous engageons pas à pas dans de nouveaux modes de vie qui honorent tout ce qui a été perdu, transformant une grande souffrance en de nouvelles façons d'être ensemble. Épuisés par les projets superficiels du consumérisme, nous sommes exaltés par les projets profonds qui consistent

150

à apprendre à vivre dans notre univers vivant. Nous avons regardé en face la possibilité de notre extinction fonctionnelle et, au lieu de cela, nous avons cherché une vie plus grande. Nous acceptons notre destin, en reconnaissant qu'il n'y a pas de trêve définitive ni d'harmonie durable et nous nous engageons au contraire à faire preuve de bonne volonté et à coopérer tous les jours et pour toujours.

Se rendre compte qu'il n'y a pas de repos final et que nous avons les compétences et l'endurance nécessaires pour poursuivre le voyage.
Nous nous élevons à un nouveau niveau de conscience collective, de maturité et de responsabilité.

Par un « oui » collectif, ceux qui ont survécu font le choix puissant de trouver une nouvelle voie pour aller de l'avant. Nous nous engageons à choisir la Terre comme notre demeure pour un avenir profond. Notre avenir à long terme est loin d'être assuré, mais nous nous sommes engagés à restaurer notre monde profondément blessé et à nous établir en tant qu'espèce et civilisation viable. Une capacité mature pour un comportement éthique se développe en nous. Sur la base d'une réflexion consciente et d'une réconciliation, la communauté humaine entreprend la restauration et le renouvellement de la biosphère en tant que projet commun, ce qui favorise un profond sentiment de fraternité et de connexion. Une culture mondiale de la gentillesse émerge.

Vivre l'instant présent en faisant directement l'expérience de la vie devient ce qui nous donne sens et notre objectif. Nous choisissons d'aller au-delà de la poursuite sans fin du consumérisme et d'opter pour la richesse d'être simplement en vie dans cet univers remarquable. Ensemble, nous basculons d'un état d'esprit fondé sur la déconnexion et l'exploitation au sein d'un univers mort à un autre centré sur la connexion et la bienfaisance au sein d'un univers vivant.

Années 2070 : le grand voyage – un avenir ouvert

Résumé

En ce qui concerne l'avenir, les trois cheminements principaux sont toujours présents dans le monde. Il n'est pas certain que l'un ou l'autre d'entre eux l'emporte en fin de compte. La Terre entière est encore au cœur d'une crise systémique et le besoin d'une action forte et coordonnée est si grand que, si les citoyens ne s'engagent pas dans une action autoorganisée de haut niveau, l'extrême nécessité d'une prise de décision rapide et ciblée pourrait faire de l'autoritarisme la réalité politique dominante.

Bien que le centre de gravité social se soit déplacé en faveur d'une voie de transformation, la menace d'une extinction fonctionnelle de l'humanité reste une réalité possible. Les nouvelles technologies peuvent nous aider, mais ne nous sauveront pas. Des facteurs invisibles tels que la communication, la conscience, la réconciliation, la vivacité, détermineront le résultat.

Après un demi-siècle d'agitation et de transition, nous constatons, avec une clarté inébranlable, que nous avons encore trois avenirs très différents devant nous :

- L'extinction fonctionnelle et un nouvel âge sombre,

- La domination autoritaire et une stagnation évolutive,

- La transformation et un nouvel élan d'évolution créative.

Ces vers de T. S. Eliot sont très parlants :

Nous ne cesserons pas d'explorer - L'aboutissement de toutes nos quêtes
Sera d'atteindre l'endroit d'où nous étions partis -
Et pour la première fois de le reconnaître.[136]

Bien que le cheminement reste ouvert, le centre de gravité sociale s'est déplacé de manière décisive en faveur d'un avenir transformationnel et de la perspective d'une civilisation planétaire de plus en plus mûre. Alors que nous continuons à apprendre, à grandir et à nous éveiller, l'avenir reste une question de choix collectif. Nous n'avons pas guéri la grande blessure de la Terre. Nous ne nous sommes pas installés dans un nouvel âge d'or miraculeux de paix et de prospérité. Nous continuons à lutter pour notre survie, à faire face aux immenses défis du réchauffement climatique, à l'immense deuil et au chagrin de la grande mort, aux difficultés extrêmes de l'installation de millions de réfugiés climatiques, à la restauration du plus grand nombre possible d'espèces végétales et animales, tout en relevant le défi colossal de la transition vers un avenir basé sur les énergies renouvelables. Néanmoins, ce que nous avons accompli est capital : nous avons atteint un stade de maturité et de compréhension collective en tant qu'espèce diversifiée et encore controversée. Nous savons que nous devons travailler ensemble, pour toujours, si nous ne voulons pas disparaître de la Terre. Nous devons maintenant trouver un moyen de vivre en équilibre avec l'écologie de la Terre et de l'univers vivant.

PARTIE IV

Élévations pour un avenir transformatif

Il est 3h23 du matin
et je suis réveillé
parce que mes arrière-petits-enfants ne me laissent pas dormir.
Mes arrière-petits-enfants me demandent en rêve
Que faisais-tu pendant que la planète se faisait piller ? Que
faisais-tu pendant que la Terre se décousait ?
Dis-moi que tu as fait quelque chose lorsque les saisons ont
commencé à faillir ?
Lorsque les mammifères, les reptiles, les oiseaux
mouraient tous ?
As-tu rempli les rues de manifestations lorsque la démocratie
a été volée ?
Qu'as-tu fait lorsque
tu as su ?

— Hieroglyphic Stairway de Drew Dellinger[137]

Des élévations pour la transformation

Lorsque nous guérissons la Terre, nous nous guérissons nous-mêmes.

— David Orr

L'élévation se produit lorsque *toute* la vie est élevée ! Choisir le *bien-être de toute forme de vie* comme socle de notre bien-être en tant qu'espèce exige une expansion et un approfondissement profonds de notre engagement vis-à-vis de la vie. Une grande transition de la séparation profonde à la communion consciente, au service du bien-être de toute vie, ne se produira pas automatiquement. Il s'agit d'un processus exigeant, tant sur le plan individuel que collectif.

Face à la perspective de l'extinction de l'humanité, la découverte de forces qui, si elles sont consciemment choisies, peuvent nous élever sur le chemin de l'évolution est un trésor inestimable. Voici sept forces d'élévation qui sont simples, universelles, émotionnellement puissantes et qui peuvent éveiller les potentiels supérieurs de notre humanité. Des éléments de celles-ci ont été tissés dans le scénario précédent du demi-siècle à venir. Ici, les facteurs d'élévation sont explorés plus en détail afin de révéler le puissant courant ascendant qu'ils peuvent apporter au voyage humain.

1. Choisir la vie

2. Choisir la conscience

3. Choisir la communication

4. Choisir la maturité

5. Choisir la réconciliation

6. Choisir la communauté

7. Choisir la simplicité

Examinons maintenant chacune de ces forces plus en détail.

Choisir la vie

L'univers est une créature vivante unique qui contient toutes les créatures vivantes en son sein.

— Platon

Nous sommes des âmes habillées de vêtements biochimiques sacrés et nos corps sont les instruments par lesquels nos âmes jouent leur musique.

— Albert Einstein

Une ascension fulgurante peut se produire naturellement lorsque nous nous installons dans un paradigme de vie qui offre une nouvelle compréhension de la nature de la *réalité* et de l'*identité humaine* et lorsque celles-ci, à leur tour, apportent de nouvelles perspectives à notre *voyage évolutionnaire*. Les changements de paradigme qui éveillent cette triple transformation sont extrêmement rares dans l'histoire. Nous sommes actuellement au milieu d'un tel éveil dont l'essence peut être résumée comme *passant de la mort à la vie* : au lieu de considérer l'univers comme composé de matière morte et d'espace vide sans signification ni but, l'univers est connu et vécu comme un organisme sensible unifié, une entité singulière et vivante, avec une conscience croissante et générant des expressions de plus en plus complexes de sa vie.

L'idée que nous vivons dans un univers unifié et vivant n'est pas « nouvelle ». Il s'agit plutôt de la compréhension originelle de la réalité par l'humanité, mais elle a été largement oubliée au cours des quelques siècles derniers. Aujourd'hui, nous la redécouvrons grâce à la convergence des connaissances issues des frontières de la science et des traditions de sagesse les plus anciennes du monde.

Les toutes premières intuitions de l'homme ont révélé l'existence d'une vie subtile qui imprègne toute l'existence. Pendant au moins 5 000 ans, c'est ainsi qu'a vécu la tribu indienne des Ohlones, aujourd'hui disparue, mais qui vivait de manière durable sur ses terres dans la région de la baie de San Francisco. L'anthropologue culturel Malcolm Margolin a magnifiquement décrit comment, pour les Ohlones, la nature était vivante et brillait d'énergie.[138] La vie n'est pas distante, mais, comme l'air, présente partout et en tout. Comme tout était animé de vie, tout acte était spirituel. Toutes les tâches, chasser un animal, préparer la nourriture ou fabriquer un panier, étaient accomplies en tenant compte du monde environnant, de la vie et de la puissance. La perception que nous vivons dans un univers vivant n'était pas limitée aux cultures indigènes. Il y a plus de deux mille ans, Platon écrivait son histoire de la création — *Timée* — et décrit l'univers ou le cosmos comme un être vivant singulier doté d'une âme.

Malgré les racines profondes de ce concept de la vie, l'idée d'un univers non vivant et d'un matérialisme mort a pris racine il y a environ 300 ans dans les sociétés occidentales. Le matérialisme considère la matière morte et l'espace vide comme la seule vraie réalité et considère l'univers comme dépourvu de vie, de sens profond et de finalité. Cette vision superficielle et appauvrie de la réalité, de l'identité humaine et de notre parcours évolutif a exercé un pouvoir immense pour une raison simple : elle a transformé le monde en une ressource à consommer. Si la nature était essentiellement composée de matière morte, il était logique de consommer cette matière morte pour en faire profiter les vivants. Cette simple logique était impitoyable par l'autorisation de l'exploitation effrénée de la nature. En l'absence de contraintes éthiques, le paradigme du matérialisme mort a été impitoyable dans l'exercice de son pouvoir, continuant à exercer sa force jusqu'à ce qu'il atteigne les limites de sa compréhension superficielle et simple d'esprit de l'existence. Nous voyons aujourd'hui cette limite, car la logique suicidaire du matérialisme mort conduit à l'extinction de notre espèce, ainsi que d'une grande partie du reste de la vie sur la Terre. Nous sommes maintenant confrontés au paradoxe d'un grand appauvrissement qui est le coût de l'abondance matérielle. Nous nous tuons nous-mêmes. La destruction des écosystèmes nous pousse à nous souvenir de notre conception la plus ancienne de l'existence et à en retrouver les fondements éthiques : si le monde qui nous entoure est vivant, alors notre tâche mature est d'apporter une attention consciente à tout ce qui est vivant et de le traiter avec un grand respect. La différence entre ces deux paradigmes est frappante et simple : si le monde repose sur des fondations mortes, alors exploitez-le, utilisez-le et consommez-le. S'il est vivant, prenez-en soin et utilisez ses dons avec gratitude et modération. L'esprit moderne a considéré la nature comme morte et donc insensible. Par conséquent, nous n'accordons qu'une attention superficielle à la manière dont nous en usons (et en abusons). Avec mépris et distance, la richesse et la profondeur du monde ont été réduites au rang de ressources à exploiter. Toute élévation qui existe dans le paradigme mécaniste se résume à un mince vernis de bonheur basé sur la consommation de plus de choses matérielles.

En revanche, le paradigme de la vie est riche d'élévations. Notre univers tout entier a surgi d'un minuscule point d'énergie il y a près de 14 milliards d'années et s'est enrichi d'environ deux trillions de galaxies, chacune comptant une centaine de milliards de systèmes stellaires, voire plus ! Notre existence illustre de manière étonnante l'élévation, car nous émergeons continuellement d'un terrain générant la vie. Une force de vie extraordinaire est à la fois *fondationnelle* (en mettant au monde et en nourrissant notre univers) et émergente en donnant naissance à d'innombrables expressions de vie. L'irrépressible vie est omniprésente : par exemple, dans l'herbe qui pousse à travers les fissures des trottoirs, dans les étendues glaciales de l'océan Arctique, dans la chaleur brûlante des cheminées hydrothermales dans les profondeurs des océans, dans les lits d'argile situés à des kilomètres sous la Terre qui n'ont jamais été exposés à la lumière du soleil et à l'eau. Le fait de faire vivre un univers entier et de donner naissance à d'innombrables expressions de la vie représente une élévation étonnante. En nous éveillant à la vie, nous redécouvrons l'élévation continue à la base de toute existence. Si la vie à l'échelle cosmique peut créer et soutenir des milliards de milliards de galaxies, elle peut certainement apporter l'élévation nécessaire pour transformer le chagrin de la ruine de la Terre provoqué par le matérialisme en une joie de vivre dans un jardin foisonnant, riche de possibilités.

Le pouvoir de « la vie »

Notre monde qui s'effondre nous met au défi de répondre à une question sans appel : « Existe-t-il une expérience de la vie si largement partagée qu'elle peut nous rassembler dans un voyage commun vers un avenir prospère ? » La réponse est clairement « oui ». Au-delà de nos nombreuses différences, nous avons tous en commun l'expérience d'être simplement en vie, et cette expérience remarquable fournit une base inébranlable pour que l'humanité se réunisse dans un voyage commun de transition et de transformation.[139] Lorsque notre sensibilité personnelle devient transparente à la vie de l'univers vivant, des expériences d'émerveillement et d'admiration émergent naturellement. En nous ouvrant aux dimensions cosmiques de notre être, nous nous sentons plus à l'aise, moins imbus de nous-mêmes, dotés de plus d'empathie à l'égard des autres et plus désireux d'être au service de la vie. Ces changements de perspective sont extrêmement importants pour la construction d'un avenir durable et volontaire. L'un des plus grands spécialistes des traditionnelles sagesses de l'humanité était Joseph Campbell. J'ai eu le privilège de coécrire un livre avec lui, Changing Images of Man (Images changeantes de l'Homme), explorant les archétypes profonds qui nous entraînent vers l'avenir en ces temps de transition.[140] Dans une interview révélatrice, Campbell a été invité à répondre à la question suivante : la quête la plus profonde de l'homme est-elle la « recherche du sens » ? Voici sa réponse :

« Les gens disent que ce que nous recherchons tous, c'est un sens à la vie. Je ne pense pas que ce soit ce que nous recherchons vraiment. Je pense que ce que nous recherchons, c'est l'expérience de la vie, afin que nos expériences de vie sur le plan purement physique soient en résonance avec notre être et notre réalité les plus profonds, de sorte que nous ressentions réellement le ravissement d'être en vie. »[141]

Une citation attribuée au philosophe Blaise Pascal est éloquente : « le but de la vie n'est pas le bonheur, la paix ou l'épanouissement, mais la vie. »[142]

Howard Thurman, auteur, philosophe, théologien et défenseur des droits civiques, est connu pour avoir dit, « Ne demandez pas ce dont le monde a besoin. Demandez ce qui vous fait vous sentir vivants et allez le faire. Car ce dont le monde a besoin, ce sont des gens qui sont devenus vivants. »[143]

La vie est notre seule vraie richesse

Le psychologue et philosophe Erich Fromm a écrit que notre expérience de la vie est le cadeau le plus précieux que nous puissions partager avec les autres. Lorsque nous partageons cette expérience de vie au sein de nous, notre gratitude et nos peurs, notre compréhension et notre curiosité, notre humour et notre chagrin, nous offrons l'essence même de notre être. En partageant notre vie, nous enrichissons l'existence des autres. Nous éveillons leur sens de l'humanité en partageant notre propre expérience de la vie en cet instant. Nous ne partageons pas avec l'intention de recevoir quelque chose en retour. Au contraire, le partage lui-même est un don que nous faisons à nous-mêmes et qui réveille une vie réciproque chez les autres, revenant vers nous tel un flot mutuellement intensifié.

Joanna Macy, sage spirituelle et écologiste, fait le lien entre l'activisme climatique et notre expérience de la vie :

« L'instant présent est un temps exquis pour être vivant. En effet, la prise de conscience de l'imminence de l'effondrement nous invite à nous poser des questions profondes sur le sens des choses, questions que nous remettons généralement à plus tard et que certains d'entre nous n'abordent même jamais. Le désespoir climatique invite les gens à revenir à la vie… Le cheminement qui traverse le désespoir consiste à faire l'expérience de soi-même comme une partie d'un tout plus grand et à s'abandonner au mystère de la création. La crise climatique nous invite à nous engager dans le mystère de la vie avec un regard neuf et un cœur ouvert. »[144]

La philosophe jungienne Anne Baring décrit comment les cultures de la consommation peinent à intégrer l'expérience des cultures indigènes et leur compréhension du fait que : « la vie du Cosmos, la vie de la Terre et la vie de l'humanité étaient une seule et même vie, imprégnée et informée par l'esprit animateur. »[145] Elle écrit que la grande révélation de notre époque est que « nous passons de l'histoire d'un cosmos mort et dénué de toute sensibilité à une nouvelle histoire, celle d'un cosmos vibrant de vie et constituant la base première de notre propre conscience ».[146]

Un univers non vivant est dépourvu de conscience et n'a donc aucune conscience de la finalité humaine. En tant que formes de vie séparées sur le plan existentiel, nous pouvons nous efforcer héroïquement d'imposer une raison d'être à l'univers, mais cela ne sert finalement à rien dans un cosmos qui n'a pas conscience de la vie. À l'inverse, un univers vivant semble vouloir générer des systèmes autoréférencés et autoorganisés en son sein, à toutes les échelles. Nous sommes des expressions de la vie qui, après près de 14 milliards d'années, permettent à l'univers de regarder en arrière et de réfléchir sur lui-même. Le paradigme de l'univers vivant entraîne un changement profond de notre objectif d'évolution :

La vie est occupée à la fois à se perpétuer et à se dépasser ; si elle ne fait que se maintenir, vivre c'est seulement ne pas mourir.[147]

— Simone de Beauvoir

Au-delà des différences de langue et d'histoire, une compréhension commune est présente : l'univers est un système vivant qui émerge comme une nouvelle création à chaque instant. Nous faisons partie intégrante de ce processus de régénération. Cette conception est bien connue et largement admise par les mystiques, les poètes et les naturalistes :[148]

Le ciel est sous nos pieds tout autant que sur nos têtes.

— Henry David Thoreau[149]

Plus nous contemplons profondément la nature, plus nous reconnaissons qu'elle regorge de vie. De cette connaissance naît notre relation spirituelle avec l'univers.

— Albert Schweitzer[150]

Et dans la forêt je vais, pour perdre la tête et trouver mon âme

— John Muir[151]

Non seulement elles sont belles, les étoiles sont comme les arbres de la forêt, elles sont vivantes et respirent. Et elles m'observent.

— Haruki Murakami[152]

Le but de la vie est de faire correspondre le rythme de votre cœur au rythme de l'univers, de faire coïncider votre nature avec la Nature.

— Joseph Campbell[153]

Celui qui veut connaître le Divin doit sentir le vent
sur son visage et le soleil sur sa main.
— Buddha[154]

Je crois en Dieu, mais je l'écris Nature.
— Frank Lloyd Wright[155]

Le fait de nous éveiller à notre lien conscient avec l'univers vivant élargit naturellement notre champ d'intérêt et de compassion et renforce la perspective de travailler ensemble à la construction d'un avenir durable. Il ne s'agit pas de philosophie abstraite, mais de l'expérience viscérale du simple fait d'être vivant par rapport à notre expérience unique de nous-mêmes. Du haut de ses 90 ans, Florida Scott-Maxwell décrit ce point de vue par ces mots puissants : « Il suffit de prendre possession des évènements de sa vie pour devenir soi. Lorsque l'on possède tout ce qu'on a été et fait, on confronte la réalité avec ferveur. »[156]

> *Au fur et à mesure que nous nous éveillons à la*
> *vie au cœur de notre être, nous nous connectons*
> *simultanément à la vie de l'univers.*

La vie ne coûte rien, elle nous est offerte librement lors de notre naissance. L'expérience de la vie est présente et disponible à tout moment. La vie est une expérience physique, puissante et universelle. Pour illustrer cela, j'ai demandé aux participants d'une communauté d'apprentissage que j'anime avec d'autres de décrire ce que signifie pour eux « être pleinement vivant ». Les réponses ont été immédiates et directes : « être dans le flux ». « L'esprit trouvant domicile dans le corps. » « Ressentir toute la gamme de mes émotions. » « Vivre à dessein et sans attente. » « Offrir la pleine expression des dons de mon âme. » « Une connexion profonde avec la nature. »[157]

Un cheminement de vie consacré au développement de la pleine vie peut être considéré comme un vœu pieux par ceux qui vivent dans la mentalité du matérialisme et de la société de consommation. Néanmoins, cette vue est en train de changer. La mentalité du matérialisme est en train d'être transformée par les nouvelles découvertes de la science, par les enseignements durables des traditions de sagesse et par l'expérience directe d'une grande partie de l'humanité. En intégrant ces diverses sources de compréhension, nous découvrons que la vie est cette expérience nouvelle et sans âge qui offre à l'humanité un lieu de rencontre et de guérison collective.

Notre lien le plus étroit avec les premières connaissances des peuples anciens provient des traditions indigènes dont les racines plongent profondément dans le passé de l'humanité. La sagesse indigène a permis à nos ancêtres de faire face à des conditions exceptionnellement difficiles pendant plusieurs centaines de milliers d'années. Comment les personnes qui continuent à défendre ces anciennes traditions appréhendent-elles la vie et le monde ?

La tribu Koyukon du centre-nord de l'Alaska

Les Koyukon vivent « dans un monde qui regarde, dans une forêt d'yeux ». Selon leur croyance, où que nous soyons, nous ne sommes jamais vraiment seuls, car l'environnement, aussi éloigné soit-il, est conscient de notre présence et doit être traité avec respect.[158]

Les Sarayaku Kichwa, de la jungle amazonienne de l'Équateur

croient que « tout dans la jungle est vivant et possède un esprit. »

Luther Standing Bear, Sioux Lakota de la région du Dakota du Nord et du Sud

« Le vide n'existait pas dans le monde. Même dans le ciel, il n'y avait pas de place libre. Partout il y avait de la vie, visible et invisible, et chaque objet nous donnait un grand intérêt pour la vie. Le monde grouillait de vie et de sagesse ; la solitude totale n'existait pas pour les Lakota. »[159]

L'idée et l'expérience d'une présence vivante et consciente imprégnant le monde sont partagées par la plupart des cultures indigènes (peut-être toutes). Le peuple Koyukon d'Alaska a décrit le monde naturel comme une « forêt d'yeux » conscients de notre présence, où que nous soyons et qui que nous soyons. Une intuition apparentée nous dit qu'une force vitale ou « vent sacré » souffle à travers l'univers, accompagnée d'une capacité de prise de conscience et de communion avec toute vie.

En accord avec les points de vue indigènes, nous trouvons dans diverses traditions spirituelles une vision étonnante de la nature de l'univers. La plupart des traditions spirituelles considèrent que l'univers se renouvelle continuellement à chaque instant, qu'il s'agit d'un tout indivisible qui émerge au cours d'un vaste processus d'une précision et d'une puissance impressionnantes :

Chrétienté : *« Dieu est en train de créer l'univers entier, pleinement et totalement, dans le présent. Tout ce que Dieu a créé... Dieu le crée maintenant tout d'un coup. »*[160]

— Meister Eckhart, mystique chrétien

Islam (soufi) : *« Chacun a une mort et un retour à chaque instant. À chaque instant, le monde se renouvelle, mais nous, en voyant la continuité de son apparence, nous n'avons pas conscience de son renouvellement. »*[161]

— Jalāl ad -Dīn Muhammad Rūmī, enseignant et poète soufi du XIIIe siècle

Bouddhisme (zen) : *« Ma proclamation solennelle est qu'un nouvel univers est créé à chaque instant. »*[162]

— D. T. Suzuki, enseignant et savant zen

Hindouisme : *« L'univers entier contribue sans cesse à votre existence. L'univers entier est donc votre corps. »*[163]

— Sri Nisargadatta, enseignant hindou

Taoïsme : *« Le Tao est la force vitale qui soutient et la mère de toutes les choses ; c'est de lui que toutes les choses naissent et disparaissent sans cesse. »*[164]

— Lao Tzu, fondateur du taoïsme

Dans quelle mesure l'expérience de la vie qui traverse tout et de l'unité profonde est-elle répandue dans la vie de tous les jours ? À quelle fréquence les gens ressentent-ils la vie et la connexion intime avec la nature et le monde dans son ensemble ? Des études scientifiques ont exploré cette question essentielle :

- Une enquête mondiale menée en 2008 auprès de 7 000 jeunes dans 17 pays a révélé que 75 % d'entre eux croient en une « puissance supérieure » et qu'une majorité déclare avoir vécu une expérience transcendante, croit en la vie après la mort et pense qu'il est « probablement vrai » que tous les êtres vivants sont liés entre eux.[165]

- En 1962, une enquête Gallup menée auprès de la population adulte des États-Unis a révélé que 22 pour cent des personnes interrogées déclaraient avoir vécu des expériences d'éveil qui révèlent notre lien intime avec l'univers. En 1976, Gallup indiquait que ce chiffre était passé à 31 pour cent. En 1994, une étude de *Newsweek* indiquait que ce chiffre avait atteint 33 pour cent. En 2009, une enquête de l'institut Pew Research a révélé que les « moments de prise de conscience ou d'éveil religieux soudain » avaient augmenté de façon spectaculaire pour atteindre 49 pour cent de la population adulte.[166]

- Lors d'une enquête nationale menée aux États-Unis en 2014, près de 60 pour cent des adultes ont déclaré ressentir régulièrement un profond sentiment de « paix spirituelle et de bien-être », et 46 pour cent disent éprouver un profond sentiment d'« émerveillement face à l'univers » au moins une fois par semaine.[167]

- Une raison importante de ces changements pourrait être l'augmentation spectaculaire des pratiques de méditation au cours des dernières années. Un mouvement « new age » dans les années 1960, c'est devenu un courant dominant au XXIe siècle. Le pourcentage d'adultes qui pratiquent la méditation augmente rapidement : d'environ quatre pour cent de la population américaine en 2012 à plus de 14 pour cent seulement cinq années plus tard (2017).[168] La méditation, l'alimentation et l'exercice physique sont désormais considérés comme des activités de santé et de bien-être courantes.

Figure 5 : Croissance des expériences d'éveil aux États-Unis entre 1962 et 2009 en pourcentage de la population

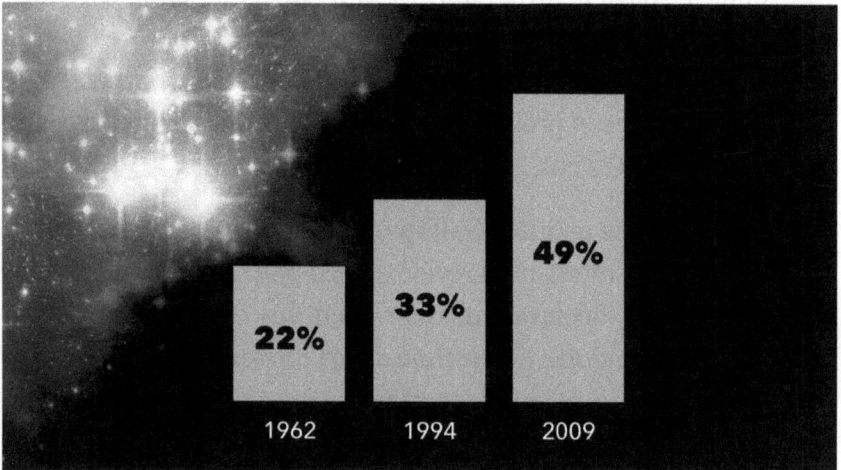

Ces enquêtes montrent que les expériences d'éveil, de communion et de connexion avec la vie de l'univers ne sont pas un phénomène marginal, mais qu'elles sont familières à une grande partie du public. L'humanité s'éveille de manière mesurable à une vision de nous-mêmes comme étant inséparables de l'univers dans son ensemble.[169]

Jusqu'à ces dernières décennies, toute suggestion que l'univers puisse être considéré comme un système vivant unifié était considérée comme une fantaisie par la science dominante. Aujourd'hui, grâce aux découvertes de la physique quantique et d'autres disciplines, l'ancienne intuition d'un univers vivant unifié revient sur le devant de la scène, tandis que la science se défait des superstitions pour révéler le cosmos comme un lieu d'émerveillement, de profondeur, de dynamisme et d'unité inattendus.[170]

- **Un tout unifié** : au cours des dernières décennies, la physique quantique a confirmé à plusieurs reprises que l'univers est une seule et vaste unité profondément connectée à elle-même, partout et à chaque instant. Une célèbre citation d'Albert Einstein remet en question la notion de séparation : « Un être humain est une partie d'un tout que nous appelons : Univers. Il se perçoit lui-même et ses sentiments comme une chose séparée du reste, une illusion d'optique de sa conscience. La recherche de la libération de cette illusion est le seul objet de la vraie religion. »[171]

- **Principalement invisible** : remettant superbement en cause l'idée que l'univers ne contient que de la matière et de l'énergie, les scientifiques pensent aujourd'hui que l'immense majorité de l'univers est invisible et non matérielle !

Les scientifiques estiment aujourd'hui qu'environ 95 pour cent de l'univers connu est invisible à nos sens physiques, 72 pour cent étant constitué d'énergie « noire » (ou invisible) et 23 pour cent de matière « noire » (invisible).[172] Notre biologie est une manifestation des quatre pour cent de l'univers composé de matière visible. Cette nouvelle compréhension de la science confirme la perception originelle de l'humanité selon laquelle le monde physique est sous-tendu par un monde invisible beaucoup plus vaste, composé d'une énergie invisible et d'un pouvoir immense.

Voici un point de vue d'Albert Einstein qui va encore plus loin : « Ce que nous avons appelé matière est de l'énergie dont la vibration a été baissée au point de devenir perceptible pour les sens. La matière est l'esprit, réduit au point de devenir visible. Il n'y a pas de matière. »

Figure 6 : Composition de l'univers : pourcentage de matière et d'énergie visible et invisible

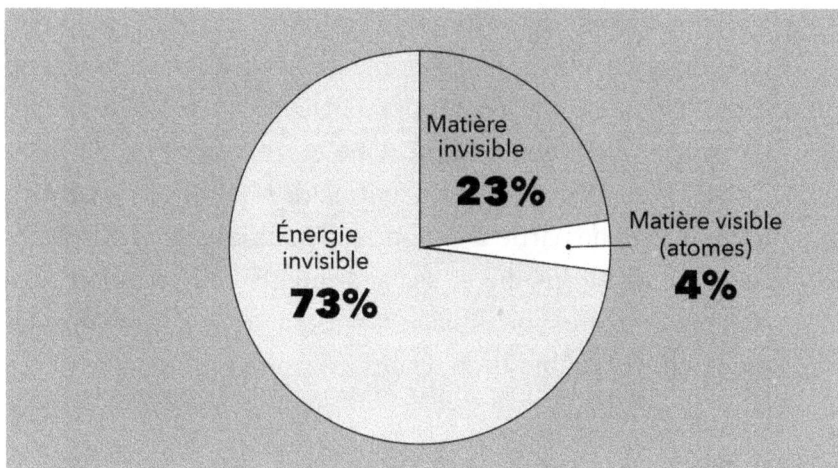

Matière invisible
23%

Matière visible (atomes)
4%

Énergie invisible
73%

- **Élévation commune :** à tout moment, l'univers entier émergé fraîchement comme une orchestration singulière de l'expression cosmique. Rien n'endure. Tout est flux. Pour reprendre les mots du cosmologue Brian Swimme, « L'univers émerge d'un abîme totalement nourrissant, non seulement il y a quatorze milliards d'années, mais à chaque instant. »[173] Malgré les apparences superficielles de solidité et de stabilité, lorsque la science l'explore en profondeur, nous constatons que l'univers est un système qui se régénère.

- **La conscience à toutes les échelles** : une gradation de la conscience semble être présente à travers tout l'univers, de sorte que la conscience ne s'éteint jamais complètement lorsque nous explorons des expressions de vie toujours plus petites ; au contraire, la conscience diminue au fur et à mesure que la complexité organique se réduit — des humains aux chiens, aux insectes, aux plantes et aux créatures unicellulaires, puis continue à s'estomper dans la matière inorganique telle que les électrons et les quarks qui possèdent une forme de conscience extrêmement simple, en accord avec leur nature simple.[174] De plus, comme l'univers est un tout unifié et qu'il n'y a pas de parties indépendantes, cela suggère que l'univers lui-même a une conscience, une expression de sa nature holistique, et que l'homme peut en faire l'expérience en tant que conscience du cosmos ou « conscience cosmique ».[175] Le pouvoir génératif de l'« univers-mère » qui a donné naissance à notre « univers-fille » suggère qu'il existe un océan sous-jacent de vie et de conscience génératrices d'où peut jaillir un univers entier et se développer depuis une graine plus petite qu'un atome unique à un vaste système comprenant plusieurs millions de millions de galaxies. Max Planck, développeur de la théorie quantique, a déclaré, « Je considère la conscience comme fondamentale. »[176]

- **Capacité à se reproduire** : une capacité vitale pour tout système vivant est sa capacité à se reproduire. Un point de vue de plus en plus répandu en cosmologie est que notre univers se reproduit au moyen des trous noirs. Le physicien John Gribbin écrit : « De nombreux chercheurs pensent aujourd'hui que le trou noir ne représente pas un voyage sans retour vers nulle part, mais un voyage sans retour vers quelque part, vers un nouvel univers en expansion dans ses propres dimensions ».[177]

Une nouvelle image de notre univers se dessine. La vie existe au sein de la vie. Notre vie est inséparable de la vie plus large d'un cosmos vivant. L'univers est un « super-organisme » unifié qui se régénère continuellement à chaque instant, et cela comprend la conscience, une capacité de connaissance qui permet aux systèmes à chaque échelle d'existence d'exercer un certain degré de liberté de choix.

Nous ne sommes pas qui nous croyons être. Lorsque l'on considère l'immensité de l'univers avec ses milliards de galaxies tourbillonnantes, chacune avec des milliards d'étoiles, il est naturel de conclure que nous sommes tout à fait minuscules dans l'échelle cosmique des choses. Toutefois, ce point de vue est totalement erroné. Nous ne sommes pas de petites créatures. À l'échelle de l'univers, nous sommes de véritables géants ! Imaginez que vous ayez une règle qui vous permette de mesurer de la plus grande échelle de l'univers connu à la plus petite. À l'échelle la plus grande, nous voyons des centaines de milliards de galaxies et, à l'échelle la plus petite, nous voyageons au cœur d'un atome, puis beaucoup plus bas dans les domaines d'une petitesse inimaginable de notre univers qui se régénère. Si nous comparons la taille des humains à cette règle cosmique, nous constatons que nous nous trouvons à peu près au milieu. En réalité, *il y a plus de petitesse en nous que de grandeur au-delà de nous* ! À l'échelle cosmique, nous sommes vraiment d'énormes créatures, des géants ! En tant qu'êtres colossaux, il nous est facile d'ignorer les tourbillons d'activité régénératrice qui œuvrent à tout moment à l'échelle véritablement microscopique de l'univers.

Thomas Berry, spécialiste des religions du monde, décrit le lien indissociable entre l'individu et l'univers : « nous portons l'univers dans notre être comme l'univers nous porte dans son être. Tous deux sont entièrement présents l'un envers l'autre et envers ce mystère plus profond dont l'univers et nous-mêmes avons émergé. »[178] C'est extraordinaire : un champ de vie crée et entretient notre univers, le tenant patiemment dans son étreinte spacieuse pendant des milliards d'années, tout en produisant des expressions de vie de plus en plus conscientes, de plus en plus capables de regarder en arrière avec une conscience réfléchie et d'apprécier leurs origines.

Lorsque nous apprenons à reconnaître notre expérience de la vie et que nous rencontrons la vie à la base de l'univers en tant qu'expérience ressentie, en tant que vie rencontrant la vie, une fenêtre s'ouvre et les expériences d'éveil se produisent naturellement. Lorsque notre expérience de la vie se connecte à la vie supérieure de l'univers, nous reconnaissons, comme une expérience directe, que nous formons partie du grand tout qu'est la vie. Voilà qui nous sommes : à la fois une vie biologique unique et une partie inséparable de la vie cosmique. Notre nature est à la fois biologique et cosmique, nous sommes des êtres « biocosmiques ». Le psychothérapeute Thomas Yeomans décrit magnifiquement ce paradoxe : à mesure que nous gagnons en maturité spirituelle et que nous ne faisons plus qu'un avec toute vie, nous devenons en même temps de plus en plus complètement et uniquement nous-mêmes.

Lorsque nous rassemblons ces nombreux fils de sagesse : les conceptions indigènes, les traditions spirituelles, la sagesse de la nature, l'expérience directe et les preuves scientifiques, ils transforment notre compréhension de la *réalité* (de mort à vivant), et cela transforme notre compréhension de l'identité humaine *identité* (de nature à la fois biologique et cosmique), et cela transforme notre compréhension de notre *cheminement* évolutionnaire (nous apprenons à vivre dans un univers vivant).

En résumé : le paradigme du matérialisme présuppose que nous habitons un univers dont les fondements ne sont pas vivants, sont sans conscience, sans signification ou sans but. Par conséquent, nous nous identifions à notre nature matérielle ou biologique, et rien d'autre. Je pense, donc je suis les pensées que je pense et rien de plus. En revanche, dans un univers vivant, notre être comprend une conscience qui s'étend à une écologie sans frontières, au-delà de notre cerveau pensant. Par conséquent, en notre qualité d'êtres conscients, notre identité peut aller bien au-delà de notre nature biologique et de notre activité mentale. Nous sommes des êtres de dimension à la fois biologique et cosmique. Je répète : *nous sommes des êtres biocosmiques*. De la même manière que nous pouvons cultiver et faire évoluer notre capacité de réflexion, nous pouvons également faire évoluer notre capacité à connaître sans limites l'unité de l'univers. L'expansion et l'approfondissement de notre capacité naturelle de conscience cosmique transforment notre identité et notre parcours évolutif.

Toutefois, si l'on veut se montrer résolument réaliste, il semble peu probable que nous nous détournions de la voie de la séparation, avec ses injustices croissantes, sa surconsommation des ressources et les blessures profondes qu'elle inflige à la Terre, à moins de découvrir un chemin vers l'avenir si remarquable, si transformateur et si accueillant que nous soyons attirés ensemble par la présence ressentie de son invitation. Cette voie doit être si convaincante en tant que possibilité ressentie que nous serons attirés par l'exploration dans le moment présent. Cette voie est en train d'être révélée par la convergence des connaissances de la science et des traditions de sagesse du monde.

> *Nous découvrons qu'au lieu de lutter pour un sens et une survie miraculeuse dans un univers mort, nous sommes invités à apprendre et à grandir pour toujours dans les écologies profondes d'un univers vivant.*

Se lancer dans l'invitation qui nous enjoint d'apprendre à vivre dans un univers vivant représente un voyage si extraordinaire qu'il nous appelle à panser les blessures de l'histoire et à réaliser un avenir remarquable que nous ne pourrons atteindre qu'ensemble. En nous ouvrant aux dimensions cosmiques de notre être, nous nous sentons plus à l'aise, moins imbus de nous-mêmes, dotés de plus d'empathie à l'égard des autres et plus attirés par le service à la vie. Ces changements de perspective sont extrêmement importants pour la construction d'un avenir durable.

> *Se lancer dans l'invitation à apprendre à vivre consciemment dans un univers vivant, c'est entamer un nouveau chapitre de l'évolution de l'humanité, avec une compréhension transformée de la réalité, de l'identité humaine et de notre parcours évolutionnaire.*

Ne serait-ce que pour de brefs instants, nous *pouvons* apercevoir et connaître l'existence comme une totalité continue. En touchant, ne serait-ce que quelques instants, la vie de l'univers, nos vies peuvent être transformées. Le poète soufi Kabir, profondément aimé, a écrit qu'il avait vu l'univers comme un corps vivant et grandissant « pendant quinze secondes, et cela a fait de lui un serviteur pour la vie ».[179] Quelle que soit la banalité des circonstances, quelle que soit l'apparente futilité de la situation, nous pouvons toujours prendre conscience de la vie et de la conscience subtiles qui nous habitent et qui nous entourent. Nous pouvons entrevoir l'univers vivant dans la lumière dorée d'une fin d'après-midi ou dans le lustre d'une vieille table en bois qui brille d'une profondeur et d'une présence inexplicables. Nous pouvons également être témoins de la vie bourdonnante de l'existence dans des lieux qui peuvent sembler éloignés de la nature : une pièce remplie uniquement de plastique, d'acier chromé et de verre affichera férocement la vie à l'état brut. La douce contemplation de n'importe quelle partie de la réalité ordinaire nous permet d'entrevoir le grand ouragan d'énergie qui souffle avec une force silencieuse à travers toutes les choses et qui, avec une « forêt d'yeux », est conscient de notre existence. L'espace vide révèlera également qu'il abrite un océan de vitalité dansante, une symphonie subtile d'architectures transparentes fournissant activement un contexte à la matière pour qu'elle se présente.

Être né en tant qu'être humain est un cadeau rare et précieux. Bien que nous ayons le don d'un corps pour ancrer notre expérience, il est important de reconnaître notre nature biocosmique.

Nous sommes des êtres biocosmiques : nos corps sont des véhicules biodégradables permettant d'acquérir des expériences qui font grandir l'âme.

En tant que conduits compostables pour des expériences d'apprentissage cosmique, nos corps sont l'expression d'une vie créative qui, après près de 14 milliards d'années, permet à l'univers de regarder en arrière et de réfléchir sur lui-même. Parce que le cosmos est un système d'apprentissage, l'une des principales raisons de notre présence ici est d'apprendre des plaisirs et des souffrances de l'existence. S'il n'y avait pas de liberté de faire des erreurs, il n'y aurait pas de douleur. S'il n'y avait pas de liberté pour une découverte authentique, il n'y aurait pas d'extase. Dans le cadre de la liberté, nous éprouvons à la fois du plaisir et de la douleur dans le processus de développement de notre identité en tant qu'êtres aux dimensions à la fois terrestres et cosmiques.

Sur la Terre, nous nous tenons comme des agents d'action auto-réflexive et créative, engagés dans une période de grande transition, apprenant consciemment à vivre dans un univers vivant. Un ancien dicton grec se rapporte directement à notre parcours d'apprentissage : « Allume ta bougie avant que la nuit ne te submerge ». Si les fondements de l'univers étaient non vivants, il faudrait un miracle pour nous sauver de l'extinction au moment de la mort, puis pour nous emmener d'ici vers un paradis (ou une terre promise) où la vie se poursuivrait. Cependant, si l'univers est vivant, alors nous sommes déjà nichés et nous nous développons au sein de sa vie.

Toute chose a une fin.
Tout être continue.
Voilà la nature de chacun.

Lorsque notre corps physique meurt, le courant de vie que nous sommes se dirige vers un lieu approprié dans l'écologie plus large de la vie. Nous n'avons pas besoin d'un miracle pour nous sauver. Nous existons déjà dans le miracle de la vie. Au lieu de nous sauver de la mort, notre tâche consiste à porter une attention vigilante à la vie qui ne cesse d'émerger ici et maintenant. Notre conscience passe de l'idée que nous sommes des créations accidentelles errant dans un cosmos sans vie, sans signification ni but, à l'idée que nous sommes engagés dans un voyage sacré de découverte dans un cosmos vivant d'une profondeur et d'une richesse de buts étonnantes. Cynthia Bourgeault, mystique des temps modernes et prêtre épiscopalienne, écrit : « Chacun de nous et chaque action que nous faisons évoque une qualité de vie, un parfum ou une vibration qui lui est propre. Si la forme extérieure de ce que nous sommes dans cette vie est véhiculée par notre corps physique, la forme intérieure, notre véritable beauté et authenticité, est véhiculée par la qualité de notre vie. Voilà où réside le secret de notre être. »[180]

En apprenant à vivre dans un univers vivant, nous apprenons à vivre dans l'écologie profonde de l'existence. Il s'agit là d'un appel si étonnant à notre nature spirituelle, émanant de la profonde compassion d'un univers vivant, que nous serions des fous cosmiques si nous ignorions une invitation dont la valeur dépasse tout prix ou toute mesure.

Un vieux dicton dit que « les morts ne racontent pas d'histoires ». De même, « un univers mort ne raconte pas d'histoires ». À l'inverse, un univers vivant est lui-même une vaste histoire qui se joue en permanence avec d'innombrables personnages interprétant des drames captivants d'éveil et d'expression créative, inséparables de l'art de la création du monde. L'univers est une création vivante, qui se déploie. Sainte Thérèse d'Ávila le voyait lorsqu'elle a écrit : « Le sentiment demeure que Dieu est aussi sur le chemin ».[181] Si nous nous identifions consciemment comme des participants à un jardin cosmique de la vie qui a poussé patiemment pendant des milliards d'années, nous pouvons nous éveiller à l'élévation fulgurante de la vie et passer d'un sentiment de séparation cosmique à un sentiment de participation, de curiosité et d'amour cosmiques.

Choisir la conscience

« Dans le cas collectif-historique comme dans le cas individuel, il s'agit du développement de la conscience qui se libère progressivement de l'enfermement dans l'inconscience »
— Carl Jung

La sagesse ancestrale suggère qu'il y a trois miracles dans la vie. Premièrement, le fait même que quelque chose existe. Deuxièmement, les êtres vivants (plantes et animaux) existent. Troisièmement, les êtres vivants sont conscients de leur existence. Le troisième miracle est la capacité de conscience autoréflexive et est essentiel à notre nature en tant qu'êtres humains. Notre nom scientifique est *Homo sapiens* — nous ne sommes pas seulement « sapiens » (êtres ayant la capacité de connaître), nous sommes des êtres qui pouvons « savoir que nous savons » et qui pouvons-nous observer ou être témoins de nous-mêmes à travers notre vie quotidienne. Nous constatons que lorsque nous ne fonctionnons pas en mode automatique, que nous ne suivons pas des modes de vie habituels et préprogrammés, nous avons la liberté de choisir. La conscience et la liberté sont des partenaires intimes dans la danse de l'évolution. La conscience réflexive est une aide puissante pour l'élévation et le mouvement à travers cette période d'initiation pour notre espèce.

La première étape de l'élévation et de l'évolution consiste à voir simplement « ce qui est », c'est-à-dire à devenir un observateur ou un témoin impartial de notre propre expérience. Une réflexion honnête et un témoignage sans jugement sont essentiels pour élever nos vies. En prêtant attention à nos vies dans le miroir de la conscience, nous pouvons devenir amis avec nous-mêmes et parvenir à une plus grande possession de soi. La capacité à réfléchir honnêtement sur soi-même permet de couper court aux bavardages superficiels de notre vie et de découvrir l'expérience directe de notre existence.

Peter Dziuban écrit sur la relation entre la conscience et la vie.[182] Il décrit la « vie » comme une expérience directe, par opposition à une chose qui occupe nos pensées. Il nous demande d'imaginer une soirée de dégustation de vins où le but est la dégustation elle-même. C'est pareil pour la vie. Nous sommes ici pour savourer ce que signifie être vivant, pour ressentir et vivre directement notre vie. Dziuban écrit : « La vie n'est rien si elle n'est pas vivante ! » Dans la simplicité du silence, nous pouvons savourer la vie. Notre vie n'est pas une pensée, mais une présence vivante. La vie n'est pas non plus une pensée *concernant* la vie. Elle est *l'expérience directe de la vie elle-même.*

> « Vous êtes conscient et vivant. Les mots et les pensées sont ce dont vous êtes conscient. Les mots et les pensées ne disposent pas d'une conscience propre, seul vous en avez une. Cette pure conscience est donc ce que vous êtes vraiment, non pas des mots et des pensées inconscients à ce sujet. C'est toute la différence. Penser, c'est un processus changeant. La vie est une présence immuable. »[183]

Être témoin ou spectateur de notre évolution dans la vie n'est pas un processus mécanique, mais une expérience vivante au cours de laquelle nous « goûtons » consciemment notre vie et nous lions d'amitié avec nous-mêmes, y compris nos moments de doute, de colère, de peur et de désir que nous préférons peut-être ignorer. Un « soi spectateur » ou « soi témoin » nous donne la capacité de prendre du recul par rapport à l'identification complète avec les désirs, les émotions et les pensées d'origine corporelle. Grâce au miroir digne de confiance de la conscience réflexive, nous pouvons nous voir comme de loin. Dans cette perspective, nous voyons que, bien que notre expérience corporelle soit une partie de nous-mêmes, nous ne nous limitons pas aux sensations, aux plaisirs et aux douleurs de notre corps. Nous constatons également que bien que l'expérience émotionnelle constitue une partie de notre être, nous ne sommes pas limités à notre expérience de la colère, de la joie et de la tristesse.

En introduisant la conscience réflexive dans notre vie, nous faisons l'expérience de plus d'espace et de liberté. Nous ne nous identifions plus exclusivement par rapport à nos sensations, à nos émotions et à notre dialogue mental intérieur. Le détachement et la perspective offerts par la connaissance réflexive favorisent la réconciliation nécessaire pour traverser cette période de grande transition. Lorsque nous sommes présents avec une conscience réflexive, nous ne fonctionnons plus principalement par automatisme. L'extension de la conscience réflexive à l'échelle sociale — nous observer dans le miroir des médias de masse (l'internet, télévision et autres outils du système nerveux mondial) — change tout. En reconnaissant que nous vivons dans une écologie partagée de la conscience, la famille humaine se tisse en un tout d'appréciation mutuelle tout en honorant nos différences.

La conscience réflexive est indispensable pour faire face aux stress et aux défis mondiaux intenses. Nous sommes entrés dans une parfaite spirale de problèmes critiques qui s'entremêlent et exigent un niveau sans précédent de réflexion et de réconciliation mondiales inspirées par une vision commune d'un avenir durable. Voici comment l'éminent scientifique Carl Sagan a décrit notre situation lorsqu'il a témoigné devant le Congrès américain en 1985 sur la façon dont l'effet de serre allait modifier le système climatique mondial :

> « Ce qui est essentiel pour ce problème, c'est une conscience mondiale. Un point de vue qui transcende nos identifications exclusives avec les groupes générationnels et politiques dans lesquels nous sommes nés par accident. Pour résoudre ces problèmes, il faut adopter une perspective qui tienne compte de toute la planète et de l'avenir, car nous nous trouvons tous ensemble dans cette serre. »[184]

Il est important de noter que l'éveil de la conscience ne s'arrête pas à la pleine conscience ou à l'attention réflexive. Au-delà de la conscience réflexive et de la polarité entre celui qui regarde et celui qui est regardé, ou entre celui qui observe et celui qui est observé, nous pouvons évoluer vers une conscience unifiante. Si nous persévérons dans la conscience soutenue, la distance entre celui qui observe et celui qui est observé diminue progressivement jusqu'à ce que nous devenions un flux d'expérience unique et intégré. À mesure que le connaisseur et ce qui est connu convergent et ne font plus qu'un dans l'expérience, nous réalisons que nous sommes inséparables de ce que nous observons. Parce que l'univers est un tout profondément unifié, nous permettons simplement à notre connaissance consciente de coïncider avec ce qui est connu. Nous abandonnons notre vision objectifiante de la réalité comme quelque chose dont il faut être témoin « là-bas », et nous réalisons que la réalité peut être vécue directement « ici ». Nous pouvons aller au-delà de la « réflexion sur » la vie et passer à l'expérience de la « coïncidence avec » (ou simplement être) la vie.[185]

Une nouvelle atmosphère sociale émergera dans une culture de la conscience bienveillante. Où que l'on se trouve dans le monde, nous aurons de plus en plus conscience d'être parmi nos proches. Notre sens de l'identité s'élargira et nous considérerons tout le monde comme des « citoyens compatissants du cosmos » — des êtres immergés dans les profondeurs d'un univers vivant, qui ressentent un lien de parenté profond avec toute forme de vie.

Le mot « passion » signifie « souffrir » et le mot « compassion » signifie littéralement « souffrir avec ». Si nous observons les gens traverser une transition douloureuse, nous pouvons faire corps avec l'expérience de la souffrance et nous nous efforcerons naturellement d'atténuer cette souffrance. Nageant dans l'océan plus vaste de la vie, nous savons intuitivement que si la Terre souffre, nous baignons tous dans un océan de souffrances subtiles. Nous prenons conscience que notre expérience de la vie est perméable et que nous partageons la mesure du bonheur ou de la tristesse créée pour l'ensemble, quelle qu'elle soit. À mesure que l'impulsion de la nécessité extérieure rencontre l'attraction de la capacité intérieure inexploitée, l'humanité éveille sa capacité de réflexion et de connaissance consciente. Nous reconnaissons que si nous sommes distraits et dans le déni et que nous négligeons l'urgence et l'importance de la grande transition en cours, nous passerons à côté d'une occasion unique d'évoluer qui ne se reproduira jamais.

Chaque génération fait des sacrifices pour la suivante, en tant que garante de l'avenir. La génération actuelle est poussée par une Terre blessée et tirée par un univers accueillant pour faire un cadeau sans précédent à l'avenir de l'humanité : s'éveiller ensemble avec sang-froid et maturité pour réaliser consciemment notre potentiel biocosmique et notre objectif d'apprendre à vivre dans un univers vivant.

Le statut de témoin ou de conscience réflexive passe d'un luxe spirituel réservé à une minorité dans un monde autrefois fragmenté à celui d'une nécessité sociale pour le plus grand nombre dans notre monde moderne interdépendant. La qualité de notre attention personnelle et sociale est la ressource la plus précieuse et le cadeau que nous pouvons offrir à la vie. Une vieille sagesse prend un nouveau sens : « Le prix de la liberté, c'est la vigilance éternelle. » Notre niveau de vigilance sociale est indispensable au fonctionnement d'une société libre. Si nous ne sommes pas attentifs lorsque des décisions évolutionnaires importantes sont prises, nous renonçons en réalité à notre avenir. Le moment est venu de l'éveil complet, à la fois sur le plan personnel et collectif.

Pour être libérés de l'intrusion inutile de l'État, les individus et les communautés doivent développer leur capacité à s'autoréguler consciemment à un rythme au moins égal à celui auquel l'ordre social gagne en complexité, en interdépendance et en vulnérabilité. L'introduction de la conscience réflexive dans notre monde électrifié nous permet de témoigner objectivement, par exemple, des blessures profondes du racisme, de la pauvreté, de l'intolérance, de la discrimination fondée sur le sexe. La conscience observante nous permet de prendre du recul et de faire l'expérience de notre humanité commune d'un point de vue dépassionné, fournissant ainsi un ciment invisible pour souder la famille humaine en une communauté viable.

Le développement d'une société plus consciente et plus réfléchie permet à de nombreuses autres capacités d'émerger, notamment :

- **L'autodétermination** — L'une des expressions les plus fondamentales d'une conscience qui mûrit est une capacité accrue d'autodétermination. Une société consciente est capable d'examiner ses options et de s'observer dans le processus de choix. Nous sommes en mesure d'observer notre moi collectif « de l'extérieur », un peu comme une culture ou une nation peut en observer une autre. Une société réflexive ne fait pas aveuglément confiance à une idéologie, à un dirigeant ou à un parti politique. Au contraire, elle se réoriente régulièrement en regardant au-delà des slogans et des objectifs vagues pour choisir un chemin privilégié vers l'avenir.

- **L'acceptation des erreurs** — Une société plus consciente reconnaît que l'apprentissage social implique inévitablement de commettre des erreurs. Par conséquent, les erreurs ne sont pas automatiquement considérées comme « mauvaises », elles sont au contraire acceptées comme un retour d'information important dans le processus d'apprentissage.

- **Le sang-froid** — Une société plus consciente tend à être objective et à réagir calmement aux va-et-vient stressants des tendances et des événements. Elle fait preuve d'une constance, d'une lucidité et d'une confiance qui ne sont pas influencées par les passions du moment.

- **L'inclusion** — Une société plus consciente recherche continuellement des synergies, à mesure que différents groupes ethniques, régions géographiques et perspectives idéologiques sont activement invités à rechercher un terrain d'entente plus élevé.

- **L'anticipation** — En appréhendant le monde de manière plus objective et dans une perspective plus large, une société réflexive a tendance à envisager consciemment d'autres voies pour l'avenir. Au lieu d'attendre passivement que les crises nous obligent à agir, nous sommes plus attentifs et réagissons aux signaux de danger.

- **La créativité** — Une société consciente n'est pas enfermée dans des schémas de pensée et de comportement habituels. Plutôt que de répondre par des solutions préprogrammées, elle étudie les options avec un regard original et flexible.

Ces qualités d'une conscience réflexive et en éveil apportent un puissant soutien pour traverser notre période d'initiation collective.

Choisir la communication

La communication est au cœur de la civilisation. La capacité à communiquer a permis à l'Homme de passer de l'état de chasseur-cueilleur à celui d'écocivilisation planétaire. Forte de l'internet et de la télévision, la famille humaine évolue d'un passé marqué par la séparation vers un avenir de communication et de connexion globales instantanées. Chaque jour, plus de la moitié de l'humanité accède à la réalité étendue que représentent la télévision et l'internet. À une vitesse fulgurante, nous développons des compétences en matière de communication locale à globale qui transforment notre communication collective *et notre conscience* en tant qu'espèce. À mesure que l'internet devient plus rapide, plus intelligent et plus complet, il tisse une toile de communication unique qui fonctionne comme un « cerveau » pour la planète Terre.

N'étant plus isolés les uns des autres, nous sommes collectivement témoins d'un monde en profonde transition. Les éveils et les innovations qui se produisent d'un côté de la planète sont communiqués instantanément dans le monde entier, ce qui nous permet de nous réveiller ensemble. Avec une rapidité étonnante, l'humanité émerge de son sommeil collectif pour se découvrir comme une seule espèce, unie par un extraordinaire réseau de communication planétaire. La Terre commence à se faire entendre d'une voix qui transcende les intérêts locaux et nationaux.

Ces outils peuvent offrir à l'humanité une fenêtre claire pour voir le monde et un miroir inébranlable pour se voir elle-même.

Avec l'internet et la télévision, nous disposons de technologies extrêmement puissantes pour nous extraire du déni et de la distraction et nous projeter dans un avenir de profonde transformation. Toutefois, sous l'effet de contrôles autoritaires, ces mêmes outils peuvent restreindre notre attention sociale à une réalité étriquée et censurée. Il est important de garder à l'esprit ces deux possibilités. Grâce à ces puissants outils de communication, nous pouvons soit nous élever vers des potentiels humains supérieurs, soit descendre dans le puits sombre de l'autoritarisme numérique.

Historiquement, lorsqu'un gouvernement autoritaire accède au pouvoir, l'une des premières mesures adoptées consiste à boucler un pays afin d'empêcher la libre circulation des communications avec le monde extérieur. Ensuite, la liberté d'expression et la dissidence sont réprimées à l'intérieur du pays. Les dictatures numériques qui limitent la communication à l'intérieur et à l'extérieur des pays se multiplient dans le monde entier. Des pays tels que la Chine et la Russie ferment des sites internet, répriment l'opposition et imposent des peines de prison draconiennes pour toute dissidence en ligne.

Dans d'autres pays tels les États-Unis, les restrictions à la liberté des médias sont imposées non pas par le gouvernement, mais par l'autocensure des entreprises de médias qui cherchent à maximiser leurs profits en diffusant des programmes de divertissement remplis de publicité commerciale. Aux États-Unis, nous pouvons voir les résultats de ce biais de consommation dans les niveaux d'attention nettement insuffisants accordés à la catastrophe climatique, à l'extinction des espèces et à d'autres aspects de la crise planétaire qui ne cesse de s'aggraver. Par exemple : si l'on additionne le nombre de minutes de temps d'antenne consacré au climat par les chaînes de télévision (ABC, CBS, NBC et Fox), pour une année entière, on constate que le nombre total de minutes consacrées lors des journaux télévisés est passé d'un peu plus de quatre heures en 2017 à un peu plus de deux heures en 2018.[186] Deux heures consacrées collectivement à la crise climatique mondiale pendant une année entière ! C'est un niveau d'attention incroyablement inadéquat pour une démocratie moderne confrontée à une crise planétaire ! D'autres facteurs, tels que l'extinction massive de certaines espèces, sont pour ainsi dire totalement ignorés.

Figure 7 : Temps d'antenne à la télévision sur le changement climatique : 2017, 2018, 2020

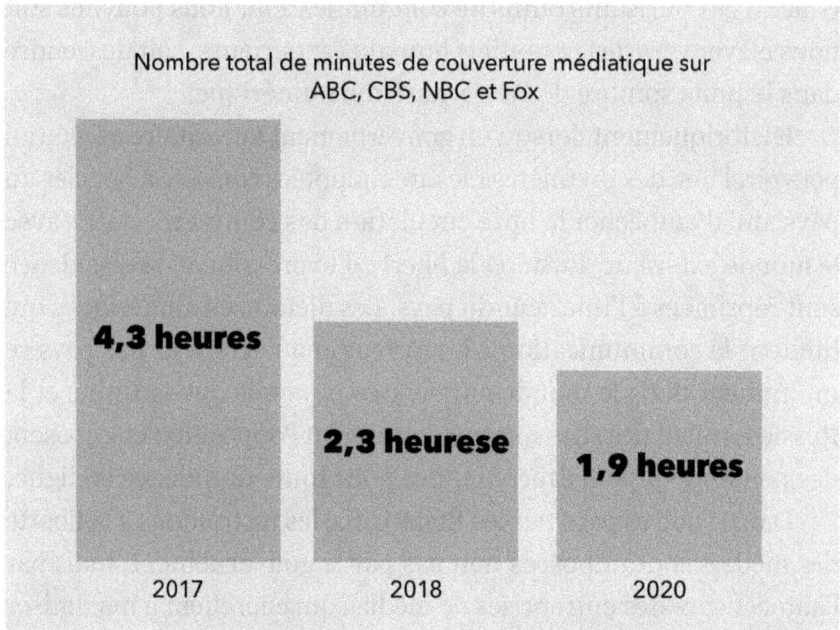

Nombre total de minutes de couverture médiatique sur ABC, CBS, NBC et Fox

4,3 heures		
	2,3 heurese	
		1,9 heures
2017	2018	2020

En 2020, la couverture globale du changement climatique dans les journaux télévisés a encore chuté : de 53 pour cent. Sur une année entière, ces journaux télévisés ont couvert le changement climatique pendant un total de 112 minutes (moins de deux heures) en 2020, soit la couverture la plus faible depuis 2016.[187] Cette diminution drastique de la couverture du climat s'est produite en dépit de nombreux événements climatiques extrêmes, de rapports importants sur les effets du changement climatique, d'attaques répétées contre l'environnement par des intérêts politiques et commerciaux, et d'une élection présidentielle au cours de laquelle le climat était au centre des préoccupations. Dans l'ensemble, la couverture du climat en 2020 n'a représenté que quatre dixièmes d'un pour cent des journaux télévisés. Ce niveau d'attention déplorable illustre avec une clarté saisissante la manière dont les chaînes de télévision abrutissent les Américains de manière dévastatrice, au service des profits des entreprises.

Comment l'humanité peut-elle dépasser cet appauvrissement invalidant et inutile de notre conscience et de notre compréhension collectives ? À mon avis, nous devons utiliser les médias de masse pour changer les médias de masse. Au lieu de manifester en masse contre une compagnie pétrolière ou une bureaucratie gouvernementale, les citoyens pourraient protester de la même manière contre les compagnies et les chaînes de télévision et dénoncer leur incapacité quasi totale à servir l'intérêt public, cela pourrait entraîner une augmentation spectaculaire du temps d'antenne consacré à l'étude des défis cruciaux pour notre avenir. Par exemple, que se passerait-il en termes de compréhension par le public de la crise de la Terre si, au lieu d'un demi-point de pourcentage du temps d'antenne, les chaînes consacraient dix pour cent ou même vingt pour cent des plages de grande écoute à cette menace existentielle ? Il en résulterait certainement une élévation rapide et révolutionnaire de l'intérêt, de la compréhension et de l'engagement du public !

Il est capital que nous reconnaissions le rôle prépondérant des médias dans la promotion de la folie collective du matérialisme. Il est vraiment insensé de surconsommer la Terre et de forcer la descente vers l'autoritarisme numérique ou l'extinction fonctionnelle en tant qu'espèce. Les États-Unis représentent parfaitement cette folie : chaque personne regarde en moyenne plus de quatre heures de télévision par jour, ce qui signifie que, *en tant que civilisation, les Américains regardent plus d'un milliard d'heures-personnes de télévision par jour.* Par ailleurs, on estime que l'américain moyen regarde plus de 25 000 spots publicitaires par an ! Les spots publicitaires sont bien plus que des publicités pour des produits ; ils présentent des messages et des histoires très sophistiqués qui privilégient et font la promotion des valeurs et des modes de vie matérialistes.

Il n'y a peut-être pas de défi plus dangereux pour notre avenir que l'hypnose culturelle engendrée par la télévision commerciale, qui banalise la vie humaine et détourne l'humanité de son rite de passage vers le début de l'âge adulte. En axant la télévision sur le succès commercial, la mentalité des civilisations est orientée vers la stagnation de l'évolution et l'échec écologique. Les entreprises du secteur audiovisuel nous disent qu'il faut consommer plus, alors que nos préoccupations écologiques pour la Terre nous disent qu'il faut consommer moins. Carl Jung disait que la schizophrénie est un trouble dans lequel « le rêve devient la réalité. » Le rêve américain de modes de vie consuméristes est devenu notre principale réalité, de plus en plus déconnectée de la réalité de la Terre et de notre potentiel évolutionnaire. Il y a plusieurs dizaines d'années, le professeur Gene Youngblood a mis en garde contre la possibilité pour les médias de nous confiner dans une mentalité matérialiste et de freiner l'évolution de l'humanité, simplement en contrôlant la perception des alternatives.

> « L'ordre industriel perdure non pas en raison de complots, mais par défaut, simplement parce qu'il n'y a pas de demande populaire d'une alternative définie de manière spécifique. Le désir s'apprend. Le désir se cultive. C'est une habitude qui se forme par la répétition continue… Mais nous ne pouvons pas cultiver ce qui n'est pas disponible. Nous ne commandons pas un plat qui ne figure pas sur la carte. Nous ne votons pas pour un candidat qui ne se présente pas. Nous choisissons rarement ce qui est à peine disponible, rarement mis en valeur, peu souvent présenté…
> Quel exemple plus radical de totalitarisme que le pouvoir des médias de masse de synthétiser la seule réalité politiquement pertinente, en spécifiant pour la plupart des gens, la plupart du temps, ce qui est réel et ce qui ne l'est pas, ce qui est important et ce qui ne l'est pas ?

Voilà, selon moi, l'essence même du totalitarisme : le contrôle du désir par le contrôle de la perception. Ce qui empêche notre frustration de façonner de nouvelles institutions, c'est l'incapacité à percevoir des alternatives, ce qui se traduit par l'absence de désir, et donc de demande, pour ces mêmes alternatives. »[188]

Notre situation est inédite dans l'histoire. En tant qu'êtres humains, nous sommes confrontés au défi pionnier de nous rassembler au nom d'un avenir durable et plein de sens pour nous tous. Martin Luther King Jr. a décrit ce défi de la manière suivante :

Nous sommes mis au défi de dépasser les limites étroites de nos préoccupations individualistes pour nous intéresser aux préoccupations plus larges de l'humanité tout entière. ...Par notre génie scientifique, nous avons réduit le monde à l'échelle d'un quartier ; maintenant, par notre génie moral et spirituel, nous devons en faire une fraternité.[189]

Ce sont des années charnières pour l'avenir des communications de l'humanité. La communication — qui est au cœur de notre espèce — sera-t-elle faible, terne et pâle, ou au contraire forte, créative et colorée ? La qualité de notre communication déterminera dans une très large mesure si nous parviendrons à mobiliser suffisamment d'énergie pour nous élever au-dessus du courant descendant de l'extinction ou de l'autoritarisme.

Il est utile de reconnaître à la fois les forces et les faiblesses des deux technologies qui sont au cœur de la révolution des communications : la télévision et l'internet.

- La télévision a une grande portée, mais elle est généralement superficielle.

- L'internet a une grande profondeur d'accès, mais il est généralement étroit.

Isolés l'un de l'autre, ces outils génèrent une communication qui tend à être *superficielle et étroite*. Cependant, si nous combinons le pouvoir de chacun, nous pouvons éveiller une communication qui est *profonde et large* ! Ces technologies ne s'opposent pas l'une à l'autre, mais sont complémentaires et très synergiques. Les outils d'une révolution de la communication nous entourent si nous les utilisons consciemment.

En ce qui concerne la responsabilisation locale, nous pouvons nous appuyer sur plus d'un siècle d'expérience aux États-Unis avec les « New England Town Meetings », où les habitants d'une ville votaient sur des questions d'intérêt commun. À l'ère moderne, nous pouvons considérer une zone métropolitaine entière (San Francisco, Philadelphie, Paris, etc.) comme une « ville » et les habitants de cette zone peuvent « voter » et être consultés sur des questions essentielles telles que la crise climatique.

Une réunion municipale électronique à l'échelle métropolitaine ne relève pas du fantasme : la faisabilité de cette approche a été démontrée il y a plusieurs décennies (en 1987) dans la région de la baie de San Francisco. J'étais le codirecteur d'une organisation à but non lucratif et non partisane appelée « Bay Voice », la voix électronique de la région de la baie de San Francisco. En collaboration avec la chaîne ABC-TV, nous avons produit une réunion municipale électronique non partisane d'une heure à une heure de très grande écoute. Nous avons compris qu'aux États-Unis, les chaînes de télévision (ABC, CBS, NBC et Fox) qui utilisent les ondes publiques ont l'obligation légale stricte de « servir l'intérêt, la commodité et la nécessité publics » de la communauté qu'elles desservent, avant de servir leurs propres intérêts lucratifs.[190] Pour créer notre organisation de Voix de la Communauté, nous avons rassemblé une coalition diversifiée de groupes de citoyens, y compris différents groupes ethniques, des entreprises et des organisations syndicales, ainsi que des organisations de défense de l'environnement. Cette large coalition représentait véritablement les divers points de vue et intérêts de la communauté de la région de la baie de San Francisco. Pour réaliser la réunion municipale électronique pilote, nous avons travaillé avec deux grandes universités (Stanford et UC Berkeley).

Nous avons mis au point un échantillon scientifique ou aléatoire de citoyens qui ont pu participer en donnant leur avis depuis leur domicile. Ceux qui ont accepté ont reçu une liste de numéros de téléphone à composer, correspondant à diverses options (cette expérience a été menée plus d'une décennie avant la généralisation de l'internet).

L'assemblée municipale électronique pilote (« Electronic Town Meeting » ou ETM) a commencé par un mini-documentaire informatif destiné à replacer notre problème dans son contexte. Après ce court documentaire, dans le studio, nous avons entamé un dialogue avec des experts et un public représentatif de la diversité. Au fur et à mesure que des questions clés étaient soulevées lors de la discussion en studio, elles étaient présentées à l'échantillon scientifique qui visionnait le programme *Voix de la Communauté* depuis son domicile. Ils ont composé le numéro de téléphone correspondant à leur vote, qui a ensuite été communiqué aux participants dans le studio ainsi qu'aux téléspectateurs chez eux. Six votes ont été facilement organisés au cours de cette émission d'une heure diffusée à une heure de très grande écoute et regardée par plus de 300 000 personnes dans la région de la Baie de San Francisco. Avec six votes, les opinions et les attitudes générales du public de la région de la baie de San Francisco ont été clairement établies. (Voir les 3 premières minutes et demie de ce clip vidéo.)[191]

Le succès de notre expérience pilote en 1987 ne fait que commencer à démontrer qu'il est possible d'accroître considérablement la portée et la profondeur du dialogue et de la recherche d'un consensus à l'échelle métropolitaine. Il est désormais tout à fait possible de mettre en place des organisations non partisanes de *Voix de la communauté* ou des ETM qui associent la télévision à un retour d'information sur Internet de la part d'un échantillon de citoyens sélectionnés de manière scientifique. Grâce à ces outils simples, le public peut apprendre à connaître son opinion collective avec un degré élevé de précision. Grâce à des réunions municipales électroniques régulières, les perspectives et les priorités des citoyens peuvent être rapidement portées à la connaissance du public et le processus démocratique peut atteindre un nouveau niveau d'engagement et de fonctionnement.

La valeur et l'objectif des organisations de *Voix de la Communauté* ne sont pas la microgestion du gouvernement par le biais de la démocratie directe ; il s'agit plutôt pour les citoyens de découvrir quelles sont les préoccupations et les priorités qu'ils partagent largement et qui peuvent guider leurs représentants au gouvernement. À mon avis, le but des organisations de *Voix de la Communauté* n'est pas de s'impliquer directement dans des décisions politiques complexes ; il s'agit plutôt de permettre aux citoyens d'exprimer leurs opinions globales qui peuvent guider l'élaboration des politiques. L'implication des citoyens dans le choix de notre voie vers l'avenir ne garantira pas nécessairement que les « bons » choix seront toujours faits, mais elle garantira que les citoyens seront impliqués et investis dans ces choix. Au lieu du cynisme et de l'impuissance, les citoyens ressentiront de l'engagement et la responsabilité pour notre avenir collectif.

Les grandes zones métropolitaines du monde entier constituent l'échelle naturelle pour organiser cette nouvelle forme de dialogue citoyen et de recherche de consensus. Le rôle exemplaire joué par une communauté pourrait inciter d'autres communautés à créer leurs propres organisations de *Voix de la Communauté* et une dimension entièrement nouvelle de dialogue soutenu et significatif pourrait rapidement se répandre à travers les pays et autour de la Terre. Les citoyens pourraient exprimer leur point de vue, proposer des solutions et en débattre, contribuer à sortir de l'impasse.

Lors de la mise en place d'organisations de *Voix de la communauté*, aucun facteur n'aura plus d'impact sur la conception, le caractère et la mise en œuvre des réunions électroniques de la ville que les personnes qui les soutiennent financièrement. Trois grandes possibilités s'offrent à nous :

- Premièrement, si les ETM (Electronic Town Meetings) sont financés par des chaînes de télévision commerciales, ils seront conçus pour vendre de la publicité et divertir le public, et non pour informer les citoyens et les faire participer au choix de leur avenir.

- Deuxièmement, si les ETM sont financés par les gouvernements locaux, étatiques ou nationaux, ils seront probablement utilisés comme des outils de relations publiques, plutôt que comme un forum authentique pour un dialogue ouvert avec la communauté.

- Troisièmement, les ETM financés par des organisations orientées vers un problème particulier ou par des institutions représentant un groupe ethnique, racial ou de genre particulier se concentreront probablement sur les préoccupations de ce groupe.

Une conclusion critique s'impose : *une organisation indépendante et non partisane de* Voix de la communauté *est nécessaire pour agir au nom de tous les citoyens* et financer les réunions municipales électroniques. Une fois que les organisations de *Voix de la Communauté* seront établies et opérationnelles dans les principales zones métropolitaines, il serait tout à fait concevable de s'associer pour créer des ETM régionaux ; par exemple, les villes côtières pourraient s'associer dans un effort commun pour répondre à l'élévation du niveau de la mer. Une fois que les ETM régionaux seront établis et solidement ancrés avec une communication de confiance, l'étape suivante consistera à créer des dialogues nationaux sur l'avenir que nous voulons. Au-delà des ETM régionaux et nationaux, nous avons déjà la capacité technologique de créer des

ETM mondiaux avec un système de Voix de la Terre qui pourrait amplifier l'élévation de l'humanité à l'échelle planétaire. La Voix de la Terre est utile et faisable :

- *Télévision* : aujourd'hui déjà, entre trois et quatre milliards de personnes regardent les Jeux olympiques à la télévision dans le monde.[192] Une majorité de citoyens de la Terre dispose d'un téléviseur à portée d'un signal télévisuel.[193]

- *Internet* : En 2021, environ 65 pour cent de la population mondiale avait accès à l'internet.[194] L'accès à l'internet devrait atteindre 75 pour cent de la communauté mondiale d'ici la fin de la décennie.[195]

Bien que nous tardions à reconnaître l'immense pouvoir d'un mouvement non partisan de *Voix de la Terre*, nous possédons déjà des outils dotés d'une puissance étonnante qui nous permettent de commencer à communiquer sur la voie d'un avenir réalisable et volontaire.

> *La prochaine grande superpuissance ne sera pas une nation, ni même un collectif de nations ; ce seront plutôt les milliards de citoyens ordinaires qui entourent la Terre et qui appellent, d'une voix collective, à une coopération sans précédent et à une action créative pour prendre soin de notre Terre en danger et pour que l'humanité devienne une civilisation planétaire mature.*

Une nouvelle superpuissance émerge de l'union des voix et des consciences des citoyens du monde, mobilisés par une révolution des communications locales-à-globales. Lorsque les gens ne sont pas seulement des destinataires passifs d'informations, en tant que témoins du dérèglement climatique, de la pauvreté extrême et de l'extinction des espèces, mais qu'ils sont également capables d'offrir une voix collective pour le changement, alors une nouvelle et puissante force de transformation créative sera libérée dans le monde. Et juste à temps ! Jamais auparavant dans l'histoire, autant de personnes n'ont été appelées à effectuer des changements aussi radicaux en si peu de temps. Une fois que les citoyens savent ce que d'autres citoyens dans le monde sont prêts à faire, et une fois qu'ils sont convaincus dans leur cœur et leur esprit de ce qui constitue une action appropriée, ils peuvent, ainsi que leurs représentants au sein du gouvernement, agir rapidement et avec autorité. La démocratie a souvent été qualifiée d'art du possible. Si nous ne savons pas ce que nos concitoyens pensent et ressentent à propos des efforts collectifs visant à créer un avenir durable et utile, nous flottons impuissants dans un océan d'ambiguïté : incapables de nous mobiliser pour une action constructive. Une démocratie et une société matures nécessitent la participation active et le consentement d'un public informé, non un simple acquiescement passif. Une fois que l'humanité aura acquis la simple capacité de mener une réflexion sociale soutenue et authentique, nous aurons les moyens de parvenir à une compréhension partagée et à un consensus opérationnel concernant les actions appropriées pour un avenir positif. Alors, les actions peuvent être menées rapidement et volontairement. Nous pouvons nous mobiliser résolument et chaque personne peut contribuer, par ses talents uniques, à la construction d'un avenir favorable à la vie. Je partage la position de Lester Brown, président du Worldwatch Institute, qui a déclaré : « L'industrie de la communication est le seul instrument capable d'éduquer à l'échelle nécessaire et dans le temps imparti. »

Choisir la maturité

Lors des conférences que j'ai données à divers publics dans le monde entier au cours des 40 dernières années, j'ai souvent commencé par poser une question simple : « Lorsque vous observez la famille humaine et son comportement, quel est votre point de vue sur le stade de développement global de notre espèce ? Nous comportons-nous comme des enfants, des adolescents, des adultes ou des personnes âgées ? J'ai posé cette même question à divers chefs d'entreprise au Brésil, aux États-Unis et en Europe, à des leaders spirituels au Japon et aux États-Unis, à des enseignantes diplômées en Inde, à des groupes à but non lucratif et à des groupes d'étudiants aux États-Unis, au Canada et en Europe, à une communauté internationale de dirigeantes et bien d'autres encore. Partout où j'ai posé cette question, la réponse est immédiate et accablante : *environ trois quarts des personnes interrogées affirment que l'humanité, prise dans son ensemble, se trouve à un stade adolescent de son comportement en tant qu'espèce !* Les raisons les plus fréquemment invoquées pour justifier ce point de vue sont les suivantes :

- Les adolescents présentent souvent un comportement *rebelle* et veulent prouver leur indépendance. L'humanité ne cesse de se rebeller contre la nature, essayant de démontrer son indépendance et sa supériorité.

- Les adolescents peuvent être *imprudents* et enclins à vivre sans se soucier des conséquences de leur comportement, ayant souvent le sentiment d'être immortels. La famille humaine a consommé les ressources naturelles de manière irresponsable, comme si elles étaient éternelles, polluant l'air, l'eau et la terre, et éliminant une grande partie de la vie animale et végétale sur Terre.

- Les adolescents sont souvent préoccupés par leur *apparence* extérieure et par le fait de s'intégrer sur le plan matériel. De nombreux êtres humains se préoccupent de la manière dont ils expriment leur identité et leur statut social par leurs biens matériels.

- Les adolescents sont enclins à la *gratification* immédiate. En tant qu'espèce, nous cherchons les plaisirs immédiats, ignorant largement les besoins à long terme des autres espèces ou de nos propres générations futures.

- Les adolescents ont tendance à se rassembler en groupes ou en cliques, ce qui se traduit souvent par une pensée et un comportement « inclus contre exclus ». Une grande partie de l'humanité est regroupée dans des groupes politiques, socioéconomiques, raciaux, religieux et autres qui nous séparent les uns des autres, favorisant une mentalité « nous contre eux ».

Ces résultats sont porteurs d'espoir. Si nous parvenons à passer de l'adolescence collective au début de l'âge adulte, la rébellion peut céder la place à la collaboration ; l'irresponsabilité peut évoluer vers le discernement ; l'attention portée à l'apparence extérieure peut faire place à l'attention portée à l'intégrité intérieure ; l'attention portée à la gratification personnelle peut évoluer vers le désir de servir les autres ; et la séparation en cliques et en groupes peut évoluer vers le souci du bien-être d'une communauté plus large.

Les adolescents sont dotés de qualités importantes qui nous sont indispensables au moment où nous entrons dans le début de l'âge adulte : ils ont souvent beaucoup d'énergie et d'enthousiasme et, grâce à leur courage et à leur audace, ils sont prêts à se lancer dans la vie et à faire la différence dans le monde. De nombreux adolescents cachent un sentiment de grandeur et pensent que, si on leur en donne la possibilité, ils peuvent accomplir des choses remarquables. En entrant dans le début de l'âge adulte en tant qu'espèce, nous pouvons nous libérer des contraintes du passé, réveiller une énergie, une créativité et un courage inexploités et travailler à concrétiser une grandeur aujourd'hui cachée.

Il est tout à fait naturel de grandir, mais il est important de reconnaître à quel point ce voyage est exigeant : Maya Angelou a écrit ces lignes puissantes pour décrire la difficulté qui accompagne le fait de grandir :

> Je suis convaincue que la plupart des gens ne grandissent pas. Nous trouvons des places de parking et honorons nos cartes de crédit. Nous nous marions, nous osons avoir des enfants et nous appelons cela grandir. Je pense que

ce que nous faisons, c'est surtout vieillir. Nous portons une accumulation d'années dans notre corps et sur notre visage, mais en général, notre vrai moi, l'enfant qui est en nous, est encore innocent et timide comme un magnolia.[196]

Dans un discours de rentrée, Toni Morrison a déclaré : « La vraie vie d'adulte est une beauté difficile, une gloire intensément gagnée, dont les forces commerciales et l'insipidité culturelle ne devraient pas être autorisées à vous priver. »[197]

Lorsque je demande aux gens ce qui les a poussés à franchir le pas de l'adolescence à l'âge adulte, des thèmes communs se dégagent, qui sont instructifs pour l'initiation et la grande transition de l'humanité. Les sujets évoqués sont souvent les suivants :

- *Une confrontation avec la mort* — le décès d'un ami ou d'un membre de la famille a fait prendre conscience de notre mortalité et du fait que nous n'avons qu'un temps limité sur Terre pour apprendre et grandir. La menace de notre extinction est une motivation puissante pour passer au début de l'âge adulte.

- *Des modèles* dont le comportement inspire les adolescents à dépasser les comportements du moment et à explorer de nouvelles possibilités. Les modèles actuels ont tendance à être des stars de cinéma, des sportifs et des musiciens populaires. Cependant, ces modèles ont tendance à encourager les comportements adolescents plutôt que de nous élever vers une maturité précoce.

- L'obligation d'assumer *la responsabilité du bien-être d'autres* — par exemple, s'occuper d'un frère ou d'une sœur, d'un parent âgé, d'un ami malade ou prendre un travail supplémentaire pour gagner de l'argent pour la famille. Nous sommes à présent poussés à nous dépasser pour assumer la responsabilité du bien-être de la Terre.

- L'obligation de *s'observer de façon critique* — voir que nous vivons comme des adolescents, en donnant la priorité à la consommation plutôt qu'au service. L'internet et la télévision nous donnent un retour réflexif et une vision perçante de nous-mêmes. Nous pouvons voir plus clairement les conséquences de notre comportement et le besoin de progresser vers un niveau de maturité plus élevé.

Si la communauté humaine est en général encore au stade de l'adolescence, cela explique une grande partie de notre comportement actuel et suggère comment nous pourrions nous comporter différemment si nous passions collectivement au début de l'âge adulte :

- **Les adultes qui acquièrent de la maturité ont tendance à donner la priorité aux autres avant de se soucier d'eux-mêmes.** Avec une plus grande maturité, les adultes sont capables d'aller au-delà des désirs et des souhaits égocentriques et de réfléchir à la manière dont ils peuvent contribuer au bien-être des autres et de la Terre. Au lieu de se concentrer sur eux-mêmes, les adultes peuvent être altruistes et faire des sacrifices pour les autres sans éprouver de ressentiment. Une personne et une société mûres peuvent se réjouir de la réussite des autres et éprouver de la satisfaction à partager leur bonne fortune avec les autres.

- **Les adultes qui atteignent la maturité ont tendance à respecter les engagements à long terme et à opter pour une gratification différée.** Si nous voulons nous engager en faveur du bien-être des générations futures et renoncer à la surconsommation de la Terre, il est essentiel que nous fassions preuve d'une plus grande maturité. Au-delà de la générosité symbolique, la société et l'économie mondiales doivent être réorganisées dans un souci d'équité et de bien commun. Il s'agit véritablement d'une mission pour des adultes mûrs.

- **Les adultes qui mûrissent ont tendance à avoir un plus grand sens de l'humilité.** Les adultes se montrent moins prétentieux et se sentent moins concernés par le besoin de faire leurs preuves auprès des autres ; ils ont plutôt tendance à choisir des modes de vie et d'existence plus modestes. Une plus grande maturité s'accompagne d'un plus grand souci de justice et d'égalité des droits des autres.

- **Les adultes qui mûrissent ont tendance à mieux s'accepter et à mieux accepter les autres.** Une personne ou une société mûre a été forgée par l'expérience de la vie et tend à réaliser que notre raison d'être ne se limite pas à la recherche du plaisir : nous sommes ici pour apprendre, grandir et contribuer au bien-être d'autrui. Avec la maturité, nous acceptons notre humanité et faisons preuve d'une plus grande compassion envers nous-mêmes et envers les autres.

- **Les adultes qui gagnent en maturité ont tendance à parler moins et à écouter davantage.** Une personne mûre aura tendance à écouter pour comprendre, plutôt que de chercher des occasions d'interrompre la conversation et de défendre son point de vue. À une époque où les tensions et les conflits se multiplient, il est indispensable d'être profondément à l'écoute, en particulier des jeunes et des populations marginalisées. L'écoute et l'apprentissage vont de pair et constituent des compétences précieuses pour un monde en pleine transition.

- **Les adultes qui gagnent en maturité ont tendance à faire le ménage derrière eux.** Les adultes n'attendent pas des autres qu'ils nettoient les traces qu'ils ont laissées. Au lieu d'attendre que les autres s'occupent des choses, les adultes prennent leur vie en main.

- **Les adultes qui mûrissent reconnaissent que les échecs et les faux pas sont en partie de la croissance.** Nous ne vivrons pas toujours de nos idéaux, de notre morale ou de nos qualités les plus élevés. Les personnes mûres reconnaissent lorsqu'elles ne sont pas en phase avec leurs valeurs et leurs engagements, puis intègrent ce qu'elles ont appris afin de s'améliorer.

- **Les adultes qui gagnent en maturité sont conscients que chacun d'entre nous a des lacunes.** Mûrir, c'est reconnaître que nos points de vue peuvent limiter la façon dont nous nous voyons et nous comprenons nous-mêmes, les autres et le monde en général. Mûrir signifie reconnaître nos propres préjugés et limites et, avec une certaine humilité, développer de l'empathie pour les perspectives et les points de vue des autres.

Ces changements pratiques et significatifs, pris dans leur ensemble, pourraient apporter une amélioration considérable au parcours de l'homme. Ils révèlent que l'un des changements les plus profonds dont l'humanité a besoin consiste à reconnaître que nous sommes intimement imbriqués dans un réseau de relations interconnectées. La survie de l'humanité est désormais tributaire de son éveil et de sa capacité à prendre sa place dans le réseau de la vie, à devenir des cocréateurs responsables avec le reste de la vie et à vivre avec un respect, une révérence et une attention conscients pour le bien-être de toutes les formes de vie.

Choisir la réconciliation

Les nombreuses divisions de notre monde mobilisent un temps et une énergie considérables qui, si celles-ci étaient apaisées, pourraient libérer l'énergie et l'attention nécessaires à la promotion et à la création d'un monde viable et constructif. Les conflits, l'agitation, le rejet, l'antagonisme, etc. occupent l'attention personnelle et publique et nous détournent de la recherche d'un terrain d'entente plus favorable pour faire face à la crise existentielle qui menace notre avenir collectif. Nous sommes réellement confrontés à la possibilité de notre extinction fonctionnelle en tant qu'espèce et, si nous ne soignons pas ces divisions, nos efforts en faveur d'un avenir durable et régénérateur resteront vains. L'injustice et les inégalités prospèrent dans l'obscurité de l'inattention.

L'exposition à la lumière bienfaisante de la sensibilisation du public crée une nouvelle conscience chez toutes les personnes concernées. Avec la révolution de la communication, le monde devient transparent à lui-même. Les médias apportent toujours plus d'injustice, d'oppression et de violence dans le champ de l'attention et de l'opinion publiques. Dans notre monde dominé par les communications et étroitement interdépendant, il sera difficile pour les anciennes formes de répression et de violence de continuer à exister sans que l'opinion publique mondiale ne se retourne contre les oppresseurs.

À mesure que notre capacité en matière de conscience collective s'éveillera, les profondes blessures psychiques dont le poison a envenimé l'histoire de l'humanité remonteront à la surface. Nous entendrons les voix qui ont été ignorées et la douleur qui n'a pas été exprimée. Le professeur Christopher Bache explique :

> « Le plancher de l'inconscient collectif semble être en train de s'élever. Ce faisant, il charrie avec lui le bourbier psychique de l'histoire. La première étape vers la réalisation est toujours la purification. Les résidus karmiques des choix faits par d'innombrables générations d'êtres humains à demi conscients s'élèvent dans notre conscience individuelle et collective alors que nous affrontons en masse l'héritage de notre passé. »[198]

Il peut sembler imprudent de mettre en lumière le côté sombre du passé de l'humanité, mais à défaut, cette souffrance non résolue tirera toujours sur la face cachée de notre conscience et diminuera notre potentiel futur. Heureusement, la clarté compatissante de la conscience réflexive fournit l'espace psychologique nécessaire à la guérison.

Le fait d'être entendu est le premier pas vers la guérison. Lorsque nous nous sentons accueillis et entendus par l'écoute active des autres, nous nous ouvrons plus complètement à nos peines ainsi qu'à celles des autres. En reconnaissant et en écoutant les histoires de ceux qui ont souffert, nous construisons une base de compassion qui facilite le processus de guérison. L'écoute collective des histoires des blessures de l'humanité est vitale pour la guérison de la société. Guérir signifie que nous reconnaissons publiquement et faisons le deuil des griefs légitimes et que nous y cherchons des solutions justes et réalistes.

Pour simplifier, la guérison culturelle consiste à surmonter nos divisions profondes : les uns envers les autres, envers la Terre et envers le cosmos vivant. La guérison survient lorsque nous comprenons que la force vitale qui nous unit est plus profonde que les différences qui nous divisent. Grâce à une guérison culturelle consciente, la famille humaine peut dépasser les conflits ethniques, l'oppression raciale, les injustices économiques, la discrimination sexuelle et les autres inhumanités chroniques qui nous divisent. Si nous parvenons à témoigner du réservoir de douleurs irrésolues accumulées au fil de l'histoire, nous libérerons une énorme réserve de créativité et d'énergie réprimées. En libérant l'énergie collective de l'humanité au service de la construction d'un avenir positif et bienveillant, nous pouvons accomplir une prodigieuse élévation évolutionnaire. Quel remarquable projet d'espèce cela pourrait constituer. À mesure que le monde intime de l'expérience humaine s'engage consciemment dans le monde extérieur de l'action, nous pouvons commencer notre travail commun de construction d'une espèce-civilisation durable, satisfaisante et pleine d'âme.

Tous les êtres humains partagent l'océan commun de la conscience. Indépendamment de nos différences de sexe, de race, de richesse, de religion, etc., nous participons tous à l'écologie profonde de la conscience, qui constitue un socle commun pour nous rencontrer, nous comprendre mutuellement et nous réconcilier. La réconciliation ne signifie pas que les injustices et les griefs du passé sont effacés ; au contraire, en prenant conscience de leur existence et en les associant à des efforts sincères de restauration, ils ne font plus obstacle à notre progrès collectif. Quand les injustices sont reconnues consciemment, accompagnées d'excuses publiques et de réparations, les deux parties sont libérées de la nécessité de poursuivre le processus de reproches et de ressentiment, et peuvent au contraire se concentrer sur des actions réparatrices et coopératives pour construire un avenir constructif. La communauté de la Terre est confrontée à un choix cruel pour l'avenir, devons-nous :

- **nous rassembler** en tant que communauté humaine, acceptant tous les *sacrifices* à venir, ou

- **nous diviser** en tant que sous-groupes humains, supportant toute la *violence* qui en résultera inévitablement ?

En nous réconciliant et en nous rassemblant, les humains peuvent vraiment réaliser des exploits étonnants. La guérison des blessures causées par la division et le rapprochement dans le cadre d'efforts communs en tant qu'espèce peuvent provoquer une véritable élévation. Il ne s'agit pas là de science-fiction, mais de la réalité évidente de notre situation mondiale actuelle. Nos divisions sont tellement importantes qu'il semble presque impossible de travailler ensemble dans le cadre d'un effort commun. Cependant, le passage ardent à travers notre époque de grande initiation peut éliminer les nombreuses barrières qui nous séparent aujourd'hui de l'intégrité et de l'effort collectif en tant qu'espèce.

Si la communauté de la Terre choisit de se rassembler et de collaborer pour le bien-être de tous, une cascade d'actions et d'innovations peut découler rapidement de la clarté de notre volonté sociale unifiée. Cependant, si la volonté sociale du peuple ne s'éveille pas au nom de notre bien-être *collectif,* mais reste profondément divisée, il est probable que nous nous tournions vers la sécurité perçue de l'autoritarisme ou que nous nous divisions en d'innombrables sous-groupes, car les blessures et les divisions non résolues persistent, générant des séparations toujours plus profondes et une violence accrue.

Ce n'est qu'ensemble que nous pourrons opérer une grande transition vers une communauté planétaire. La transition est un travail d'équipe — tout le monde sur le pont ! Un effort collectif est impossible si nous sommes profondément divisés en tant que communauté humaine. Le monde est inondé de discriminations raciales et sexuelles, de génocides, de guerres de religion, d'oppression des minorités ethniques et d'extinction d'autres espèces. Certaines de ces tragédies ont pris de l'ampleur et se sont envenimées pendant des milliers d'années, ce qui rend extrêmement difficile l'effort commun. Néanmoins, sans une réconciliation profonde et authentique au-delà de ces barrières et d'autres, l'humanité restera cloisonnée et méfiante, et notre avenir collectif sera gravement menacé.[199] Aussi difficile et inconfortable que puisse être ce processus, la réconciliation consciente qui comprend l'établissement de la vérité, la présentation d'excuses publiques et une réparation conséquente est un élément essentiel de notre guérison collective, indispensable si nous voulons que l'humanité progresse ensemble sur notre chemin.

Un monde divisé contre lui-même ne peut que conduire à l'effondrement global et à l'extinction fonctionnelle de l'humanité. Nous pouvons rappeler la sagesse du Dr Martin Luther King Jr. : « Nous devons apprendre à vivre ensemble en tant que frères ou périr ensemble en tant qu'idiots. »[200] Selon Alan Paton, militant sud-africain de la lutte contre l'apartheid, « il ne s'agit pas de "pardonner et d'oublier" comme si rien de mal ne s'était jamais passé, mais de "pardonner et d'aller de l'avant", en s'appuyant sur les erreurs du passé et sur l'énergie générée par la réconciliation pour créer un nouvel avenir. »[201]

Bien que nous apercevions les grandes lignes d'un avenir durable, la famille humaine est loin d'être prête à travailler ensemble. Pour se rassembler, la famille de la Terre doit s'engager dans un processus de réconciliation authentique dans un certain nombre de domaines :

- **Réconciliation entre les genres, les races, les sexes et les ethnies** — La discrimination divise profondément l'humanité vis-à-vis d'elle-même. Pour œuvrer ensemble à la construction de notre avenir commun, nous devons instaurer une culture globale de respect mutuel qui nous permette de collaborer sur un pied d'égalité. Cela ne signifie pas que nous ignorons les différences de genre, de race, de sexe et d'origine ethnique ; nous apprenons plutôt à respecter et à intégrer les différences, puis à travailler à la transformation des structures et des systèmes oppressifs. Nous transcendons les jugements limitatifs sur les autres et tissons une nouvelle culture du respect, de l'inclusion et de l'équité.

- **Réconciliation entre les générations** — Le développement durable a été décrit comme celui qui répond aux besoins du présent sans compromettre la capacité des générations futures à répondre à leurs besoins.[202] De nombreux pays industrialisés épuisant à court terme des ressources vitales non renouvelables, les options dont disposeront les générations futures pour répondre à leurs besoins seront fortement limitées. Pour nous unir, il nous faut nous réconcilier en transcendant les générations. Les adultes peuvent par exemple soutenir les jeunes en écoutant leurs besoins, en mettant en lumière les mouvements et les préoccupations des jeunes et en écoutant comment les modes de vie de la génération actuelle ont contribué à créer la crise climatique.

- **Réconciliation économique** — Il existe d'énormes disparités entre les riches et les pauvres. La réconciliation nécessite de réduire ces différences et d'établir une norme minimale mondiale de bien-être économique qui permette aux individus de réaliser leur potentiel. Narasimha Rao, professeur à Yale, affirme que « la réduction des inégalités, au sein des pays et entre eux, permettrait d'améliorer notre capacité à atténuer certains des pires effets du changement climatique et à assurer un avenir climatique plus stable… le changement climatique, dans son essence même, est une question de justice. »[203] Des études menées par les Nations unies révèlent que les inégalités dans le monde sont souvent davantage liées à des disparités d'opportunités qu'à des disparités de revenus.[204] Le changement le plus profond consistera peut-être à dissocier la manière dont la valeur de chacun est associée à sa position dans la hiérarchie de la richesse ou de la classe sociale.

- **Réconciliation écologique** — Il est essentiel que nous vivions en harmonie sacrée avec la biosphère de la Terre si nous voulons survivre et évoluer en tant qu'espèce. La restauration de la biosphère est indispensable, car notre avenir commun dépend de la présence d'une grande diversité de plantes et d'animaux. Pour remplacer l'indifférence et l'exploitation par une gouvernance révérencieuse, il faudra se réconcilier avec la communauté étendue de toutes les formes de vie sur Terre et honorer ceux qui ont préservé des cultures de réciprocité sacrée avec toutes les formes de vie. Les cultures de la consommation privilégient les besoins matériels de quelques-uns par rapport aux besoins de l'ensemble de la communauté terrestre, ce qui a entraîné des désastres écologiques. Les êtres humains sont indissociables de la Terre, et ce qui arrive à la Terre nous arrive aussi.

- **Réconciliation religieuse** — L'intolérance religieuse a engendré certaines des guerres les plus sanglantes de l'histoire. La réconciliation entre les traditions spirituelles du monde, par exemple entre catholiques et protestants en Irlande du Nord, entre musulmans et juifs au Moyen-Orient, entre musulmans et hindous en Inde, est indispensable à l'avenir de l'humanité. Alors que les traditions religieuses et spirituelles du monde deviennent plus accessibles grâce à l'internet et aux médias sociaux, nous pouvons découvrir les idées fondamentales de chaque tradition et les considérer comme des facettes différentes du joyau commun de la sagesse spirituelle de l'humanité.

Nombre de ces divisions apparaissent de manière flagrante dans notre monde et, avec le dérèglement climatique, affecteront de manière disproportionnée les femmes et les pauvres du monde entier. Voici un résumé convaincant d'une présentation récente de l'organisation Oxfam :

> « Au sein des différents pays, ce sont souvent les communautés les plus pauvres, notamment les femmes, qui sont les plus vulnérables. Les communautés pauvres ont tendance à vivre dans des maisons mal construites sur des terres marginales qui sont plus exposées aux risques de conditions météorologiques extrêmes telles que les tempêtes ou les inondations. Elles vivent souvent dans des zones aux infrastructures insuffisantes, ce qui rend difficile l'accès aux services essentiels tels que les soins de santé ou l'éducation à la suite d'une situation d'urgence. Elles ne disposent vraisemblablement pas d'une assurance ou d'économies pour les aider à reconstruire leur vie après une catastrophe. Et beaucoup dépendent des activités agricoles ou de la pêche, qui sont particulièrement vulnérables à des conditions météorologiques plus extrêmes et irrégulières. Face à l'augmentation de la fréquence et de l'intensité des aléas climatiques, la capacité des personnes

vivant dans la pauvreté à résister aux chocs s'érode progressivement. Chaque catastrophe les entraîne dans une spirale qui les conduit à l'aggravation de la pauvreté et de la faim et, à terme, au déplacement. Contraints de quitter leur domicile, les femmes et les enfants sont particulièrement vulnérables à la violence et aux abus… Les enfants déplacés sont souvent privés d'éducation, ce qui les enferme dans un cycle de pauvreté intergénérationnel. »[205]

L'émergence d'un paradigme d'« univers vivant » réveille une perspective féminine profonde qui honore l'unité de la vie.[206] Depuis au moins 50 000 ans et jusqu'à il y a environ 6 000 ans, une perspective de « déesse Terre » a guidé la relation des humains avec le monde dans son ensemble.[207] L'archétype féminin reconnaissait et honorait la vie et les pouvoirs régénérateurs de la nature ainsi que la fertilité de la vie. Puis, il y a environ 6 000 ans, avec le développement des cités-États, des classes plus différenciées (prêtres, guerriers, marchands) et des cultures plus complexes, la mentalité masculine et la spiritualité du « dieu du ciel » ont pris le dessus et ont soutenu le développement d'une société humaine organisée en structures et en institutions à plus grande échelle. Une mentalité masculine et patriarcale s'est développée au cours de milliers d'années et a encouragé l'individualisation, la différenciation et l'autonomie croissantes des personnes. Celle-ci a également soutenu la séparation croissante de l'humanité d'avec la nature et l'exploitation de celle-ci, qui ont conduit à la crise écologique que nous connaissons actuellement. Une perspective de « déesse cosmique », en revanche, considère la nature générative et durable de l'univers d'un point de vue plus féminin. Il est indispensable que nous dépassions ces millénaires de séparation par une réconciliation profonde qui honore le féminin sacré et son affirmation de l'unité de la vie, si nous voulons nous élever au-delà des divisions du passé. Une grande maturité personnelle et sociale est nécessaire pour reconnaître et réparer les injustices et les blessures, afin que la famille humaine puisse collaborer pour notre bien-être commun. Sensibiliser l'opinion publique aux griefs légitimes, déplorer les erreurs du passé, en assumer la responsabilité et rechercher des solutions justes et réalistes, ces actions difficiles sont au cœur de l'ère de la réconciliation.

Nous avons besoin d'une communication sans précédent pour découvrir notre humanité commune en adoptant un état d'esprit d'une humilité peu commune.

Grâce à la réconciliation et à la restauration, l'énergie sociale qui était auparavant enfermée sous le joug de l'oppression et de l'injustice peut être libérée et devenir disponible pour des relations de travail productives.

Le processus de réconciliation est complexe et comporte trois grandes étapes : les personnes blessées doivent être entendues publiquement, les responsables doivent présenter des excuses publiques et assumer la responsabilité des conséquences de leurs actes, puis ils doivent fournir une restitution ou des réparations qui réparent le passé et constituent la base d'une plus grande cohésion permettant à tous d'avancer ensemble vers l'avenir.

Le fait d'être entendu est la première étape de la guérison. En écoutant et en admettant les récits de ceux qui ont souffert, nous entamons le processus de guérison. Notre écoute collective des blessures de la psyché et de l'âme de l'humanité est primordiale pour notre guérison collective. Écouter ne signifie pas oublier, mais plutôt faire prendre conscience collectivement des blessures de la division et s'en souvenir lorsque nous cherchons des moyens d'avancer vers l'avenir.

L'archevêque Desmond Tutu en savait plus que quiconque sur le processus de réconciliation. Il a présidé la Commission Vérité et Réconciliation (CVR), créée pour enquêter sur les crimes commis pendant l'apartheid en Afrique du Sud, entre 1960 et 1994. À la fin de l'apartheid, la majorité noire d'Afrique du Sud a dû choisir entre trois approches différentes pour réclamer la justice et vivre ensemble avec la minorité blanche du pays. Ils pouvaient choisir la justice basée sur *la rétribution* : œil pour œil, dent pour dent ; la justice basée sur *l'oubli* : ne pas penser au passé, juste aller de l'avant vers l'avenir ou la justice basée sur *la réparation* : accorder l'amnistie en échange de la vérité. L'archevêque Tutu a expliqué leur choix :

> « Nous croyons en la justice réparatrice. En Afrique du Sud, nous nous efforçons de trouver notre voie vers la guérison et le rétablissement de l'harmonie au sein de nos communautés. Si la justice punitive est tout ce que vous recherchez à travers la lettre de la loi, vous faites partie de l'histoire. Vous ne connaîtrez jamais la stabilité. Il vous faut plus que des représailles. Vous avez besoin de pardon. »[208]

La deuxième étape de la guérison consiste en des excuses publiques et sincères de la part des auteurs de l'acte répréhensible. Voici quelques exemples d'excuses publiques importantes :[209]

- En 1988, une loi du Congrès a présenté des excuses « au nom du peuple des États-Unis » pour l'internement des Américains d'origine japonaise pendant la Seconde Guerre mondiale.

- En 1996, les autorités allemandes ont présenté leurs excuses pour l'invasion de la Tchécoslovaquie en 1938 et ont créé un fonds pour la réparation des victimes tchèques des exactions nazies.

- En 1998, le Premier ministre japonais a exprimé de « profonds remords » pour le traitement réservé par le Japon aux prisonniers britanniques pendant la Seconde Guerre mondiale.

- En 2008, le Congrès américain a présenté des excuses officielles pour le « péché originel » du pays, à savoir le traitement réservé aux Afro-Américains à l'époque de l'esclavage et les lois qui ont suivi et qui ont fait des Noirs des citoyens de seconde zone dans la société américaine.

Un autre exemple éloquent d'excuses publiques et de guérison sociale est la tentative de guérir les relations entre les Aborigènes et les colons européens en Australie. En 1998, l'Australie a commémoré son premier « Sorry Day » (journée du regret) pour exprimer ses regrets et partager sa douleur à propos d'un épisode tragique de l'histoire australienne : l'enlèvement organisé d'enfants aborigènes à leur famille sur la base de leur race.

Pendant une grande partie du XXe siècle, les enfants aborigènes ont été retirés de force à leurs familles dans le but de les assimiler à la culture occidentale.[210] « Sorry Day » est un moyen pour les Australiens de se confronter à leur histoire et de se souvenir ensemble, afin de construire un avenir sur la base d'un respect mutuel. Patricia Thompson, membre du conseil autochtone, a déclaré : « Ce que nous voulons, c'est la reconnaissance, la compréhension, le respect et la tolérance entre les uns et les autres, par les uns et les autres, pour les uns et les autres. » Dans les villes, les villages et les centres ruraux, dans les écoles et les églises, les gens interrompent leurs activités quotidiennes pour reconnaître cette injustice. En outre, des centaines de milliers d'Australiens ont signé des « Sorry Books » (livres de regret). Une condition essentielle de la réconciliation est de demander consciemment pardon et de se souvenir.

La troisième étape de la réconciliation est la restitution ou le paiement de réparations. L'archevêque Desmond Tutu a expliqué le rôle de la restitution lorsqu'il a déclaré que la réconciliation implique plus que la reconnaissance et le souvenir de l'injustice : « Si vous me volez mon stylo et que vous dites "Pardon" sans me rendre le stylo, vos excuses ne signifient rien. »[211] La restitution est également nécessaire. La présentation d'excuses permet d'établir un acte véridique. La restitution crée un nouvel acte. L'objectif de la réparation est de rétablir les conditions matérielles d'un groupe et de restaurer l'équilibre ou l'égalité des pouvoirs et des opportunités matérielles.[212]

Avec une réconciliation sincère qui comprend l'écoute, le souvenir, les excuses et la restauration, les divisions et les souffrances du passé n'ont plus besoin d'être un obstacle à l'harmonie future. Il ne suffit pas de fournir de l'argent, des terres ou des politiques visant à supprimer les inégalités. La blessure profonde des opprimés se manifeste également par un traumatisme générationnel qu'aucune somme d'argent ne pourra effacer. De vraies réparations doivent permettre la guérison et la cohésion.

Aussi difficile et inconfortable que soit ce processus, il s'agit d'une étape essentielle de notre guérison collective, qui peut apporter à l'humanité une formidable élévation pour aller de l'avant sur notre chemin commun. Tout comme la marée montante soulève tous les bateaux, le niveau croissant de la communication mondiale peut permettre à toutes les injustices de s'élever vers la lumière bienfaisante de la prise de conscience publique. Notre capacité à communiquer avec nous-mêmes, en tant qu'espèce planétaire, au sujet de ces blessures douloureuses, sera déterminante pour réaliser l'élévation de la réconciliation.

Choisir la communauté

La question de « choisir la Terre » soulève également la suivante : avons-nous un sentiment d'appartenance à la Terre ? Nous sentons-nous ici chez nous, un endroit où « chez nous » n'est pas seulement un lieu physique, mais aussi un sentiment dans notre corps, notre cœur et notre âme ? Notre foyer physique nous relie-t-il à une communauté locale qui, à son tour, nous rattache à la Terre ? Le foyer et la communauté que nous habitons sont porteurs d'un langage et d'un sentiment invisibles qui sont transmis dans sa structure physique. L'architecte Christopher Alexander écrit sur le « langage des formes » communiqué par les maisons, les communautés et les villes que nous habitons.

> « Un langage des formes exprime la sagesse profonde
> de ce qui apporte la vie à notre communauté. La vie est

un terme qui désigne "la qualité qui n'a pas de nom" : un sentiment de plénitude, d'esprit ou de grâce, qui, bien que de forme variable, est précis et vérifiable dans notre expérience directe. »[213]

Les qualités de la vie exprimées dans les structures physiques de nos maisons et de nos communautés communiquent un message qui peut être silencieux pour nos oreilles, mais fort pour nos intuitions. Comment pouvons-nous « choisir la Terre » si nous ne ressentons pas que nous faisons partie de ses structures et que nous y avons notre place ?

Les habitants des pays plus développés sur le plan matériel cherchent souvent à vivre dans un splendide isolement. Dans les vastes faubourgs, les maisons monofamiliales sont conçues pour être séparées des autres maisons, souvent avec une clôture pour assurer une séparation nette avec les voisins. Comme nous vivons en vase clos, tout ce dont nous avons besoin pour notre vie quotidienne peut être acheté dans des magasins bien approvisionnés ou commandé en ligne pour une livraison rapide. Inutile de déranger les autres ou de se laisser déranger par eux. Des années peuvent s'écouler sans que l'on ne fasse la connaissance de ses voisins immédiats.

La conception physique de nos maisons et de nos communautés crée une expérience d'appartenance qui nous élève ou d'isolement existentiel. Nos vies modernes ont souvent été conçues dans une optique de séparation délibérée, ce qui contraste profondément avec les racines anciennes d'une existence tribale fondée sur des relations étroites avec d'autres personnes, la nature locale et les forces invisibles du monde. Le mot africain *ubuntu* exprime l'importance de la communauté. *Ubuntu* désigne l'idée selon laquelle nous nous découvrons nous-mêmes à travers nos relations avec les autres. *Ubuntu* est défini comme le fait de savoir que « Je suis qui je suis parce que nous sommes tous qui nous sommes. » Nous nous développons grâce à nos interactions avec les autres. La qualité de ces relations est à son tour au cœur de notre vie. Avec *ubuntu*, nous sommes ouverts et disponibles pour les autres et nous avons le sentiment de faire partie d'un ensemble plus vaste. *Ubuntu* représente la relation et l'élévation. L'isolement est synonyme d'aliénation et de déchéance.

Une existence singulière, isolée, peut fonctionner avec l'accès à l'abondance matérielle et à des chaînes d'approvisionnement performantes pour l'achat de nourriture et de produits nécessaires à notre vie. Cependant, lorsque les chaînes d'approvisionnement sont interrompues et que l'argent ne permet pas d'accéder facilement aux choses dont nous avons besoin, la qualité de nos relations avec les autres redevient un élément déterminant de notre vie.

Les innovations dans la conception physique des communautés sont primordiales pour transformer la façon dont nous vivons sur la Terre. Les modes de vie qui privilégient les faubourgs tentaculaires et les ménages isolés se prêtent mal à la durabilité. Les modèles de vie hyperindividualisés constituent des obstacles considérables à la poursuite de l'innovation. La croissance crée la forme et la forme limite la croissance. La croissance urbaine crée un modèle de vie, par exemple un faubourg tentaculaire, et une fois que ces formes physiques sont ancrées dans le paysage, elles limitent la capacité à créer de nouveaux modèles de vie.

Un monde en transformation requiert de nouvelles configurations de vie mieux adaptées à une écologie, une société et une économie en évolution rapide. Par ailleurs, un éventail d'innovations commence à se développer au niveau local-à-global :

- **Les microquartiers** sont généralement formés de quelques foyers liés pour promouvoir un sentiment de communauté proche et de voisinage avec un niveau supérieur de connexion qui nous élève.

Les microquartiers sont généralement des groupes de maisons ou d'appartements voisins regroupés autour d'un espace ouvert commun : une cour végétalisée, une rue piétonne, une série d'arrière-cours réunies ou une ruelle réhabilitée, qui ont tous un sens clair du territoire et de l'intendance partagée. Ils peuvent se trouver dans des zones urbaines, suburbaines ou rurales. Un microquartier n'est *pas* un grand quartier de plusieurs centaines de foyers formé d'un réseau de rues, mais un domaine regroupant une douzaine de voisins qui interagissent quotidiennement autour d'une communauté locale partagée : une sorte de quartier isolé à l'intérieur d'un quartier.

- **Les écovillages** sont soit nouvellement conçus ou, plus communément, rénovés pour fournir un mode de vie commun d'une centaine de personnes environ. Les écovillages représentent des communautés d'intention, unies par des valeurs partagées et avec l'objectif d'un développement vers un mode de vie plus durable du point de vue social, culturel, économique et écologique. Il s'agit le plus souvent de processus participatifs dont les propriétaires et gestionnaires sont locaux. De nombreux écovillages ou communautés de cohabitation se caractérisent par la présence d'une salle commune pour les réunions, les célébrations et les repas, d'un jardin communautaire biologique, d'un point de recyclage et de compostage, d'un microréseau d'énergie renouvelable, d'un petit espace ouvert pour les rassemblements communautaires, peut-être d'un espace de jeu et de conversation pour les adolescents et d'un atelier avec des outils pour l'art, l'artisanat et les réparations.

Les écovillages peuvent inclure une micro-économie où les membres de la communauté troquent leur temps pour créer une économie locale, offrant des services tels que les soins de santé, la garde d'enfants, les soins aux personnes âgées, le jardinage, l'éducation, la construction écologique, la résolution de conflits, internet et l'assistance électronique, la préparation des aliments et d'autres compétences qui permettent d'établir des liens et d'apporter une contribution à la communauté.

L'échelle est suffisamment modeste pour que tout le monde se connaisse, mais suffisamment grande pour soutenir une micro-économie avec de nombreux rôles professionnels significatifs. Les écovillages allient la culture et la cohésion d'une petite ville à la sophistication d'une cité, car presque tout le monde est connecté au monde grâce à internet et aux autres outils électroniques de communication. Les écovillages encouragent des expressions uniques de développement durable en favorisant la simplicité de vie, en élevant des enfants en bonne santé, en célébrant la vie en communauté avec d'autres, et en cherchant à honorer la Terre et les générations futures. L'épanouissement de divers écovillages peut apporter une forte élévation à nos vies.[214]

• **Les villes en transition** regroupent des microquartiers et des écovillages au sein d'une ville de plusieurs milliers d'habitants. Ils soutiennent généralement des projets populaires visant à accroître l'autosuffisance locale et à réduire les effets néfastes du changement climatique et de l'instabilité économique. Le « Transition Network » ou « réseau de la transition », fondé en 2006, a inspiré la création d'initiatives de villes en transition dans le monde entier.[215]

• **Les cités durables** visent à rassembler les microquartiers, les écovillages et les villes en transition en un système plus vaste de vie durable et écologique. Une cité durable prend exemple sur la structure résiliente et autosuffisante des écosystèmes naturels. Une écocité cherche à offrir une vie saine à ses habitants sans consommer plus de ressources renouvelables qu'elle n'en produit, sans produire plus de déchets qu'elle ne peut en assimiler et sans être toxique pour elle-même ou pour les écosystèmes voisins.[216] Les habitants ont tendance à choisir des modes de vie écologiques qui incarnent les principes d'égalité, de justice et d'équité.

- **Les écocivilisations** prennent les leçons apprises à des échelles inférieures et les appliquent aux nations, aux groupes de nations et à la communauté entière de la Terre. Les écocivilisations réagissent au dérèglement climatique mondial et aux injustices sociales par des approches alternatives de la vie fondées sur des principes écologiques. Une civilisation écologique s'oriente vers un avenir régénérateur grâce à la synthèse de concepts économiques, éducatifs, politiques, agricoles et sociaux pour un mode de vie durable.[217]

Un ensemble d'innovations variées en matière de logement, d'activité économique et de modes de vie écologiques illustre la manière dont nous commençons à reconfigurer nos vies locales pour nous adapter aux nouvelles réalités mondiales. L'urgence de passer à une économie sans carbone pousse l'humanité à s'éloigner d'une « économie de l'ego » qui dévaste la Terre, pour se tourner vers une « économie de la vie » qui améliore notre relation avec la Terre.

Dans notre monde qui se transforme rapidement, des concepts visant à adapter nos vies à des formes de vie écologique plus évoluées émergent dans un large éventail de domaines, de la plus petite échelle des microquartiers à la plus grande échelle des écocivilisations entières. À mesure que le siècle avance, des millions d'expériences de formes innovantes de vie régénératrice se développeront. Tous les types de communautés alternatives imaginables s'adapteront aux conditions locales et constitueront des îlots de durabilité, de sécurité et de soutien mutuel. Toutefois, il convient de noter que la force des écovillages et des communautés locales pourrait devenir une faiblesse s'ils sont principalement considérés comme des havres de sécurité isolés permettant de faire face aux tempêtes de la transition. *Ce ne sont pas des canots de sauvetage qui nous sauveront lorsque la Terre entière sombrera et deviendra inhospitalière à la vie.* Il est essentiel que la cohésion qui se développe dans les collaborations locales s'étende à un plus grand nombre de personnes et constitue le ciment social de réseaux plus vastes. Les synergies entre les microquartiers et les écovillages locaux doivent être étendues à l'échelle des villes en transition et des cités durables, et enfin à l'échelle du monde en tant qu'écocivilisation. Ces synergies créent un puissant élan ascendant sur tout l'éventail de l'innovation.

Choisir la simplicité

L'ampleur et la rapidité du dérèglement climatique en cours sont impressionnantes et nécessiteront des changements radicaux dans la façon dont nous vivons sur Terre. Depuis quelques centaines d'années, les sociétés orientées vers la consommation exploitent les ressources mondiales au profit d'une fraction de l'humanité. L'objectif de cette approche était de trouver le bonheur à travers la consommation et de satisfaire nos *envies* matérielles sans tenir compte des *besoins* d'une Terre vivable. Cette approche égoïste engendre la ruine de la Terre et de l'avenir de l'humanité. Au lieu de demander ce que les humains *veulent* (ce que nous désirons, dont avons soif ou faim), nous sommes appelés à répondre à une question bien plus importante : quels sont les *besoins* de l'écologie globale de la vie (qu'est-ce qui est essentiel, basique, nécessaire) pour construire un avenir régénératif pour la Terre ? Pour vivre de manière durable sur la Terre, nous devons choisir des modes de vie qui adaptent notre consommation aux capacités de régénération de la Terre et aux besoins du reste de la vie avec laquelle nous partageons la biosphère. Au lieu qu'une minorité de riches entraîne l'humanité vers le bas, une majorité généreuse peut vivre avec modération et bienveillance et apporter une amélioration considérable à la vie sur Terre.

Une étude sur les conditions requises pour « la vie au-delà de la croissance » a révélé qu'« un pays comme le Japon devrait réduire sa consommation de ressources et son impact sur l'environnement de (très grossièrement) plus de 50 pour cent, tandis que les États-Unis devraient réduire leur consommation d'un facteur de 75 pour cent. »[218] Par conséquent, lorsque nous nous demandons

« Que pouvons-nous faire pour soutenir l'écologie de la vie ? », la première action puissante que nous pouvons entreprendre est d'aligner notre vie personnelle sur les besoins de régénération de la Terre. En outre, la minorité aisée doit reconnaître qu'une majorité paupérisée vit en marge de l'existence matérielle et que, pour elle, la simplicité de vie est involontaire. Elle n'a que peu d'options et de choix dans sa lutte quotidienne pour la survie.

Bien que la simplicité soit un élément crucial pour la construction d'un monde viable, cette approche de la vie n'est pas une idée nouvelle. La simplicité est profondément enracinée dans l'histoire et s'exprime dans toutes les traditions de sagesse du monde. Il y a plus de deux mille ans, à l'époque où les chrétiens disaient « Ne me donne ni pauvreté ni richesse » (Proverbes 30:8), Lao-Tseu, le fondateur du taoïsme, déclarait : « Je n'ai que trois choses à enseigner : la simplicité, la patience, la compassion. Ces trois sont vos plus grands trésors » ; Platon et Aristote ont proclamé l'importance du « juste milieu », un chemin de vie sans excès ni déficit, et les bouddhistes ont encouragé une « voie du milieu » entre la pauvreté et l'accumulation irréfléchie. Il est clair que la sagesse de la simplicité n'est pas une révélation récente.[219] La nouveauté réside dans le fait que l'humanité se heurte aux limites de la croissance matérielle et reconnaît l'importance de construire une nouvelle approche des aspects matériels de la vie.

La simplicité n'est pas opposée à la consommation de ressources, mais elle place la consommation matérielle dans un contexte plus large. La simplicité n'encourage pas à se détourner du progrès matériel ; au contraire, une relation de progrès avec l'aspect matériel de la vie est au cœur d'une civilisation qui mûrit. Arnold Toynbee, historien de renom qui a consacré sa vie à l'étude de l'essor et du déclin des civilisations dans le monde entier, a résumé l'essence de la croissance d'une civilisation dans ce qu'il a appelé *la loi de la simplification progressive*.[220] Il a écrit que le progrès d'une civilisation ne se mesurait pas à sa conquête de terres et de peuples ;

au contraire, la véritable mesure de la croissance est la capacité d'une civilisation à transférer des quantités croissantes d'énergie et d'attention de l'aspect matériel de la vie à l'aspect immatériel : des domaines tels que l'épanouissement personnel, les relations familiales, le temps passé avec la nature, la maturité psychologique, l'exploration spirituelle, l'expression culturelle et artistique, et le renforcement de la démocratie et de la citoyenneté.

Rappelons que la physique moderne reconnaît que 96 pour cent de l'univers connu est invisible et non matériel. L'aspect matériel (galaxies, étoiles, planètes et êtres biologiques) ne représente qu'environ quatre pour cent de l'univers connu. Si nous appliquons ces proportions à nos vies, il convient d'accorder une plus grande attention aux aspects invisibles qui sont souvent ignorés et qui représentent les aspects mêmes que Toynbee décrit comme étant représentatifs de notre progrès en tant que civilisation.

Toynbee a également introduit le mot « éthérialisation » pour décrire le processus par lequel les humains apprennent à obtenir les mêmes résultats, voire davantage, en utilisant moins de temps, de ressources matérielles et d'énergie. Buckminster Fuller a appelé ce processus « éphémérisation », bien qu'il ait surtout insisté sur la nécessité d'obtenir de meilleures performances matérielles en investissant moins de temps, de poids et d'énergie. En nous inspirant des idées de Toynbee et de Fuller, nous pouvons redéfinir le progrès comme un processus à deux facettes impliquant le raffinement simultané des aspects matériels et immatériels de la vie.

Avec la simplification progressive, l'aspect matériel de la vie devient plus léger, moins pesant, plus facile, plus élégant et plus aisé et, en même temps, l'aspect immatériel de la vie devient plus vital, plus expressif et plus artistique.

La simplicité implique l'évolution parallèle des aspects intérieurs et extérieurs de la vie. La simplicité ne remet pas en cause l'aspect matériel de la vie, elle appelle au contraire à un nouveau partenariat au sein duquel les aspects matériels et immatériels de la vie évoluent de concert les uns avec les autres. Les aspects extérieurs comprennent les fondamentaux tels que le logement, le transport, la production alimentaire et la production d'énergie. Les aspects intérieurs comprennent l'apprentissage de compétences visant à toucher le monde avec toujours plus de légèreté et d'amour : nous-mêmes, nos relations, notre travail et notre passage dans la vie. En affinant les facettes extérieures et intérieures de la vie (la simplicité extérieure combinée à la richesse intérieure), nous pouvons susciter un véritable progrès et construire un monde à la fois durable et porteur de sens pour des milliards de personnes, sans pour autant ravager l'écologie de la Terre. Une éthique fondée sur la modération et la notion de « suffisance » gagnera en importance à mesure que les communications mondiales révèleront de vastes inégalités en matière de bien-être matériel. La justice économique ne consiste pas à reproduire le mode de vie de l'ère industrielle à l'échelle mondiale ; elle signifie plutôt que chaque personne a le droit de recevoir une part équitable de la richesse mondiale, suffisante pour assurer un niveau de vie « décent » — suffisamment de nourriture, de logement, d'éducation et de soins de santé pour atteindre un niveau raisonnable de décence humaine.[221] Grâce à des conceptions intelligentes d'une vie légère et simple, un niveau et un mode de vie décents peuvent varier de manière significative en fonction des coutumes locales, de l'écologie, des ressources et du climat.

Pour réaliser une grande transition en quelques décennies, nous devons inventer de nouvelles façons de vivre qui transforment tous les aspects de la vie : le travail que nous accomplissons, les communautés et les maisons dans lesquelles nous vivons, la nourriture que nous mangeons, les moyens de transport que nous utilisons, les vêtements que nous portons, les symboles de statut social qui façonnent nos modes de consommation, et ainsi de suite. Nous pouvons appeler ce mode de vie « simplicité volontaire », « simplicité consciente » ou « mode de vie écologique ».[222] Quelle que soit la description qui en est faite, nous avons besoin de plus qu'un simple changement de notre style de vie.

Un changement de *style* implique un changement superficiel ou extérieur : une nouvelle tendance, un nouvel engouement ou une nouvelle mode. Notre *mode* de vie doit changer beaucoup plus profondément, pour reconnaître que la Terre est notre demeure et qu'elle doit être préservée pour l'avenir à long terme. La vie écologique commence par la compréhension du fait que nous vivons tous dans une dépendance mutuelle et que nous créons également de la sécurité, du confort et de la compassion dans notre vie commune.

Une économie soucieuse de l'environnement mettra l'accent, non plus seulement sur l'expansion physique pure et simple, mais sur une croissance plus qualitative, plus riche, plus profonde et plus connectée. Les produits seront conçus avec une efficacité croissante (faire toujours plus avec toujours moins), tout en augmentant leur beauté, leur solidité et leur intégrité écologique.

La simplicité volontaire n'encourage pas une vie de pauvreté, de carences et de privations, alors que la vie peut être transformée, grâce à une conception intelligente, en une simplicité élégante.[223] Le niveau de satisfaction et de beauté de la vie peut être augmenté tout en réduisant la quantité de ressources consommées et la pollution produite.

Comment pouvons-nous éveiller un nouveau respect pour la vie simple dans un monde si axé sur la consommation matérielle ? Pour prendre le virage de la simplicité et de la durabilité, il est utile de rappeler le paradigme de la vie et la façon dont, pendant des dizaines de milliers d'années, nos ancêtres ont été conscients de vivre dans une écologie subtile de la vie. Cette prise de conscience a été temporairement remplacée par l'idée que notre univers se compose essentiellement de matière morte et d'espace vide, sans but ni signification. Rappelons la logique des deux paradigmes évoqués plus haut :

- si l'univers est considéré comme mort à sa base, il est naturel d'exploiter la Terre et de l'épuiser ;

- si l'univers est considéré comme vivant à sa base, il est naturel d'estimer la Terre et d'en prendre soin.

Comment pouvons-nous passer à un mode de vie régénérateur alors qu'une si grande partie du monde adopte actuellement une mentalité d'exploitation ? Une citation pertinente d'Antoine de Saint-Exupéry suggère une solution : « Si tu veux construire un bateau, ne rassemble pas tes hommes et femmes pour leur donner des ordres, pour expliquer chaque détail, pour leur dire où trouver chaque chose... Si tu veux construire un bateau, fais naître dans le cœur de tes hommes et femmes le désir de la mer. » Cette sagesse suggère que si nous voulons construire un monde régénérateur, il ne faut pas rassembler des gens pour collecter des matériaux et leur assigner des tâches ; il faut plutôt *leur enseigner à aspirer à l'immensité infinie de notre univers vivant et à leurs façons uniques d'y participer.* L'éveil du désir de vivre dans l'énormité et la richesse illimitées de notre univers vivant attirera naturellement l'énergie et la créativité des gens pour construire un monde régénérateur et beau.

Si nous considérons la vie comme notre plus grande richesse, il est tout à fait naturel de choisir des modes de vie qui nous laissent plus de temps et d'opportunités pour développer les domaines de notre vie dans lesquels nous nous sentons le plus en vie : en privilégiant des relations enrichissantes, des communautés bienveillantes, le temps passé dans la nature, l'expression créative et le service à autrui. En considérant l'univers comme vivant, nous déplaçons naturellement nos priorités d'une économie de l'ego orientée vers la consommation de choses mortes vers une économie orientée vers la croissance d'expériences de vie.

Une économie de la vie vise à toucher le vivant avec plus de douceur tout en générant une abondance de sens et de satisfaction. Le théologien Matthew Fox a écrit : « Un mode de vie luxueux n'est pas une raison de vivre. *La vie* est une raison de vivre ! Mais la vie nécessite de la discipline et un laisser-aller, ainsi que de se contenter de moins au sein d'une culture surdéveloppée. Il faut s'engager à relever des défis et à vivre des aventures, à se sacrifier et à se passionner. »[224] Dans les sociétés plus fortunées, le consumérisme est de plus en plus considéré comme une activité moins gratifiante et, au contraire, de nouvelles sources de bien-être sont de plus en plus appréciées.[225] Une étude majeure menée aux États-Unis par l'institut Pew Research illustre l'importance croissante de l'expérience directe par rapport à la consommation matérielle. Interrogés sur ce qui donne le plus de sens à leur vie, les gens ont répondu : « passer du temps avec la famille » (69 %), « être à l'extérieur » (47 %), « passer du temps avec des amis » (47 %), « s'occuper des animaux de compagnie » (45 %), et « foi religieuse » (36 %). Ces activités ne sont pas coûteuses : le temps passé avec la famille, les amis, les animaux de compagnie et la nature est une source de richesse accessible à presque tous.

Une autre preuve que les nations les plus riches sont prêtes à échanger des niveaux réduits de consommation matérielle contre des niveaux plus élevés de richesse expérientielle se trouve dans une étude rapportée dans le *Wall Street Journal* :

> « Les gens pensent que les expériences n'apporteront qu'un bonheur temporaire, alors qu'elles procurent en réalité plus de bonheur et une valeur plus durable [que la consommation matérielle]. Les expériences ont tendance à répondre davantage à nos besoins psychologiques intrinsèques. Ils sont souvent partagés avec d'autres personnes, ce qui nous donne un plus grand sentiment de connexion, et ils constituent une part plus importante de notre sentiment d'identité. »[226]

Une évolution vers des valeurs « post-matérialistes » est également constatée dans la très réputée étude des valeurs mondiales *World Values Survey*, qui a conclu que, sur une période d'environ trois décennies (1981-2007), une « évolution postmoderne » des valeurs s'est produite dans un groupe d'une douzaine de nations, principalement aux États-Unis, au Canada et en Europe du Nord. Dans ces sociétés, la priorité est en train de basculer de la réussite économique vers des valeurs post-matérialistes qui mettent l'accent sur l'expression individuelle, le bien-être subjectif et la qualité de vie.[227]

Bien que la simplicité existe depuis longtemps, nous entrons aujourd'hui dans une période de changements radicaux — écologiques, sociaux, économiques et psychospirituels — et nous devons nous préparer à ce que les expressions mondiales de la simplicité évoluent et se développent en réponse à ces changements. La simplicité n'est pas simple. Une grande diversité d'expressions dépeint la vie simple et la manière la plus utile de décrire cette approche de la vie est la métaphore du jardin.

Pour suggérer la richesse de la simplicité, voici dix expressions fleuries différentes que je vois pousser dans le « jardin de la simplicité ». Bien qu'elles se recoupent quelque peu, chaque expression de simplicité semble suffisamment distincte pour justifier sa propre catégorie. (Pour éviter tout favoritisme, je les ai classées par ordre alphabétique, en fonction du court intitulé associé à chacune d'entre elles).

1. **La simplicité artistique** : cette simplicité signifie que la façon dont nous vivons notre vie représente une création artistique en constante évolution. Léonard de Vinci a dit : « La simplicité est le summum de la sophistication. » Gandhi a dit : « Ma vie est mon message. » Frédéric Chopin a dit : « La simplicité est la réalisation finale... la récompense suprême de l'art. » Dans cet esprit, la simplicité artistique fait référence à une esthétique sobre et organique qui tranche avec l'excès des modes de vie consuméristes. S'inspirant d'influences allant du zen aux quakers, la simplicité est un

226

chemin de beauté qui célèbre les matériaux naturels et les expressions épurées et fonctionnelles.

2. **La simplicité choisie** : la simplicité consiste à prendre en charge des vies trop occupées, trop stressées et trop fragmentées. La simplicité signifie le choix d'un chemin propre à soi dans la vie, de manière consciente, délibérée et de son propre chef. Il s'agit de vivre tel un ensemble, de ne pas vivre divisés contre nous-mêmes. Ce cheminement met l'accent sur les défis de la liberté par opposition au confort du consumérisme. La simplicité consciente signifie rester concentrés, plonger en profondeur et ne pas se laisser distraire par la culture de consommation. Cela signifie organiser consciemment nos vies de manière à offrir nos « vrais dons » au monde, c'est-à-dire l'essence de nous-mêmes. Comme le disait Ralph Waldo Emerson : « Le plus beau cadeau que l'on puisse offrir est une portion de soi-même. »[228]

3. **La simplicité bienveillante** : la simplicité consiste à ressentir un sentiment de parenté si fort avec les autres que, comme l'a dit Gandhi, nous choisissons de « Vivre plus simplement, pour que d'autres puissent tout simplement vivre. » La simplicité bienveillante signifie ressentir un lien avec la communauté de la vie et ressentir une attirance vers un chemin de réconciliation — notamment avec les autres espèces et les générations futures. La simplicité bienveillante suit un chemin de coopération et de justice, à la recharge d'un avenir fait du développement mutuellement assuré pour tous.

4. **La simplicité écologique** : la simplicité signifie choisir des modes de vie qui touchent plus légèrement la Terre et qui réduisent notre empreinte écologique. Ce chemin de vie se souvient de nos racines profondément ancrées dans le monde naturel. Il nous encourage à nous connecter à la nature, aux saisons, au cosmos. La simplicité naturelle répond à un respect profond pour la communauté de vie et accepte

que les règnes non humains, végétal et animal, possèdent leur propre dignité ainsi que leurs propres droits. Albert Schweitzer a écrit : « De la simplicité naïve, nous arrivons à une simplicité plus profonde. »

5. **La simplicité économique** : la simplicité, c'est le choix d'un consumérisme conscient et d'une économie de partage. La simplicité économique reconnaît que nous gérons notre relation avec notre demeure, la Terre, en développant des formes adaptées de « moyens de subsistance corrects ». Elle reconnaît également la profonde transformation nécessaire de l'activité économique pour vivre de manière durable en repensant les produits et les services de toutes sortes : du logement aux systèmes d'énergie en passant par les systèmes alimentaires et de transport.

6. **La simplicité familiale** : la simplicité signifie accorder la priorité aux vies de nos enfants et de notre famille sans être distraits par la société de consommation. Un nombre croissant de parents renoncent aux modes de vie consuméristes pour rechercher des moyens qui permettent d'apporter des valeurs et expériences qui améliorent la vie de leurs enfants et de leur famille.

7. **La simplicité frugale** : la simplicité consiste à réduire les dépenses qui ne nous servent pas vraiment et à gérer habilement nos finances personnelles, ce qui peut nous aider à atteindre une plus grande indépendance financière. La frugalité et une gestion financière prudente permettent d'accroître notre liberté financière et de choisir plus consciemment notre chemin dans la vie. En vivant avec moins, nous réduisons également l'impact de notre consommation sur la Terre et libérons des ressources pour d'autres.

8. **La simplicité politique** : la simplicité consiste à organiser notre vie collective de manière à vivre de manière plus légère

et plus durable sur la Terre, ce qui implique des changements dans presque tous les domaines de la vie publique : aménagement du territoire, éducation, transports et systèmes énergétiques. Tout ceci implique des choix politiques. Le principe politique de la simplicité implique également la politique des médias. Ces derniers sont les principaux vecteurs de la promotion du consumérisme de masse.

9. **La simplicité de l'âme** : la simplicité consiste à aborder la vie comme une méditation et à cultiver un lien intime avec tout ce qui existe. Une présence spirituelle imprègne le monde et, en vivant dans la simplicité, nous pouvons nous éveiller plus directement à l'univers vivant qui nous entoure et nous nourrit, à chaque instant. La simplicité de l'âme consiste davantage à goûter consciemment la vie dans sa richesse dépouillée qu'à appliquer une norme ou un mode de vie matériel particulier. En entretenant un lien profond avec la vie, nous avons tendance à regarder au-delà des apparences et à apporter notre vie intérieure à toutes sortes de relations.

10. **La simplicité dépouillée** : cela signifie réduire les distractions futiles, matérielles et immatérielles, et se concentrer sur l'essentiel, quel qu'il soit, pour chacune de nos vies singulières. Comme l'a dit Thoreau : « Notre vie est dilapidée par les détails... Simplifions, simplifions. » Ou, comme l'a écrit Platon, « pour trouver sa propre direction, il faut simplifier les mécanismes de la vie ordinaire et quotidienne ».

Comme l'illustrent ces approches, la culture croissante de la simplicité contient un jardin florissant d'expressions dont la grande diversité et l'unité interconnectée créent une écologie résiliente et résistante d'apprentissage sur la manière de mener une vie plus durable et plus chargée de sens. Comme pour les autres écosystèmes, la diversité de ces expressions favorise la flexibilité, l'adaptabilité et la résilience. Parce que tant de chemins différents peuvent nous conduire au jardin de la simplicité, ce mode de vie a un énorme potentiel de croissance — en particulier s'il est nourri et cultivé dans les médias de masse comme une voie légitime, créative et prometteuse pour un avenir au-delà du matérialisme et du consumérisme.

Choisir notre avenir

> « *Commence par faire le nécessaire, puis fais ce qu'il est possible de faire et tu réaliseras l'impossible sans t'en apercevoir.* »
> — François d'Assise

Le passage au début de notre âge adulte en tant qu'espèce est la transition la plus déterminante, la plus importante et la plus lourde de conséquences que nous serons jamais appelés à faire en tant qu'humains. Nous fermons une porte sur le passé et nous nous éveillons à un nouveau commencement. Nous pouvons faire appel à des forces d'une formidable élévation, dans le cadre de notre cheminement vers la maturité en tant qu'espèce. Nous pouvons bénéficier des potentiels d'élévation et d'inspiration d'une humanité qui s'éveille pour nous élever vers un nouveau monde et une nouvelle vie. Notre apparente déchéance est le prélude à notre ascension. En faisant preuve de courage, nous pouvons saisir le courant ascendant des possibilités et nous élever en tant que communauté humaine.

Si nous observons les potentiels immensément puissants et pourtant largement inexploités pour nous élever vers un avenir transformateur, il est tout à fait clair que nous pourrions y parvenir. Si nous ne saisissons pas l'occasion de choisir une nouvelle voie, nous nous exposons à de terribles conséquences : soit l'extinction fonctionnelle de notre espèce et d'une grande partie de la vie sur Terre, soit une terrifiante descente dans l'autoritarisme, où nombre de nos potentiels les plus précieux seront à jamais abandonnés. Nous n'avons plus le temps de nier ou de retarder les choses. L'heure des comptes a sonné. Bien que cette heure soit dangereusement tardive, la possibilité de nous élever dans une voie de transformation est encore présente. L'élévation n'est ni une fantaisie ni un espoir illusoire. Les forces d'élévation nous appellent à traverser ensemble, en tant qu'espèce, une transition difficile qui bouleversera notre perception de notre identité et du chemin que nous parcourons. L'élévation fait naître une nouvelle humanité ; l'appel et les potentiels sont réels, actuels, authentiques. Résumons-les pour mettre en valeur leur promesse authentique. L'élévation comprend :

1. Le choix de vivre à partir de notre expérience directe de la *vie* offre un guide fiable pour apprendre à vivre dans un univers vivant.

2. Le choix d'une *conscience réflexive* apporte un regard empreint de maturité sur la vie et sur les choix qui s'offrent à nous pour le voyage à venir.

3. Le choix de mobiliser nos potentiels pour une *communication locale à globale* apporte nos voix collectives dans une conversation partagée pour l'avenir.

4. Le choix de progresser jusqu'au commencement de notre âge adulte, c'est nous éveiller à une plus grande *maturité* avec une attention consciente pour le bien-être de la vie.

5. Le choix de la *réconciliation* et la recherche consciente de la guérison des blessures de l'histoire nous permettent d'aller de l'avant dans un effort commun.

6. Le choix de nous unir avec un sentiment de *communauté* locale à globale apporte un sentiment d'appartenance accueillant pour le voyage qui nous attend.

7. Le choix de la *simplicité* comme un mode de vie, extérieurement plus simple et intérieurement plus riche, nous apporte du réalisme et de l'équilibre dans notre approche de la vie.

Lorsque ces sept facteurs sont réunis dans le cadre d'une approche de la vie mutuellement solidaire, ils offrent la possibilité d'une ascension fulgurante sur le cheminement humain. Si nous choisissons collectivement *la vie, la conscience, la communication, la maturité, la réconciliation, la communauté* et *la simplicité*, nous pouvons réveiller une force presque invincible qui nous permettra de traverser notre initiation collective en tant qu'espèce et de nous diriger vers un avenir accueillant. Si nous pouvons imaginer comment traverser ce rite de passage, il nous incombe d'essayer. Ce qui est possible devient indispensable. Ce qui est possible devient essentiel. Ce qui est pragmatique devient déterminant.

Une humanité et une Terre transformées peuvent émerger si nous éveillons ces capacités d'élévation. Le pouvoir de ce potentiel dépasse de loin celui de notre imagination. En nous faisant confiance, nous pouvons vivre pour l'atteindre et, en chemin, nous découvrir plus profondément. Roger Walsh, psychiatre, qui a pratiqué la méditation et enseigné toute sa vie, écrit : « Nous entrons plus profondément en nous-mêmes pour sortir plus efficacement dans le monde, et nous sortons dans le monde pour entrer plus profondément en nous-mêmes. »[229] Nous sommes appelés à un voyage d'élévation dans lequel nous pouvons investir de tout cœur nos vies uniques et précieuses.

Remerciements

Ce livre est le fruit d'un travail d'équipe et je tiens à exprimer mon immense gratitude à tous ceux qui ont contribué à lui donner vie. La recherche, la rédaction et la sensibilisation pour *Choisir la Terre* ont été soutenues par le financement courageux et généreux de la fondation Roger and Brenda Gibson Family Foundation. Roger et Brenda ont été des alliés précieux et des amis sincères dans ce travail intensément exigeant. Sans leur soutien, leur amitié et leur confiance, je n'aurais pas pu achever ce livre, qui est l'aboutissement de toute une vie de recherche, d'écriture et d'apprentissage. Ils ont soutenu non seulement ce livre, mais aussi le projet plus vaste et les ressources pédagogiques qui l'accompagnent. Je leur suis profondément reconnaissant de nous avoir permis de donner naissance à cette œuvre et de la présenter au monde.

Je remercie également Fred et Elaine LeDrew pour leurs contributions annuelles à ce travail précurseur. Leurs modestes dons ont constitué un formidable message de soutien et d'amour. Je suis extrêmement reconnaissant aux autres contributeurs qui ont apporté une aide indispensable à ce projet : Bill Melton et Mei Xu, Lynnaea Lumbard, Vivienne Verdon-Roe, La fondation Betsy Gordon Foundation, Scott Elrod, Ben Elgin, Justyn LeDrew, Barbara et Dan Easterlin, Chris Bache, Carol Normandi, Lyra Mayfield et Charlie Stein, Arthur Benz, Lorraine Brignall, Frank Phoenix, Erik Schten, Scott Wirth, Sandra LeDrew, Charles Gibbs, Marianne Rowe, Kathy Kelly et Darlene Goetzman. Roger Walsh a apporté plusieurs contributions à ce projet et je lui suis très reconnaissant de son soutien et de son amitié.

Ma partenaire et épouse, Coleen LeDrew Elgin, a été une collaboratrice clé de toutes les facettes de cette entreprise créative. Elle a produit et réalisé le documentaire perspicace, intégratif et très estimé qui accompagne ce projet : *Face à l'adversité : Choisir la Terre, choisir la vie.* Coleen m'a également accompagné dans l'enseignement, a dirigé l'élaboration du cursus des cours qui accompagnent ce livre et a joué un rôle de premier plan en tant que codirectrice du projet. Dans l'ensemble, cette initiative n'aurait pas pu prendre racine sans les efforts inlassables et habiles de Coleen et je lui en suis infiniment reconnaissant.

J'apprécie grandement les compétences éditoriales de Christian de Quincey, qui a su d'un œil avisé corriger et fluidifier le cours de la rédaction de cette édition profondément remaniée.

Je suis également très reconnaissant aux personnes suivantes pour leurs commentaires avisés et leurs suggestions pertinentes concernant ce livre : Coleen LeDrew Elgin, Laura Loescher, Sandy Wiggins, Roger Gibson, Brenda Gibson, David Christel, Ben Elgin, Scott Elrod, Marga Laube, Bill Melton, Chris Bache, Eden Trenor et Liz Moyer.

Je remercie tous ceux qui ont fait partie de l'équipe d'animation et d'enseignement des cours qui ont accompagné ce livre : Carol Normandi, Barbara Easterlin, Sandy Wiggins, Marianne Rowe, Jim Normandi, Kathy Kelly, Diana Badger et James Wiegel.

Birgit Wick a apporté son talent artistique et son savoir-faire en concevant et en mettant en page ce livre, ainsi que d'autres supports de ce projet. Elle a fait preuve d'un esprit bienveillant et d'une attention méticuleuse à toutes les étapes de la conception et de la mise en page du livre. Pour tout cela, je lui suis très reconnaissant. Je remercie Karen Preuss qui a photographié les mains pour la couverture. Je remercie également Isabel Elgin pour avoir prêté main-forte à la réalisation de l'image de couverture.

Un grand merci à l'équipe de traduction chargée de l'édition française. Yuna Guillamot et Aurélie Boland ont collaboré pour développer une magnifique traduction de cet ouvrage et fait un cadeau exceptionnel au projet Choisir la Terre. Yuna et Aurélie sont allées au-delà de la simple traduction en apportant un soin incroyable à l'étape d'édition et de révision. Leur dévouement à fournir une traduction de la plus haute qualité est grandement apprécié. Puisse le don de leur traduction éclairer le chemin de l'humanité vers une communauté planétaire mature.

Andrew Morris, chargé de la coordination pour ProZ Pro Bono, a été un allié précieux. Il a fait preuve de détermination en dirigeant les équipes à travers les subtilités des multiples langues intervenant dans le cadre de ce projet. Andrew est un modèle à suivre pour la construction d'une communauté mondiale et sa collaboration est des plus agréables.

Je remercie Fabio Laniado pour le soin qu'il a apporté à la mise en page de l'édition française.

Un voyage personnel

Né en 1943, j'ai grandi dans une ferme familiale à quelques kilomètres d'une petite ville du sud de l'Idaho. Nous vivions en contact étroit avec la terre, le passage des saisons, les animaux et avec nous-mêmes. Je n'ai pas vu de télévision avant l'âge de onze ans. Alors, sans presse écrite régulière et avec seulement trois stations de radio locales (qui diffusaient principalement de la musique country et des publicités), mes compagnons habituels étaient nos animaux de ferme (les chiens, les chats, les poulets, les cochons, un cheval et une vache), la terre environnante et les voisins des fermes alentour. Jeune, j'étais curieux et j'aimais lire. J'aimais aussi construire des choses avec mon père dans son atelier de menuiserie bien équipé, où il construisait des bateaux, des meubles et bien d'autres choses encore pendant les longs mois d'hiver lorsque les activités agricoles étaient interrompues. Ayant grandi dans une ferme, j'ai appris personnellement à quel point les cultures sont vulnérables aux changements climatiques, aux invasions d'insectes et aux maladies affectant les plantes.

Ma mère, qui était infirmière, était pour moi une source d'inspiration, ce qui m'a conduit à étudier la médecine à l'université, avec l'intention de devenir médecin ou vétérinaire. Après deux ans d'université, je ne tenais plus en place et je voulais découvrir le reste du monde. J'ai donc abandonné mes études pendant un an et j'ai gagné suffisamment d'argent en travaillant dans diverses fermes pour acheter un billet d'avion aller-retour entre l'Idaho et la France. En 1963, je me suis rendu à Paris pour y vivre en tant qu'étudiant pendant un semestre. À mon arrivée, j'ai appris que ma résidence se trouvait dans le même bâtiment que l'aumônier, un prêtre jésuite du nom de Daniel Berrigan. Le père Berrigan était un célèbre militant contre la guerre et pour la paix et, alors qu'il vivait à Paris, nous avons beaucoup discuté. Trois thèmes revenaient toujours : la guerre au Vietnam, le racisme en Amérique et dans le monde et l'importance d'être pleinement, pacifiquement présent dans la vie. Le père Berrigan m'a profondément marqué par son engagement en faveur de la paix et de la justice sociale, par sa résistance active à la guerre du Vietnam et par la simplicité de son mode de vie.

Après avoir passé un semestre en Europe pendant une période d'agitation sociale étudiante, je me suis rendu compte que j'étais moins motivé pour devenir un médecin conventionnel. Plutôt que de soigner les corps, je me suis senti attiré par une vie dédiée à la guérison sociale, mais je n'avais pas d'idée précise sur les formes que cela pouvait prendre. Après avoir terminé mes études de premier cycle, j'ai entamé quatre années d'études supérieures à l'université de Pennsylvanie, où j'ai obtenu un MBA de la Wharton School et un master en histoire économique.

Après avoir achevé mes études supérieures, en 1972, j'ai commencé à travailler comme chercheur principal au sein de la « Commission présidentielle sur la croissance démographique et l'avenir de l'Amérique » à Washington, DC. Pour ce garçon de ferme, travailler au sein d'une commission présidentielle a été une expérience marquante. Notre mission : nous projeter trente ans en avant, de 1970 à 2000, et explorer la croissance démographique et l'urbanisation. Bien que la commission n'ait eu qu'un budget et une durée de vie de deux ans, elle a représenté une introduction inestimable à la recherche sur l'avenir à long terme. Ce fut également une formidable occasion d'observer la politique au niveau de la Maison-Blanche et de voir comment fonctionne le gouvernement. J'ai été surpris de constater à quel point les politiques sont dominées par des considérations à court terme et par le pouvoir des intérêts particuliers.

Désabusé, j'ai quitté Washington pour la Californie, où j'ai commencé à travailler en tant que chercheur supérieur en sciences sociales au sein de la cellule de réflexion « Futures Group » du Stanford Research Institute (SRI International). Au cours des six années suivantes, j'ai participé à la rédaction de nombreuses études sur l'avenir à long terme, dont *Anticipating Future National and Global Problems (Anticiper les problèmes nationaux et globaux futurs)* pour la National Science Foundation, *Alternative Futures for Environmental Policy (Futurs alternatifs pour la politique environnementale) : 1975–2000* pour l'Agence de protection de l'environnement, et *Limits to the Management of Large, Complex Systems (Limites de la gestion des grands systèmes complexes)* pour le conseiller Sciences du Président. J'ai également coécrit une étude pionnière avec Joseph Campbell et une petite équipe d'universitaires intitulée *Changing Images of Man (Images changeantes de l'Homme)*. Cette recherche a exploré les archétypes qui entraînent l'humanité vers un avenir en pleine transformation et a profondément approfondi ma compréhension du voyage évolutif de l'humanité. Ensemble, ces années de recherche ont montré clairement que l'humanité était sur une voie intenable et que, dans quelques décennies, elle commencerait à surconsommer les ressources de la Terre à tel point que nous entrerions dans une situation de rupture et d'effondrement de la planète. J'ai vu à quel point l'humanité devrait procéder à des changements profonds si nous voulions éviter de détruire la biosphère. En même temps, mon développement intérieur a bénéficié de catalyseurs surprenants.

Une opportunité remarquable s'est présentée alors que je travaillais au SRI : devenir le sujet d'une recherche psychique qui commençait à peine.

Le gouvernement américain commençait à financer ses premières recherches sur les capacités intuitives et le potentiel psychique de l'humanité. Les recherches initiales ont commencé au SRI au début des années 1970, financées par la NASA et mises à la disposition du public. J'ai eu la chance de devenir l'un des quatre sujets principaux et de participer à un large éventail d'expériences explorant à la fois les aspects « récepteurs » et « émetteurs » de la conscience. L'aspect réception comprenait la « vision à distance » ou le fait de voir des lieux et des personnes à distance grâce à l'intuition directe.

L'aspect « émetteur » comportait la « psychokinésie » et impliquait un échange intuitif avec des systèmes physiques. Pendant trois ans, j'ai appris sans cesse une leçon fondamentale : le monde est vivant et imprégné de conscience et d'énergie subtile. Notre corps physique fournit une base stable pour l'apprentissage de la nature de la conscience, qui ne se limite pas à notre corps, mais s'étend à l'univers en tant que connaissance intelligente et vie omniprésente. En retour, nous sommes bien plus grands que notre corps physique et dotés de capacités bien plus subtiles que je ne l'imaginais auparavant. Nous commençons à peine à utiliser des technologies très sensibles pour fournir un retour d'information et développer une « alphabétisation de la conscience ». Les apprentissages de ce travail de laboratoire continuent d'éclairer ma compréhension un demi-siècle plus tard.

J'ai quitté le SRI en 1977 et j'ai commencé à concentrer mes efforts en vue de devenir un « activiste des médias ». Pendant des décennies, j'ai observé comment les médias de masse dominaient et influençaient l'esprit de masse de civilisations entières. Notre conscience collective était profondément affectée à la fois par l'énorme quantité de publicités vantant un état d'esprit matérialiste et par le fait que les médias ignoraient des défis essentiels tels que le changement climatique, la pauvreté et le racisme. J'ai commencé à m'engager pour une organisation communautaire non partisane dans la région de la baie de San Francisco dans le but d'encourager les médias à mieux répondre aux besoins des citoyens. À cette fin, nous avons créé une organisation à but non lucratif, Bay Voice, qui a contesté les licences des principales chaînes de télévision de la région de la baie de San Francisco au motif qu'elles ne respectaient pas les droits légaux des citoyens à être informés. En 1987, Bay Voice a collaboré avec la chaîne ABC-TV pour produire une « assemblée municipale électronique » historique, d'une durée d'une heure et à une heure de grande écoute, qui a été vue par plus de 300 000 personnes et qui a donné lieu à six votes d'un échantillon scientifique de citoyens au cours de l'émission télévisée en direct. Le public a donné à la chaîne de télévision un retour d'information très fort et très utile sur sa programmation.

Une expression contemporaine de ce travail est l'initiative Earth Voice décrite dans ce livre, qui utilisera la technologie de l'internet, désormais accessible à une majorité de citoyens de la Terre, pour créer une voix pour la Terre à l'échelle planétaire.

L'écriture et la recherche ont représenté une part importante de mon travail. L'écriture est à mes yeux bien plus qu'un exercice mental ; c'est une expérience corporelle qui consiste à ressentir et à assimiler le sens de quelque chose, de sorte que les mots incarnent ensuite l'expérience ressentie qui leur donne naissance. Voyant et ressentant la manière dont nous surconsommons la Terre, j'ai commencé à écrire sur la simplicité de la vie au milieu des années 1970. Mon livre, **Voluntary Simplicity**: *Toward a Way of Life that is Outwardly Simple, Inwardly Rich (La simplicité volontaire : vers un mode de vie simple à l'extérieur, riche à l'intérieur),* a été publié pour la première fois en 1981 puis réédité en 2009. Mon expérience de travail sur le projet Changing Images of Man m'a semblé incomplète et j'ai investi près de 15 ans dans la rédaction de ma propre version de ce rapport : **Awakening Earth**: *Exploring the Evolution of Human Culture and Consciousness (Éveil de la Terre : exploration de l'évolution de la culture et de la conscience humaines)* a été publié en 1993. Constatant la lenteur de notre évolution vers un avenir plus constructif et durable, j'ai écrit **Promise Ahead**: *A Vision of Hope and Action for Humanity's Future (Promesse à venir : une vision d'espoir et d'action pour l'avenir de l'humanité),* publié en 2000. Alors que je participais à des expériences de parapsychologie au début des années 1970, j'ai commencé à écrire sur la nature de l'univers en tant que système vivant imprégné de conscience, ce qui a abouti, plus de 30 ans plus tard, à mon livre **The Living Universe**: *Where Are We? Who Are We? Where Are We Going? (L'univers vivant : où sommes-nous ? Qui sommes-nous ? Où allons-nous ?)* publié en 2009. En plus de ces livres, j'ai rédigé des chapitres dans plus de deux douzaines de livres et publié plus d'une centaine d'articles importants. Ces décennies de recherche et d'écriture ont toutes convergé et contribué à l'écriture de **Choisir la Terre**.

Tout au long de ces décennies, j'ai eu la bonne fortune de voyager dans différentes parties du monde et de donner des conférences à des publics divers sur des thèmes variés. J'ai prononcé plus de 350 discours d'ouverture devant différents publics : chefs d'entreprise, organisations à but non lucratif, universités, groupes de cinéma et de médias, organisations religieuses, etc. J'ai également eu la chance d'assister à des réunions et à des rencontres avec des personnes de tous horizons, notamment des dirigeants, des enseignants, des étudiants et des travailleurs.

En 2006, j'ai eu l'honneur de recevoir le prix japonais « Goi Peace Award » à Tokyo, en reconnaissance de ma contribution à une « vision, une conscience et un mode de vie » globaux qui favorisent une « culture plus durable et plus spirituelle ». En 2001, j'ai reçu un doctorat honoraire en philosophie de l'Institut californien d'études intégrales en reconnaissance de mon travail en faveur de la « transformation écologique et spirituelle ». Avec un demi-siècle de recul, je vois comment ma carrière professionnelle m'a conduit à écrire ce dernier livre, *Choisir la Terre*. Mon intention est maintenant de faire connaître ce livre, ainsi que le documentaire et les cours qui l'accompagnent, par le biais de collaborations, d'organisations, de conseils, de conférences et d'enseignement. Pour en savoir plus, visitez les sites suivants : mon site personnel www.DuaneElgin.com et mon site professionnel www.ChoosingEarth.org.

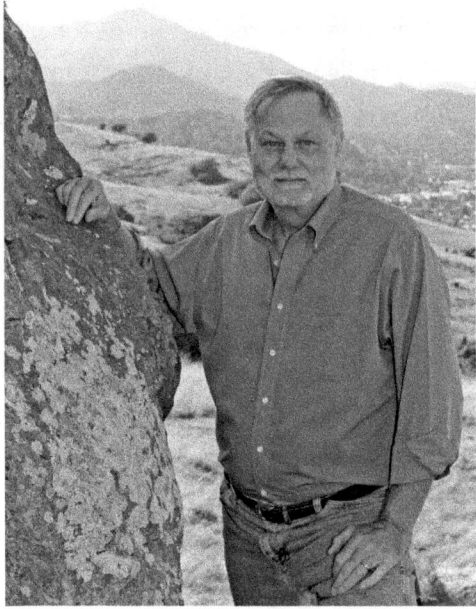

Notes de fin

1   James Hillman, *Re-Visioning Psychology* (New York : Harper and Row, 1975), 16.

2   Robin Wall Kimmerer, *Braiding Sweetgrass* (Minneapolis, MN: Milkweed Editions, 2013), 359.

3   Alexis Pauline Gumbs, *Undrowned* (Chico, CA: AK Press, 2020), 15.

4   Mia Birdsong, *How We Show Up* (New York : Hachette Books, 2020), 38.

5   « The Beginning of the End », éditeurs du journal, *New Scientist*, octobre 10, 2018. https://www.newscientist.com/article/mg24031992-900-weve-missed-many-chances-to-curb-global-warming-this-may-be-our-last/

6   « The Report of The Commission on Population Growth and the American Future », https://www.population-security.org/rockefeller/001_population_growth_and_the_american_future.htm

7   Willis Harman et Peter Schwartz, *Assessment of Future National and International Problem Areas*, préparé pour la fondation National Science Foundation, contrat NSF/STP76-02573, projet SRI 4676, février 1977. Outre ma contribution au rapport commun, j'ai également rédigé un rapport individuel de 77 pages : *Limits to the Management of Large, Complex Systems*, publié comme volume d'accompagnement, février 1977.

8   Duane Elgin, ibid., un résumé de ce rapport de 77-pages sur *Limits to the Management of Large, Complex Systems* a été publié sous forme d'article : « Limits to Complexity: Are Bureaucracies Becoming Unmanageable, » dans *The Futurist,* décembre 1977. https://duaneelgin.com/wp-content/uploads/2014/11/Limits-to-Large-Complex-Systems.pdf

9   Une description sommaire de ce semestre de méditation en 1978 a été publiée en annexe de mon livre *Awakening Earth*. Ce livre est disponible en téléchargement gratuit sur mon site personnel : https://duaneelgin.com/wp-content/uploads/2016/03/AWAKENING-EARTH-e-book-2.0.pdf Les enseignements tirés de cette expérience de méditation ont jeté les bases d'une exploration allant au-delà du paradigme matérialiste actuel et sont décrits comme une théorie de l'« évolution dimensionnelle ». *Awakening Earth* présente le milieu des années 2020 comme le moment approximatif du passage au contexte dimensionnel suivant, plus spacieux, du paradigme de l'univers vivant et de sa vision de la réalité, de l'identité humaine et du parcours évolutif.

10   Merci au moine bouddhiste Thich Nat Hanh de nous avoir offert cette description.

11   Caroline Hickman, et al., « Young people's voices on climate anxiety, government betrayal and moral injury: a global phenomenon »,

Université de Bath, R. U., 7 septembre 2021. https://papers.ssrn.com/s ol3/papers.cfm?abstract_id=3918955

12 « Peoples' Climate Vote », Programme de développement des Nations-Unies (UNDP) et de l'université d'Oxford, janvier 2021, https://www.undp.org/publications/peoples-climate-vote

13 « World Scientists' Warning to Humanity », *Union of Concerned Scientists*, à partir de 1992. https://www.ucsusa.org/resources/1992-world-scientists-warning-humanity

14 Ibid.

15 Owen Gaffney, « Quit Carbon, and Quick », *New Scientist*, 5 janvier 2019. https://www.sciencedirect.com/science/article/abs/pii/S0262407919300181

16 Eugene Linden, « How Scientists Got Climate Change So Wrong », *The New York Times*, 8 novembre 2019. https://www.nytimes.com/2019/11/08/opinion/sunday/science-climate-change.html Également :

« Climate Change Speed-Up », *Atmospheric Sciences & Global Change Research Highlights*, mars 2015. Selon des recherches récentes, l'augmentation des changements de température au cours des prochaines décennies va s'accélérer. Les changements de température de la Terre sont plus rapides que les niveaux historiques et commencent à s'accélérer. https://www.pnnl.gov/science/highlights/highlight.asp?id=3931

« À quelle vitesse le climat change-t-il ? C'est arrivé en l'espace d'une seule vie. » David Wallace-Wells, journaliste spécialiste du climat et auteur de *The Uninhabitable Earth*, explique : https://www.youtube.com/watch?v=RA4mIbQo52k

17 Bien que les échelles de temps des événements décrits comme « abrupts » puissent varier considérablement, il existe des preuves très inquiétantes qu'elles peuvent être de l'ordre des années ! Par exemple : « Les changements enregistrés dans le climat du Groenland à la fin de la période du Dryas récent [il y a environ 11 800 ans], tels que mesurés par les carottes de glace, impliquent un réchauffement soudain de +10 °C (+18 °F) sur une période de quelques années. » Grachev, A.M. ; Severinghaus, J. P., Quaternary Science Reviews, mars 2005. « Une ampleur révisée de +10±4 °C du changement abrupt de la température du Groenland à la fin du Dryas récent en utilisant les données isotopiques de gaz publiées par le GISP2 et les constantes de diffusion thermique de l'air. » https://ui.adsabs.harvard.edu/abs/2005QSRv...24. 513G/abstract

18 La Suède représente une exception : Christian Ketels, « Sweden's ministry for the future: how governments should think strategically and act horizontally, » *Centre for Public Impact*, 29 novembre 2018. https://www.centreforpublicimpact.org/swedens-ministry-for-the-future-how-governments-should-think-strategically-and-act-horizontally/

19 Gus Speth, cité dans *Canadian Association of the Club of Rome*, 27 mars 2016. https://canadiancor.com/scientists-dont-know/

20 John Vidal, « The Lost Decade: How We Awoke To Climate Change Only To Squander Every Chance To Act, » *HuffPost*, 30 décembre 2019. https://www.huffpost.com/entry/lost-decade-climate-change-action-2020_n_5df7af92e4b0ae01a1e459d2

21 « Workers Flee and Thieves Loot Venezuela's Reeling Oil Giant, » *The New York Times*, 14 juin 2018. https://www.nytimes.com/2018/06/14/world/americas/venezuela-oil-economy.html

22 « *Gangs Rule Much of Haiti. For Many, It Means No Fuel, No Power, No Food,* » https://www.nytimes.com/2018/06/14/world/americas/venezuela-oil-economy.html « Haiti descends into chaos, yet the world continues to look away, » comité éditeur, Washington Post, 21 novembre 2021. https://www.washingtonpost.com/opinions/2021/10/31/haiti-descends-into-chaos-yet-world-continues-look-away/

23 Voir par exemple : Future of Life Institute, https://futureoflife.org/background/existential-risk/

24 Par exemple, un mouvement « transhumaniste » est en cours dans la culture populaire et a été décrit comme « un mouvement philosophique et intellectuel consacré à l'amélioration de la condition humaine par le développement et la création de technologies sophistiquées largement disponibles qui permettraient d'allonger la durée de vie et d'accroître la capacité cognitive. » https://en.wikipedia.org/wiki/Transhumanism

25 Bien qu'il soit très controversé, il est important de reconnaître le rôle de l'édition génétique pour l'avenir. La réécriture du code de la vie devient rapidement une technologie qui pourrait réécrire l'avenir évolutif de l'humanité — en particulier dans le laps de temps d'un demi-siècle considéré ici. CRISPR est l'outil d'édition génétique qui fonctionne comme une opération « rechercher et remplacer » dans un traitement de texte. Au lieu de nécessiter un énorme laboratoire scientifique, cette technologie est devenue très facile à utiliser et a favorisé l'émergence de nombreux entrepreneurs en génétique à l'échelle d'un garage qui cherchent à créer et à vendre de nouvelles lignées de gènes à l'humanité. L'Organisation mondiale de la santé a noté que les *outils d'édition de gènes ne nécessitent ni connaissances ou compétences biochimiques exceptionnelles, ni fonds importants, ni temps considérable.* Il est donc compréhensible que ces outils soient passés des laboratoires sophistiqués à grande échelle des universités aux garages et aux salons des « bio-hackers » qui travaillent, pratiquement sans réglementation, à créer de nouveaux fils de vie qu'il est pratiquement impossible de défaire. L'édition génétique est une technologie à double tranchant, c'est-à-dire qu'elle peut apporter au monde à la fois de grandes avancées et d'importants dommages.

Les avantages potentiels de cette technologie sont énormes. L'édition génétique peut contribuer à nourrir le monde avec des plantes résistantes aux maladies et à la sécheresse. Ces outils peuvent également être utilisés pour concevoir des êtres humains sur mesure, capables de tolérer les fortes chaleurs et le stress, ainsi que de résister à de nombreuses maladies. Par exemple, elle peut considérablement contribuer à la guérison de quelque 7 000 maladies humaines causées par des mutations génétiques. Elle pourrait rendre les gens plus résistants au virus du SIDA et à d'autres maladies, telles que la drépanocytose, la mucoviscidose, les maladies cardiaques, la leucémie, la résistance au paludisme et peut-être la maladie d'Alzheimer. Un autre exemple d'avantage majeur est le traitement de la diminution spectaculaire du nombre de spermatozoïdes chez l'homme. Si les taux baissent à un niveau proche de zéro, l'extinction fonctionnelle de l'espèce humaine devient probable, car nous serons incapables de nous reproduire. En retour, des efforts concertés seront probablement déployés pour utiliser l'édition génétique afin de produire des spermatozoïdes plus robustes et plus résistants, capables de survivre aux pressions évolutives de notre monde en profonde transition.

Les dommages qui pourraient résulter de cette technologie sont également énormes. Outre le changement climatique, il n'existe que deux technologies susceptibles de tuer rapidement des milliards de personnes : les armes nucléaires et les armes biologiques. À titre d'exemple, la variole est l'une des maladies les plus contagieuses, les plus défigurantes et les plus mortelles au monde. Elle touche l'homme depuis des milliers d'années et tue environ 30 % des personnes infectées. Bien que la variole ait été éradiquée de la Terre, les scientifiques ont découvert qu'elle pouvait être recréée dans un laboratoire de bio-hackers en assemblant des composants disponibles à travers le monde. L'édition génétique pourrait également être utilisée pour créer un anthrax résistant aux médicaments, une grippe hautement transmissible et bien d'autres choses encore.

L'édition génique est un facteur d'évolution inconnu susceptible de faire changer le cours de l'évolution dans des directions inconnues. L'historien et futurologue Yuval Noah Harari écrit dans son livre controversé *Homo Deus* que le recours à cette technologie amènera l'humanité à rompre avec les lois de la sélection naturelle qui ont façonné la vie au cours des quatre derniers milliards d'années et à les remplacer par les « lois d'une véritable conception intelligente ». En l'espace de quelques décennies, la Terre pourrait être habitée par des humains génétiquement augmentés dont les avantages considérables pourraient les rendre à la fois indispensables et presque invincibles, produisant ainsi une société bio-génétiquement stratifiée. Chaque génération de surhommes pourrait établir

une nouvelle ligne directrice pour améliorer la génération suivante, produisant ainsi des types d'hommes radicalement différents — mais selon quelles lignes ? Si les capacités augmentées sont fondées sur le paradigme superficiel du matérialisme, elles semblent susceptibles de créer un avenir sombre pour l'humanité. Pour illustrer son propos, Harari écrit que les surhommes seront honorés pour « la contribution qu'ils apportent aux flux de données que divers algorithmes assistés par ordinateur utilisent pour générer de la valeur et créer de la production ».

Le paradigme du matérialisme constitue le fondement de cette vision appauvrie et superficielle du potentiel d'évolution de l'humanité. Harari écrit : « À l'avenir, de véritables écarts d'aptitudes physiques et cognitives risquent de se creuser entre une classe supérieure augmentée et le reste de la société. » Nous pourrions avoir des « surhommes améliorés qui domineraient le monde », créant « une nouvelle caste de surhommes qui, laissant de côté ses racines libérales, ne traitera pas mieux les hommes ordinaires que les Européens du XIXe siècle ne traitaient les Africains ». À son tour, il affirme que la stratégie d'évolution la plus impitoyable pourrait consister à se débarrasser des pauvres et des personnes non qualifiées du monde entier, pour se précipiter vers l'avant avec la seule classe augmentée. Sans un contexte éthique transcendant pour guider cette révolution bio-génétique émergente, il existe un risque énorme de créer un nouveau système de castes — et un avenir profondément diminué et déformé pour l'humanité. Voir Yuval Harari, *Homo Deus*, Paris : Albin Michel, 2017, p. 377 - 379. Voir également : interview par Ezra Klein : « Yuval Harari, auteur de *Sapiens* », https://www.vox.com/2017/2/28/14745596/ yuval-harari-sapiens-interview-meditation-ezra-klein

26   « Nous avons laissé passer de nombreuses opportunités de freiner le réchauffement climatique. Celle-ci pourrait être la dernière, » éditeurs de la publication, *New Scientist,* 13 octobre 2018. https://www. newscientist.com/article/mg24031992-900-weve-missed-many-chances-to-curb-global-warming-this-may-be-our-last/

27   Jared Diamond, *Effondrement : Comment les sociétés décident de leur disparition ou de leur survie,* Paris : Gallimard, 2006. Également : Diamond, « Easter's End », dans *Discover Magazine,* 31 décembre 1995, https://www.discovermagazine.com/planet-earth/easters-end

28   Op. cit., *Effondrement, p.*109 de l'original en anglais.

29   Ibid., p. 119 de l'original en anglais.

30   Garry Kasparov et Thor Halvorssen, « Why the rise of authoritarianism is a global catastrophe », *Washington Post,* 13 février 2017. https:// www.washingtonpost.com/news/democracy-post/wp/2017/02/13/ why-the-rise-of-authoritarianism-is-a-global-catastrophe/

31   Maria Repnikova, « China's 'responsive' authoritarianism, » *Washington Post,* 27 novembre 2019. Https://www.washingtonpost. com/news/theworldpost/wp/2018/11/27/china-authoritarian/ Également : Paul Mozur et Aaron Krolik, « A Surveillance Net Blankets China's Cities, Giving Police Vast Powers », *The New York Times,* 17 décembre 2019. https://www.nytimes.com/2019/12/17/techno-logy/china-surveillance.html

32   Nicholas Wright, « How Artificial Intelligence Will Reshape the Global Order, » *Foreign Affairs,* 10 juillet 2018. https://www. foreignaffairs.com/articles/world/2018-07-10/how-artificial-intelli-gence-will-reshape-global-order?fa_anthology=1123571

33   Mathew Macwilliams, « Trump is an authoritarian. So are millions of Americans. » *Politico,* 23 septembre 2020. https://www.politico.com/news/magazine/2020/09/23/ trump-america-authoritarianism-420681

Zack Beauchamp, « Call it authoritarianism, » *Vox,* 15 juin 2021, https://www.vox.com/policy-and-politics/2021/6/15/22522504/ republicans-authoritarianism-trump-competitive

34   Duane Elgin, *The Living Universe*, op. cit., 2009, p. 141-142.

35   « World Income Inequality Report, » *World Inequality Lab*, décembre 2021. https://wid.world/news-article/world-inequality-report-2022/

36   Le rapport du GIEC sur le changement climatique et les terres donne une autre idée du danger qui nous guette. Voir : « The world has just over a decade to get climate change under control, U.N. scientists say. » *Washington Post*, Chris Mooney et Brady Dennis, 7 octobre 2018. Il n'existe pas de précédent historique documenté pour l'ampleur des changements requis, a constaté l'organisme. Voici une réponse importante au nouveau rapport du GIEC sur le changement climatique et les terres. 1,5° correspond au nouveau 2° », a déclaré Jennifer Morgan, directrice exécutive de Greenpeace International. Plus précisément, le document indique que les instabilités dans l'Antarctique et au Groenland, qui pourraient entraîner une élévation du niveau de la mer mesurée en pieds plutôt qu'en pouces, « pourraient être déclenchées autour de 1,5 °C à 2 °C de réchauffement planétaire. » En outre, la perte totale des récifs coralliens tropicaux est à craindre, car on s'attend à ce que 70 à 90 pour cent d'entre eux disparaissent à 1,5 °Celsius, selon le rapport. À 2 °C, ce chiffre passe à plus de 99 pour cent. Le rapport indique clairement qu'un réchauffement de 1,5 °C serait très dommageable et que 2 °C (considéré auparavant comme un objectif raisonnable) pourrait avoir des conséquences intolérables dans certaines parties du monde. https://www.ipcc.ch/srocc/download/ Également : rapport actualisé du GIEC : « Nouveau rapport de l'ONU sur le climat : Les océans et les régions gelées de la planète subissent déjà des changements massifs ». Chris Mooney et Brady Dennis, *Washington Post*, 25 septembre 2019. https://www.washingtonpost.com/climate-environment/2019/09/25/new-un-climate-report-massive-change-already-here-worlds-oceans-frozen-regions/

37   L'érosion sévère des plages du monde entier est un exemple des dommages provoqués par l'élévation du niveau de la mer : la moitié des plages de la planète pourraient disparaître d'ici la fin du siècle, et d'ici 2050, certains littoraux pourraient être méconnaissables par rapport à ce que nous voyons aujourd'hui. Michalis I. Vousdoukas, et al., « Sandy coastlines under threat of erosion », *Nature Climate Change*, 2 mars 2020. https://www.nature.com/articles/s41558-020-0697-0

38   L'océan et la cryosphère dans le contexte du changement climatique, Rapport spécial du GIEC, GIEC, 25 septembre 2019. https://www.ipcc.ch/srocc/ Pour le télécharger en français, aller à : https://www.ipcc.ch/site/assets/uploads/sites/3/2022/03/SROCC_SPM_fr.pdf, pour l'anglais https://www.ipcc.ch/srocc/download/

39   « Sea levels set to keep rising for centuries even if emissions targets met, » Oliver Milmann,*The Guardian,* 6 novembre 2019. Selon cette nouvelle étude, le décalage entre l'augmentation des températures mondiales et l'impact de l'inondation des côtes signifie que le monde sera confronté à une élévation constante du niveau des mers jusque dans les années 2300, même si des mesures sont prises rapidement pour lutter contre la crise climatique. Https://www.theguardian.com/environment/2019/nov/06/sea-level-rise-centuries-climate-crisis Voir

l'étude d'Alexander Nauels, et al. : « Attributing long-term sea-level rise to Paris Agreement emission pledges » : https://www.pnas.org/content/early/2019/10/31/1907461116 Aussi :

Zeke Hausfather, « Common Climate Misconceptions: Atmospheric Carbon Dioxide », *Yale Climate Connections*, 16 décembre 2010. Cette étude a montré que si une bonne partie des émissions de gaz à effet de serre pouvait être éliminée de l'atmosphère en quelques décennies, même si les émissions cessaient immédiatement, environ 10 pour cent d'entre elles continueraient à réchauffer la Terre pendant des milliers d'années. Ces 10 pour cent sont considérables, car même une faible augmentation des gaz à effet de serre dans l'atmosphère peut avoir un impact important sur les calottes glaciaires et le niveau de la mer si elle persiste au cours de millénaires. Plus important encore : le plus grand danger n'est pas le réchauffement climatique, mais les conditions météorologiques extrêmes qui résultent du dépassement des points de basculement et entraînent à leur tour des famines catastrophiques et d'immenses troubles civils. https://www.yaleclimateconnections.org/2010/12/common-climate-misconceptions-atmospheric-carbon-dioxide/

40 « BP Statistical Review of World Energy », *British Petroleum*, (68ème édition), 2019. https://www.bp.com/content/dam/bp/business-sites/en/global/corporate/pdfs/energy-economics/statistical-review/bp-stats-review-2019-full-report.pdf

41 « Hothouse Earth Fears », *New Scientist*, 11 août 2018. https://www.sciencedirect.com/journal/new-scientist/vol/239/issue/3190 « Pendant la majeure partie du dernier demi-milliard d'années, la Terre a été beaucoup plus chaude qu'aujourd'hui, sans glace permanente aux pôles : c'est l'état de serre chaude de la Terre. Puis, il y a environ trois millions d'années, avec la baisse des niveaux de CO_2, les températures ont commencé à osciller entre deux états plus froids : les périodes glaciaires avec de grandes nappes glaciaires couvrant une grande partie des terres de l'hémisphère nord et les périodes interglaciaires comme celle que nous connaissons actuellement.

Avec l'augmentation du CO_2, nous pourrions être sur le point de faire sortir la planète de l'état interglaciaire actuel et de la faire entrer dans l'état de serre chaude. Les conséquences seront plus que catastrophiques. » Également :

Matt McGrath, « Climate change: 'Hothouse Earth' risks even if CO_2 emissions slashed », *BBC*, 5 août 2018. https://www.bbc.com/news/science-environment-45084144

Robert Monroe, « New Climate Risk Classification Created to Account for Potential 'Existential' Threats », *Scripps Institute of Oceanography*, 14 septembre 2017. « Une augmentation de la température supérieure à 3 °C (5,4 °F) pourrait avoir des effets que les chercheurs qualifient de « catastrophiques » et une augmentation supérieure à 5 °C (9 °F) pourrait avoir des conséquences « inconnues », qu'ils décrivent comme étant plus que catastrophiques, y compris des menaces potentiellement existentielles. Le spectre des menaces existentielles est évoqué pour refléter les risques graves pour la santé humaine et l'extinction des espèces d'un réchauffement supérieur à 5 °C, qui n'a pas été observé depuis au moins 20 millions d'années. » https://scripps.ucsd.edu/news/new-climate-risk-classification-created-account-potential-existential-threats

Will Steffen et al., « Trajectories of the Earth System in the Anthropocene »,

PNAS: Proceedings of the National Academy of Sciences, 6 août 2018. « Nous étudions le risque que les rétroactions qui se renforcent d'elles-mêmes poussent le système terrestre vers un seuil planétaire qui, s'il est franchi, pourrait empêcher la stabilisation du climat à des hausses de températures intermédiaires et provoquer un réchauffement continu sur une trajectoire de type « serre chaude », même si les émissions humaines sont réduites. Le franchissement de ce seuil entraînerait une température moyenne mondiale beaucoup plus élevée que lors de toute période interglaciaire au cours des 1,2 million d'années écoulées, ainsi qu'un niveau de la mer nettement plus élevé qu'à n'importe quel moment de l'Holocène. » https://doi.org/10.1073/pnas.1810141115

42   « Climate change: How Do We Know? » *NASA: Global Climate Change, Vital Signs of the Planet,* 2019. Consulter les éléments de preuve ici : https://climate.nasa.gov/evidence/Voir le consensus scientifique sur le réchauffement climatique ici : https://climate.nasa.gov/scientific-consensus/ Aussi :

Alistair Woodward, « Climate change: Disruption, risk and opportunity », *Science Direct* (publié à l'origine dans *Global Transitions*, Volume 1, 2019, pages 44-49). L'étude conclut : le changement climatique est perturbateur parce que l'homme s'est adapté à une gamme étroite de conditions environnementales. Le changement présente notamment des risques en cas de faible prévisibilité, de grande ampleur, d'apparition rapide et d'absence de réversibilité. https://doi.org/10.1016/j.glt.2019.02.001

« Global Warming Science: The science is clear. Global warming is happening. » *Union of Concerned Scientists*, 2019. https://www.ucsusa.org/our-work/global-warming/science-and-impacts/global-warming-science

Op. cit., *Rapport spécial du GIEC sur les Océans et la cryosphère,* 25 septembre 2019.

Bob Berwyn, « Ocean Warming Is Speeding Up, with Devastating Consequences, Study Shows », *Inside Climate News.* 14 janvier 2020. En 25 ans, les océans ont absorbé une chaleur équivalente à l'énergie de 3,6 milliards d'explosions de bombes atomiques de la taille d'Hiroshima, a déclaré l'auteur principal de l'étude. https://insideclimatenews.org/news/14012020/ocean-heat-2019-warmest-year-argo-hurricanes-corals-marine-animals-heatwaves

Sabrina Shankman, « Dead Birds Washing Up by the Thousands Send a Warning About Climate Change », *Inside Climate News*, 15 janvier 2020. Une nouvelle étude lève le voile sur les raisons qui ont poussé un si grand nombre de ces oiseaux de mer, normalement résistants, à mourir de faim au milieu d'une vague de chaleur océanique alimentée en partie par le réchauffement de la planète. https://insideclimatenews.org/news/15012020/seabird-death-ocean-heat-wave-blob-pacific-alaska-common-murre

43 « Santé dans le monde : défis cruciaux pour les 10 prochaines années », *OMS (Organisation Mondiale de la Santé)*, 13 janvier 2020. https://www.who.int/fr/news-room/photo-story/photo-story-detail/urgent-health-challenges-for-the-next-decade

44 « Powerful actor, high impact bio-threats — initial report »," *Wilton Park/UK*, 9 novembre 2018. https://www.wiltonpark.org.uk/event/powerful-actor-high-impact-bio-threats-wp1625/ Également :

Nafeez Ahmed, « Coronavirus, Synchronous Failure and the Global Phase-Shift », *Insurge Intelligence*, 2 mars 2020. https://medium.com/insurge-intelligence/coronavirus-synchronous-failure-and-the-global-phase-shift-3f00d4552940

Jennifer Zhang, « Coronavirus Response Shows the World May Not Be Ready for Climate-Induced Pandemics », *Columbia University*, 24 février 2020. https://blogs.ei.columbia.edu/2020/02/24/coronavirus-climate-induced-pandemics/

Brian Deese et Ronald Klain, « Another deadly consequence of climate change: The spread of dangerous diseases », *Washington Post,* 30 mai 2017. https://www.washingtonpost.com/opinions/another-deadly-consequence-of-climate-change-the-spread-of-dangerous-diseases/2017/05/30/fd3b8504-34b1-11e7-b4ee-434b6d506b37_story.html

J'apprécie la perspicacité de Sandy Wiggins qui fait la différence entre les défis de la réponse aux pandémies et ceux du changement climatique.

45 Une autre étude conclut que déjà : «Les deux tiers de la population mondiale (4,0 milliards de personnes) vivent dans des conditions de grave pénurie d'eau au moins 1 mois par an. » https://www.seametrics.com/blog/future-water/ Aussi :

Mesfin M. Mekonnen et Arjen Y. Hoekstra, « Four billion people facing severe water scarcity », Science Advances, 12 février 2016. https://advances.sciencemag.org/content/2/2/e1500323.full

Une autre étude a montré qu'entre 1995 et 2025, les zones touchées par un « stress hydrique grave » s'étendent et s'intensifient et que le nombre de personnes vivant dans ces zones augmente également, passant de 2,1 à 4,0 milliards de personnes. Les auteurs déclarent : « Le stress continu sur les ressources en eau augmente le risque que des pénuries d'eau simultanées se produisent dans le monde entier et déclenchent même une sorte de crise mondiale de l'eau. » Joseph Alcamo, Thomas Henrichs, Thomas Rösch, « World Water in 2025: Global modeling and scenario analysis for the World Commission on Water for the coming century », *Center for Environmental Systems Research University of Kassel*, février 2000. http://www.env-edu.gr/Documents/World%20Water%20in%202025.pdf

46   « The Water Crisis », Water.org, 2019. https://water.org/our-impact/water-crisis/

47   « World Water Development Report », 2019. https://www.unwater.org/publications/world-water-development-report-2019/ Aussi : https://water.org/our-impact/water-crisis/

48   Le nombre de personnes souffrant de sous-alimentation dans le monde est en hausse depuis 2015 et est revenu aux niveaux observés en 2010-2011. http://www.fao.org/state-of-food-security-nutrition/en/ Aussi :

      « The Hungry Planet: Global Food Scarcity in the 21st Century », employés du centre Wilson Center, 16 août 2011. https://www.newsecuritybeat.org/2011/08/the-hungry-planet-global-food-scarcity-in-the-21st-century/

      Julian Cribb, « The coming famine: risks and solutions for global food security », 21 octobre 2009. https://www.perlego.com/book/551417/the-coming-famine-pdf

49   Nafeez Ahmed, « West's 'Dust Bowl' Future now 'Locked In', as World Risks Imminent Food Crisis », *Insurge Intelligence*, 6 janvier 2020. https://www.resilience.org/stories/2020-01-06/wests-dust-bowl-future-now-locked-in-as-world-risks-imminent-food-crisis/

50   Anup Shah, « Poverty Facts and Stats », *Global Issues*, Updated January 7, 2013. http://www.globalissues.org/article/26/poverty-facts-and-stats#src1 Also:

      Anup Shah, « Poverty Around The World », *Global Issues,* November 12, 2011. http://www.globalissues.org/print/article/4#WorldBanksPovertyEstimates Revised

51   Julian Cribb, « The coming famine: risks and solutions for global food security », 21 octobre 2009. https://www.perlego.com/book/551417/the-coming-famine-pdf

52   « Our Food Systems Are in Crisis », *Scientific American*, 15 octobre 2019. https://blogs.scientificamerican.com/observations/our-food-systems-are-in-crisis/

53   Izabella Koziell, « Migration, Agriculture and Climate Change », *Organisation des Nations unies pour l'alimentation et l'agriculture,* 2017. http://www.fao.org/3/I8297EN/i8297en.pdf

54   Voir le rapport « Nature's Dangerous Decline 'Unprecedented'; Species Extinction Rates 'Accelerating' », *Plateforme intergouvernementale scientifique et politique sur la biodiversité et les services écosystémiques (IPBES),* 22 mai 2019. https://www.ipbes.net/news/Media-Release-Global-Assessment Aussi :

      https://www.washingtonpost.com/climate-environment/2019/05/06/one-million-species-face-extinction-un-panel-says-humans-will-suffer-result/

55   Damian Carrington, « Plummeting insect numbers 'threaten collapse of nature' », dans *The Guardian,* 10 février 2019. https://www.theguardian.com/environment/2019/feb/10/plummeting-insect-numbers-threaten-collapse-of-nature Un nombre croissant d'études tirent

la sonnette d'alarme : les **insectes** du monde entier sont en crise. Par exemple, une étude menée en Allemagne a révélé une diminution de 76 pour cent des insectes volants au cours des dernières décennies. Une autre étude portant sur les forêts tropicales de Porto Rico a révélé que le nombre d'insectes avait été divisé par 60. Aussi :

Damian Carrington, « Car 'splatometer' tests reveal huge decline in number of insects », *The Guardian*, 12 février 2020. Les recherches montrent que les populations d'insectes dans les sites européens ont chuté de 80 pour cent en l'espace de deux décennies. https://www.theguardian.com/environment/2020/feb/12/car-splatometer-tests-reveal-huge-decline-number-insects

Damian Carrington, « Insect apocalypse' poses risk to all life on Earth, conservationists warn », *The Guardian*, 13 novembre 2019. Un rapport affirme que 400 000 espèces d'insectes sont menacées d'extinction en raison de l'utilisation massive de pesticides. https://www.theguardian.com/environment/2019/nov/13/insect-apocalypse-poses-risk-to-all-life-on-earth-conservationists-warn

Dave Goulson, « Insect declines and why they matter », mandaté par l'organisme *South West Wildlife Trusts*, 2019. « ... des éléments récents suggèrent que l'abondance des insectes pourrait avoir chuté de 50 pour cent ou plus depuis 1970. Cette situation est préoccupante, car les insectes sont d'une importance vitale, notamment en tant qu'aliments, pollinisateurs et recycleurs. » https://www.somersetwildlife.org/sites/default/files/2019-11/FULL%20AFI%20REPORT%20WEB1_1.pdf https://doi.org/10.1016/j.biocon.2019.01.020

56 « Pollinators Help One-third Of The World's Food Crop Production », *Science Daily*, 26 octobre 2009. Https://www.sciencedaily.com/releases/2006/10/061025165904.htm Les abeilles sont les principaux initiateurs de la reproduction chez les plantes, car elles transfèrent le pollen des étamines mâles aux pistils femelles. Aussi :

57 Carl Zimmer, « Birds Are Vanishing from North America », *The New York Times*, 19 septembre 2019. https://www.nytimes.com/2019/09/19/science/bird-populations-america-canada.html

58 Kenneth Rosenberg, et al., « Decline of the North American avifauna », *Science*, 4 octobre 2019. https://science.sciencemag.org/content/366/6461/120

59 J. Emmett Duffy, et al., « Science study predicts collapse of all seafood fisheries by 2050 », *Stanford Report*, 2 novembre 2006. « Selon une nouvelle étude réalisée par une équipe internationale d'écologistes et d'économistes, toutes les espèces marines comestibles sauvages s'effondreront d'ici 50 ans. Sur la base des tendances mondiales actuelles, les auteurs ont prédit que toutes les espèces marines comestibles capturées à l'état sauvage — du thon à la sardine — s'effondreront d'ici à 2050. L'« effondrement » a été défini comme une diminution de 90 pour cent des niveaux d'abondance de base de l'espèce. » Aussi :

Jeff Colarossi, « Climate Change And Overfishing Are Driving The World's Oceans To The 'Brink Of Collapse,' » *Think Progress*, 2015. Https://thinkprogress.org/

climate-change-and-overfishing-are-driving-the-worlds-oceans-to-the-brink-of-collapse-2d095e127640/ « En une seule génération, l'activité humaine a sévèrement nui à presque tous les aspects de nos océans. Voilà ce qu'a découvert une nouvelle étude du *World Wildlife Fund*, révélant que les populations marines ont baissé de 49 pour cent entre 1970 et 2012.   Le tableau est désormais plus clair que jamais : l'humanité est en train collectivement de faire une mauvaise gestion de l'océan, au point que celui-ci est au bord de l'effondrement ».

« Living Blue Planet Report: Species, habitats and human well-being », *World Wildlife Fund*, 2015. http://assets.wwf.org.uk/downloads/living_blue_planet_report_2015.pdf?_ga=1.259860873.2024073479.1442408269

Ivan Nagelkerken et Sean D. Connell, « Global alteration of ocean ecosystem functioning due to increasing human CO_2 emissions, » *PNAS : Proceedings of the National Academy of Sciences*, 27 octobre 2015. https://doi.org/10.1073/pnas.1510856112

60   Adam Vaughan, « Humanity driving 'unprecedented' marine extinction », *The Guardian,* 14 septembre 2016. https://www.theguardian.com/environment/2016/sep/14/humanity-driving-unprecedented-marine-extinction L'étude se trouve ici : Jonathan L. Payne et al., « Ecological selectivity of the emerging mass extinction in the oceans », *Science,* 14 septembre 2016. https://science.sciencemag.org/content/353/6305/1284

61   « Saving Life on Earth: a plan to halt the global extinction crisis », *Center for Biological Diversity*, janvier 2020. https://www.biologicaldiversity.org/programs/biodiversity/elements_of_biodiversity/extinction_crisis/pdfs/Saving-Life-On-Earth.pdf

62   Estimations actuelles de l'ONU concernant la population mondiale. https://www.worldometers.info/world-population/

63   Rob Smith, « These will be the world's most populated countries by 2100 », *World Economic Forum*, 28 février 2018. Https://www.weforum.org/agenda/2018/02/these-will-be-the-worlds-most-populated-countries-by-2100/ Aussi : Jeff Desjardins, « The world's biggest countries, as you've never seen them before », *World Economic Forum*, 4 octobre 2017. https://-never-seen-them-before

64   Croissance de la population mondiale. Sources : *Division de la population du Département des affaires économiques et sociales du Secrétariat des Nations-Unies*, 2013 et Rapport sur la révision de 2012 des perspectives de la population mondiale, New York, *Nations-Unies*. Régions moins développées : Afrique, Asie (sauf le Japon), Amérique latine et Caraïbes et Océanie (sauf l'Australie et la Nouvelle-Zélande). Régions plus développées : Europe, Amérique du Nord (Canada et États-Unis), Japon, Australie et Nouvelle-Zélande. https://kids.britannica.com/students/assembly/view/171828

65   Bradshaw and Barry Brook, « A killer plague wouldn't save the planet from us », *New Scientist,* 29 octobre 2014. La capacité de charge approximative de la Terre figure dans l'article. Les auteurs estiment qu'une population humaine viable, compte tenu des modes de

consommation et des technologies occidentales actuelles, se situerait entre 1 et 2 milliards de personnes. Aussi :

Un autre point de vue sur la capacité de charge de la Terre est offert par Christopher Tucker, *A Planet of 3 Billion*, Atlas Observatory Press, août 2019. http://planet3billion.com/index.html

Le scientifique visionnaire James Lovelock pense que la population de la Terre ne comptera plus que 500 millions d'habitants d'ici à 2100, la plupart des survivants vivant dans les latitudes les plus septentrionales (Canada, Islande, Scandinavie, bassin arctique). Voir l'interview : Jeff Goodell, « Hothouse Earth Is Merely the Beginning of the End », magazine *Rolling Stone*, 9 août 2018. https://www.rollingstone.com/politics/politics-features/hothouse-earth-climate-change-709470/

4 Degrees Hotter, A Climate Action Centre Primer, février 2011. Melbourne, Australie. https://www.scribd.com/fullscreen/78620189 L'étude cite le professeur Kevin Anderson, directeur du Tyndall Centre for Climate Change, qui « pense que seuls 10 pour cent environ de la population de la planète — environ un demi-milliard de personnes — survivront si les températures mondiales augmentent de 4 °C ». Il a déclaré que les conséquences étaient « terrifiantes ». « Pour l'humanité, c'est une question de vie ou de mort », a-t-il déclaré. « Nous ne ferons pas disparaître tous les êtres humains, puisque quelques personnes disposant des bonnes ressources peuvent se rendre dans les bonnes parties du monde et y survivre. Mais je pense qu'il est extrêmement improbable qu'il n'y ait pas de mortalité massive à 4 °C. » En 2009, le professeur Hans Joachim Schellbhuber, directeur de l'*Institut de recherche de Potsdam* et l'un des plus éminents climatologues européens, a déclaré à son auditoire qu'à une température de 4 °C, la « ... capacité de charge estimée (est) inférieure à 1 milliard de personnes. »

« Carrying capacity », *Wikipedia*, 2019. « Plusieurs estimations de la capacité de charge ont été réalisées avec un large éventail de chiffres de population. Un rapport de l'ONU datant de 2001 indique que les deux tiers des estimations se situent dans une fourchette de 4 à 16 milliards, avec des écarts types non précisés, la médiane se situant à environ 10 milliards. Les estimations les plus récentes sont beaucoup plus basses, en particulier si l'épuisement des ressources non renouvelables et l'augmentation de la consommation sont pris en compte. » Traduit depuis https://en.wikipedia.org/wiki/Carrying_capacity

« How many people can Earth actually support? » *Australian Academy of Science*, 2019. Https://www.science.org.au/curious/earth-environment/how-many-people-can-earth-actually-support « Si tous les habitants de la Terre adoptaient le mode de vie d'un Américain de la classe moyenne, la capacité d'accueil de la planète pourrait être d'environ 2 milliards d'habitants. » Toutefois, si la population ne consommait que le strict nécessaire, la Terre pourrait accueillir un nombre bien plus élevé.

Marian Starkey, « What is the Carrying Capacity of Earth? » *Population Connection*, 13 avril 2017. https://populationconnection.org/blog/carrying-capacity-earth/ « Aujourd'hui déjà, nous consommons les ressources renouvelables de la Terre à un taux une fois et demie supérieur au taux durable. Et ce, alors que des milliards de personnes vivent dans la pauvreté et ne consomment pratiquement rien. Imaginez ce qui se passerait si des personnes désespérément pauvres avaient la chance de mener une vie de classe moyenne. Imaginez ensuite ce qui se passerait si les pauvres rejoignaient la classe moyenne et si la population humaine passait de 7,5 milliards aujourd'hui à 9, 10 ou 11 milliards. »

Andrew D. Hwang, « The human population is 7.5 billion and counting — a mathematician counts how many humans the Earth can actually support », *Business Insider*, 10 juillet 2018. https://www.businessinsider.com/how-many-people-earth-can-hold-before-runs-out-resources-2018-7 Selon l'organisme *Worldwatch Institute*, un groupe de réflexion sur l'environnement, la Terre dispose de 1,9 hectare de terre par personne pour la culture de denrées alimentaires et de textiles pour l'habillement, l'approvisionnement en bois et l'absorption des déchets. L'Américain moyen utilise environ 9,7 hectares. Ces données suggèrent à elles seules que la Terre ne peut supporter qu'un cinquième de la population actuelle, soit 1,5 milliard de personnes, pour un niveau de vie équivalent à celui des États-Unis. La Terre ne tolère les niveaux de vie industrialisés que parce que nous puisons dans le « compte d'épargne » des ressources non renouvelables, notamment la terre arable fertile, l'eau potable, les forêts, les pêcheries et le pétrole.

Natalie Wolchover, « How Many People Can Earth Support? », *Live Science*, 11 octobre 2011. https://www.livescience.com/16493-people-planet-earth-support.html « 10 milliards d'habitants, c'est la limite supérieure de la population en ce qui concerne l'alimentation. Comme il est extrêmement improbable que tout le monde accepte d'arrêter de manger de la viande, E. O. Wilson pense que la capacité de charge maximale de la Terre basée sur les ressources alimentaires sera très probablement inférieure à 10 milliards d'individus. »

« Ce n'est pas le nombre d'habitants de la planète qui pose problème, mais le nombre de consommateurs ainsi que l'ampleur et la nature de leur consommation, » dit David Satterthwaite, chercheur principal à l'Institut international pour l'environnement et le développement de Londres. Il cite Gandhi : « Il y a assez de tout dans le monde pour satisfaire aux besoins de l'homme, mais pas assez pour assouvir son avidité. »… « Ce qui serait vraiment préoccupant, c'est que les habitants de ces régions décident d'exiger les modes de vie et les taux de consommation actuellement considérés comme normaux dans les pays aux revenus élevés, ce qui, pour beaucoup, n'est que juste. Ce n'est que lorsque les groupes les plus riches seront prêts à adopter des modes de vie à faible émission de carbone et à permettre à leurs gouvernements de soutenir une démarche apparemment impopulaire que nous pourrons réduire la pression sur les problèmes mondiaux liés au climat, aux ressources et aux déchets… Pour l'avenir prévisible, la Terre est notre seul habitat et nous devons trouver un moyen d'y vivre de manière durable. Il semble évident que cela nécessite une réduction de notre consommation, notamment une transition vers des modes de vie à faible empreinte carbone, ainsi que l'élévation du rang des femmes dans le monde entier. Ce n'est que lorsque nous aurons fait tout cela que nous pourrons vraiment estimer le nombre d'habitants que notre planète peut accueillir durablement. »

« One Planet, How Many People? A Review of Earth's Carrying Capacity, » *UNEP*, juin 2102. https://na.unep.net/geas/archive/pdfs/ GEAS_Jun_12_Carrying_Capacity.pdf « Bien que les estimations de la capacité de charge de la Terre varient considérablement, la plus grande concentration d'estimations se trouve dans la plage entre 8 et 16 milliards de personnes (3). La population mondiale se rapproche rapidement de la limite inférieure de cette fourchette et devrait la dépasser largement, à environ 10 milliards, d'ici à la fin du siècle. »

66 Ecological Footprint, https://www.footprintnetwork.org/our-work/ ecological-footprint/

67 Kimberly Amadeo, « Consumer Spending Trends and Current Statistics », *-The Balance*, 27 juin 2019. Https://www.thebalance.com/ consumer-spending-trends-and-current-statistics-3305916 Aussi :

Hale Stewart, « Consumer Spending and the Economy », *The New York Times*, 19 septembre 2010. « L'économie américaine est principalement entraînée par les dépenses de consommation, qui représentent environ 70 pour cent de la croissance économique totale. Mais pour que les consommateurs continuent à agir comme le moteur de l'économie, leur situation financière doit être saine ; s'ils sont surendettés, ils ne pourront pas continuer à assumer leur rôle de premier moteur de la croissance économique. » https://fivethirtyeight.blogs.nytimes. com/2010/09/19/consumer-spending-and-the-economy/

68 Roger Harrabin, « Climate change: Big lifestyle changes 'needed to cut emissions' », *BBC*, 29 août 2019. https://www.bbc.com/news/ science-environment-49499521

69 Le rapport a été compilé par l'Organisation météorologique mondiale sous les auspices du groupe consultatif scientifique du sommet de l'action climatique des Nations Unies de 2019. https:// wedocs.unep.org/bitstream/handle/20.500.11822/30023/climsci. pdf?sequence=1&isAllowed=y

70 Katherine Rooney, « Climate change will shrink these economies fastest », *World Economic Forum*, 30 septembre 2019. https://www.weforum.org/agenda/2019/09/ climate-change-shrink-these-economies-fastest/

71 Nicholas Stern, « Climate change will force us to redefine economic growth », *World Economic Forum*, 11 juillet 2018. https://www.weforum.org/agenda/2018/07/ here-are-the-economic-reasons-to-act-on-climate-change-immediately

72 Paul Buchheit, « These 6 Men Have as Much Wealth as Half the World's Population », *Common Dreams*, 20 février 2017. https://www. ecowatch.com/richest-men-in-the-world-2274065153.html

73 « Oxfam says wealth of richest 1% equal to other 99%. » *BBC*, 18 janvier 2016. https://www.bbc.com/news/business-35339475

74 David Leonhardt, « The Rich Really Do Pay Lower Taxes Than You », *The New York Times*, 6 octobre 2019. https://www.nytimes.

com/interactive/2019/10/06/opinion/income-tax-rate-wealthy.
html?action=click&module=Opinion&pgtype=Homepage

75   Jason Hickel, « Global inequality may be much worse than we
      think », *The Guardian*, 8 avril 2016. « Les inégalités dans le monde
      n'ont jamais été aussi importantes depuis le XIXe siècle. Quelle
      que soit la manière dont on présente les choses, les inégalités
      dans le monde s'aggravent. S'aggravent gravement. La théorie de
      la convergence s'est révélée très incorrecte. Les inégalités ne dis-
      paraissent pas automatiquement ; tout dépend de l'équilibre des
      pouvoirs politiques dans l'économie mondiale. Tant que quelques
      pays riches auront le pouvoir de fixer les règles à leur avantage, les
      inégalités continueront de s'aggraver. » https://www.theguardian.
      com/global-development-professionals-network/2016/apr/08/
      global-inequality-may-be-much-worse-than-we-think

76   Isabel Ortiz, Matthew Cummins, « Global Inequality: Beyond the
      Bottom Billion », *UNICEF*, Working Paper, avril 2011. https://
      childimpact.unicef-irc.org/documents/view/id/120/lang/120_
      Global_Inequality_REVISED_-_5_July.pdf Voir la figure 7 pour la
      représentation en « coupe de champagne » des inégalités dérivée du
      Rapport sur le développement humain des Nations Unies publié en
      1992 et publié dans Oxford University Press, 1992. La figure 1 du rap-
      port intitulé «Extreme Carbon Inequality: why the Paris climate deal
      must put the poorest, low emitting and most vulnerable people first»
      (Inégalités extrêmes en matière de carbone : pourquoi l'accord de Paris
      sur le climat doit donner la priorité aux personnes les plus pauvres,
      les moins émettrices et les plus vulnérables) est une autre version de
      la représentation largement utilisée de la « coupe de champagne »
      des inégalités », *Oxfam Media Briefing, Oxfam.org*, 2 décembre
      2015. https://oi-files-d8-prod.s3.eu-west-2.amazonaws.com/s3fs-pu-
      blic/file_attachments/mb-extreme-carbon-inequality-021215-en.
      pdf?te=1&nl=climate-fwd%3A&emc=edit_clim_20191113%3Fcam-
      paign_id%3D54&instance_id=13827&segment_id=18753&user_
      id=d0fffc2fcb270a87206ab8a9cc08a01f&regi_id=63360062

77   « Extreme Carbon Inequality », ibid.

78   « Climate Justice », *Wikipedia*, https://en.wikipedia.org/wiki/
      Climate_justice

79   J. Andrew Hoerner et Nia Robinson, « A Climate of Change: African
      Americans, Global Warming, and a Just Climate Policy for the US »,
      Environmental Justice & Climate Change Initiative, 2008. https://
      www.reimaginerpe.org/cj/hoerner-robinson

80   Moira Fagan, et al., « A look at how people around the world view
      climate change », *PEW Research*, 18 avril 2019. https://www.
      pewresearch.org/fact-tank/2019/04/18/a-look-at-how-people-around-
      the-world-view-climate-change/

81   Ibid., 2019.

82   Je reconnais que cette terminologie peut être problématique, car elle
      suppose que la direction prise actuellement par les nations « déve-
      loppées » (surconsommation et hyper-individualisation) est l'objectif

convenu et que les nations « en voie de développement » sont simplement à la traîne dans la réalisation de cet objectif.

83   « Scientific Consensus: Earth's Climate is Warming », *NASA: Global Climate Change, Vital Signs of the Planet,* 2019. Consulter les éléments de preuve ici : https://climate.nasa.gov/evidence/ Voir le consensus scientifique sur le réchauffement climatique ici : https://climate.nasa.gov/scientific-consensus/ Aussi :

Alistair Woodward, « Climate change: Disruption, risk and opportunity », *Science Direct* (publié à l'origine dans *Global Transitions,* Volume 1, 2019). L'étude conclut : « Le changement climatique est perturbateur parce que l'homme s'est adapté à une gamme étroite de conditions environnementales. Le changement présente notamment des risques en cas de faible prévisibilité, de grande ampleur, d'apparition rapide et d'absence de réversibilité. » https://doi.org/10.1016/j.glt.2019.02.001

« Global Warming Science: The science is clear. Global warming is happening. » *Union of Concerned Scientists,* 2019. https://www.ucsusa.org/our-work/global-warming/science-and-impacts/global-warming-science

84   Timothy M. Lenton, et al., « Climate tipping point — too risky to bet against », *Nature,* 27 novembre 2019. https://www.nature.com/articles/d41586-019-03595-0 Aussi :

Arthur Neslen, « By 2030, We Will Pass the Point Where We Can Stop Runaway Climate Change », HuffPost, 5 septembre 2018, https://www.huffingtonpost.com/entry/runaway-climate-change-2030-report_us_5b8ecba3e4b0162f4727a09f

Les années 2030 pourraient être une période de forte instabilité des tendances climatiques, voire un « coup du lapin » climatologique. Une étude réalisée en 2015 prédisait par exemple un refroidissement plutôt qu'un réchauffement au cours de cette décennie : « L'activité solaire devrait chuter de 60 pour cent dans les années 2030, pour atteindre les niveaux d'une mini ère glaciaire : Le soleil entraîné par une double dynamo », 9 juillet 2015, *Royal Astronomical Society,* rapportée dans *Science Daily.* https://www.sciencedaily.com/releases/2015/07/150709092955.htm

Alexander Robinson, et al., « Multistability and critical thresholds of the Greenland ice sheet », Nature Climate Change 1er mars 2012. « … la calotte glaciaire du Groenland est plus vulnérable au changement climatique à long terme qu'on ne le pensait auparavant. Nous estimons que le seuil de réchauffement conduisant à un état pratiquement dépourvu de glace se situe entre 0,8 et 3,2 °C, avec l'hypothèse la plus probable d'un réchauffement de 1,6 °C. » https://www.nature.com/articles/nclimate1449#citeas

Michael Marshall, « Major methane release is almost inevitable », *New Scientist,* 21 février 2013. « Nous sommes à la veille d'un point de basculement du climat. Si le climat mondial se réchauffe encore de quelques dixièmes de degrés, une grande partie du permafrost sibérien commencera à fondre de

manière incontrôlée. » https://www.newscientist.com/article/
dn23205-major-methane-release-is-almost-inevitable/#ixzz5zQ199XTi

Jessica Corbett, « 'Boiling with methane': Scientists reveal 'truly terrifying' sign of climate change under the Arctic Ocean », *Common Dreams,* 9 octobre 2019. https://www.alternet.org/2019/10/boiling-with-methane-scientists-reveal-truly-terrifying-sign-of-climate-change-under-the-arctic-ocean/

85 « Temperature rise is 'locked-in' for the coming decades in the Arctic », *UNEP,* 13 mars 2019. « Même si les engagements existants de l'Accord de Paris sont respectés, les températures hivernales au-dessus de l'océan Arctique augmenteront de 3 à 5 °C d'ici au milieu du siècle par rapport aux niveaux de 1986-2005. Le dégel du permafrost pourrait réveiller le «géant endormi» composé de gaz à effet de serre supplémentaires, ce qui risquerait de faire dérailler les objectifs mondiaux en matière de climat. » https://www.unenvironment.org/news-and-stories/press-release/temperature-rise-locked-coming-decades-arctic Aussi :

Will Steffen et al., « Trajectories of the Earth System in the Anthropocene », PNAS, 6 août 2018. Cette étude examine : L'effet serre chaude de la Terre et comment l'emballement du réchauffement climatique menace le caractère habitable de la planète pour les humains. https://www.pnas.org/content/115/33/8252

86 « Une poussée inattendue du méthane atmosphérique mondial menace d'effacer les gains anticipés dans le cadre de l'Accord de Paris sur le climat. Les niveaux de méthane dans le monde, auparavant stables, ont augmenté de manière inattendue ces dernières années. » Voir :

Benjamin Hmiel, et.al., « Preindustrial 14CH4 indicates greater anthropogenic fossil CH4 emissions », *Nature*, 19 février 2020. https://www.nature.com/articles/s41586-020-1991-8 Cette étude montre que les scientifiques et les gouvernements ont largement sous-estimé les émissions de méthane provenant des activités pétrolières et gazières, un puissant gaz à effet de serre. Aussi :

Nisbet et al., « Very Strong Atmospheric Methane Growth in the 4 Years 2014–2017: Implications for the Paris Agreement », *Global Biogeochemical Cycles*, mars 2019. https://doi.org/10.1029/2018GB006009 Voir le résumé de l'article dans *Climate Nexus* ici : https://climatenexus.org/climate-change-news/methane-surge/

87 Hubau Wannes et al., « Asynchronous carbon sink saturation in African and Amazonian tropical forests », *Nature*, 5 mars 2020. https://www.nature.com/articles/s41586-020-2035-0 Aussi :

Fiona Harvey, « Tropical forests losing their ability to absorb carbon, study finds », *The Guardian*, 4 mars 2020. https://www.theguardian.com/environment/2020/mar/04/tropical-forests-losing-their-ability-to-absorb-carbon-study-finds

88 Stewart M. Patrick, « The Coming Global Water Crisis », *The Atlantic*, 9 mai 2012. https://www.theatlantic.com/international/archive/2012/05/the-coming-global-water-crisis/256896/ Aussi :

William Wheeler, « Global water crisis: too little, too much, or lack of a plan? », *Christian Science Monitor*, 2 décembre 2012. https://www.csmonitor.com/World/Global-Issues/2012/1202/Global-water-crisis-too-little-too-much-or-lack-of-a-plan

89   Gilbert Houngbo, « The United Nations world water development report 2018: nature-based solutions for water », *UNESCO*, 2018. https://unesdoc.unesco.org/ark:/48223/pf0000261424

90   Stephen Leahy, « From Not Enough to Too Much, the World's Water Crisis Explained », *National Geographic*, 22 mars 2018. https://www.nationalgeographic.com/news/2018/03/world-water-day-water-crisis-explained/

91   Paul Salopek, « Historic water crisis threatens 600 million people in India », *National Geographic*, 19 octobre 2018. https://www.nationalgeographic.com/culture/article/water-crisis-india-out-of-eden

92   Dan Charles, « 5 Major Crops In The Crosshairs Of Climate Change », *NPR*, 25 octobre 2018. https://www.npr.org/sections/thesalt/2018/10/25/658588158/5-major-crops-in-the-crosshairs-of-climate-change Aussi :

Sean Illing, « The climate crisis and the end of the golden era of food choice », *Vox*, 24 juin 2019. https://www.vox.com/the-highlight/2019/6/17/18634198/food-diet-climate-change-amanda-little

Rachel Nuwer, « Here's how climate change will affect what you eat », *BBC*, 28 décembre 2015. https://www.bbc.com/future/article/20151228-heres-how-climate-change-will-affect-what-you-eat

Nicholas Thompson, « The Most Delicious Foods Will Fall Victim to Climate Change », *Wired*, 13 juin 2019. https://www.wired.com/story/the-most-delicious-foods-will-fall-victim-to-climate-change/

Ian Burke, « 29 of Your Favorite Foods That Are Threatened by Climate Change », *Saveur*, 7 juin 2017. https://www.saveur.com/climate-change-ingredients/

Daisy Simmons, « A brief guide to the impacts of climate change on food production », *Yale Climate Connections*, 18 septembre 2019. https://www.yaleclimateconnections.org/2019/09/a-brief-guide-to-the-impacts-of-climate-change-on-food-production/

Ilima Loomis, « Get ready to eat differently in a warmer world », *Science News for Students*, 23 mai 2019. https://www.sciencenews-forstudents.org/article/climate-change-global-warming-food-eating

Peter Schwartzstein, « Indigenous farming practices failing as climate change disrupts seasons », *National Geographic*, 14 octobre 2019. https://www.nationalgeographic.com/science/2019/10/climate-change-killing-thousands-of-years-indigenous-wisdom/

Kay Vandette, « Climate change could make leafy greens, veggies less available », *Earth*, 11 juin 2018. https://www.earth.com/news/climate-change-could-make-leafy-greens-veggies-less-available/

93 Current World Population: https://www.worldometers.info/world-population/

94 « Nature's Dangerous Decline 'Unprecedented'; Species Extinction Rates 'Accelerating' », *Plateforme intergouvernementale scientifique et politique sur la biodiversité et les services écosystémiques (IPBES)*, 22 mai 2019. https://www.ipbes.net/news/Media-Release-Global-Assessment

95 « Ocean Deoxygenation », *International Union for Conservation of Nature*, 8 décembre 2019. La vie marine et la pêche sont de plus en plus menacées à mesure que les océans perdent leur oxygène. Même la plus petite baisse des niveaux d'oxygène, lorsqu'elle est proche des seuils déjà existants, peut créer des problèmes importants ayant des implications biologiques et biogéochimiques complexes et de grande portée. https://www.iucn.org/resources/issues-brief/ocean-deoxygenation

96 Adaptation depuis John Fullerton, « Regenerative Capitalism How Universal Principles And Patterns Will Shape Our New Economy », *Capital Institute*, avril 2015. https://capitalinstitute.org/wp-content/uploads/2015/04/2015-Regenerative-Capitalism-4-20-15-final.pdf?mc_cid=236080d2f0&mc_eid=2f41fb9d8d

97 Michael Savage, « Richest 1% on target to own two-thirds of all wealth by 2030 », *The Guardian*, 7 avril 2018. https://www.theguardian.com/business/2018/apr/07/global-inequality-tipping-point-2030

98 Duane Elgin, « Limits to Complexity: Are Bureaucracies Becoming Unmanageable », dans *The Futurist,* décembre 1977. https://duaneelgin.com/wp-content/uploads/2014/11/Limits-to-Large-Complex-Systems.pdf

99 « Transitions and Tipping Points in Complex Environmental Systems », un rapport par le comité *National Science Foundation Advisory Committee for Environmental Research and Education,* 2009. https://www.nsf.gov/attachments/123079/public/nsf6895_ere_report_090809.pdf Il ne s'agit pas d'un avertissement spécifique, mais plutôt d'un avertissement général datant de 2009 : « Le monde est à la croisée des chemins. L'empreinte globale de l'homme est telle que nous sollicitons les systèmes naturels et sociaux au-delà de leurs capacités. Nous devons relever ces défis environnementaux complexes et atténuer les changements environnementaux à l'échelle planétaire ou accepter des perturbations probablement omniprésentes. Le rythme des changements environnementaux dépasse la capacité des institutions et des gouvernements à y répondre efficacement. »

100 T. Schuur, « Arctic Report Card: Permafrost and the Global Carbon Cycle », *NOAA*, 2019. https://arctic.noaa.gov/report-card/report-card-2019/permafrost-and-the-global-carbon-cycle/

101 « Fighting Wildfires Around the World », *Frontline, Wildfire Defense Systems*, 2019. https://www.frontlinewildfire.com/fighting-wildfires-around-world/

102 Estimations des capacités de charge, op. cit.

103 Iliana Paul, « Climate Change and Social Justice », *WEDO,* 2014. https://wedo.org/wp-content/uploads/ wedo-climate-change-social-justice.pdf?utm_source=newsletter&utm_ medium=email&utm_content=http%3A//d31hzlhk6di2h5.cloudfront. net/20161107/ce/11/85/a8/5d76d1fbe015e871ef155f93_386x486. png&utm_campaign=Emma%20Newsletter

104 Dmitry Orlov, *Reinventing Collapse: The Soviet Example and American Prospects*, New Society Publishers, 2008. Voir aussi : Tainter, *The Collapse of Complex Societies*, op. cit.

105 Estimations des capacités de charge, op. cit.

106 Op. cit. « Nature's Dangerous Decline 'Unprecedented'; Species Extinction Rates 'Accelerating' », *Plateforme intergouvernementale scientifique et politique sur la biodiversité et les services écosystémiques (IPBES),* 22 mai 2019. https://www.ipbes.net/news/ Media-Release-Global-Assessment

107 Les plantes sont également susceptibles de subir le stress et le traumatisme de la grande mort. Voir Nicoletta Lanese, « Plants 'Scream' in the Face of Stress », *Live Science*, 6 décembre 2019. https://www.livescience.com/plants-squeal-when-stressed.html

108 Mon évaluation selon laquelle plusieurs milliards de personnes pourraient périr dans la dernière partie de ce scénario (où le monde n'est pas alimenté par des combustibles fossiles) a été qualifiée d'hyper optimiste. Jason Brent (http://www.jgbrent.com/about-the-author. html) estime qu'il est probable que beaucoup plus de personnes mourront. Voir sa réponse à mon article, « Existential threats, Earth Voice and the Great Transition », *Millennium Alliance for Humanity and the Biosphere,* MAHB, 21 janvier 2020. https://mahb.stanford. edu/blog/mahb-dialogue-author-humanist-duane-elgin/ Brent écrit : « L'effondrement de la civilisation se produira parce que l'humanité est en situation de dépassement. Elle utilise les ressources de 1,7 Terre et s'enfonce un peu plus dans le dépassement à chaque seconde en raison de l'augmentation de la population (qui devrait augmenter de 3,2 milliards pour atteindre 10,9 milliards en 2100, soit une croissance de 41,5 % en 80 ans) et de l'augmentation de l'utilisation des ressources par habitant dans le monde. Un simple calcul montre que pour sortir du dépassement, la population humaine devrait être ramenée à 4,47 milliards d'individus. Si la population venait à atteindre 10,9 milliards d'habitants, il faudrait réduire la population de 6,43 milliards (10,9-4,47 = 6,43) (sans tenir compte de la réduction due à l'augmentation de l'utilisation des ressources par habitant) pour sortir du dépassement. Pour faire simple : il n'y a aucune chance que le contrôle volontaire de la population permette d'atteindre cette réduction (de 6,3 milliards) avant l'effondrement de la civilisation et la mort de milliards de personnes. »

109 Le grand incendie a commencé en 2019. Voir : Laura Paddison, « 2019 Was The Year The World Burned », *HuffPost*, 27 décembre 2019. https://www.huffpost.com/entry/wildfires-california-amazon-indonesia-climate-change_n_5dcd3f4ee4b0d43931d01baf Aussi :

On estime qu'au moins un milliard d'animaux sont morts jusqu'en 2020 dans les feux de brousse en Australie. Lisa Cox, « A billion animals: some of the species most at risk from Australia's bushfire crisis », *The Guardian*, 13 janvier 2020. L'écologiste Chris Dickman a estimé que plus d'un milliard d'animaux sont morts dans le pays, sans compter les poissons, grenouilles, chauves-souris et insectes. « Ce n'est que la partie émergée de l'iceberg », dit James Trezise, analyste politique au sein de la fondation Australian Conservation Foundation. « Le nombre d'espèces et d'écosystèmes gravement touchés dans leur territoire est certainement beaucoup plus élevé, surtout si l'on tient compte des espèces moins connues de reptiles, d'amphibiens et d'invertébrés. »

https://www.theguardian.com/australia-news/2020/jan/14/a-billion-animals-the-australian-species-most-at-risk-from-the-bushfire-crisis

La vidéo montre une femme sauvant un koala gravement brûlé et gémissant d'un feu de brousse australien, résumé éloquent du grand incendie qui s'annonce. Le marsupial avait été aperçu traversant une route au milieu des flammes. Une habitante de la région s'est précipitée au secours du koala, l'enveloppant dans sa chemise et dans une couverture et versant de l'eau sur lui. Elle a emmené l'animal blessé dans un hôpital pour koalas proche. Il est vraiment navrant de voir des êtres innocents souffrir pour des raisons qui ne sont pas de leur fait — et de se rendre compte que cela représente notre avenir si nous ne réagissons pas rapidement. https://www.youtube.com/watch?v=3x8JXQ6RTIU

110 « Les incendies de forêt en Amazonie devraient s'aggraver et doubler la superficie touchée d'une partie importante de la forêt d'ici à 2050. Cela pourrait avoir pour conséquence de faire passer l'Amazonie d'un puits de carbone à une source nette d'émissions de dioxyde de carbone », voir l'article : « Burning of Amazon may get a lot worse », *New Scientist*, 18 janvier 2020. Aussi :

Herton Escobar, « Brazil's deforestation is exploding — and 2020 will be worse », *Science Magazine*, 22 novembre 2019. https://www.sciencemag.org/news/2019/11/brazil-s-deforestation-exploding-and-2020-will-be-worse?utm_campaign=news_daily_2019-11-22&et_rid=510705016&et_cid=3086753

111 Stephen Pyne, « California wildfires signal the arrival of a planetary fire age », *The Conversation*, 1er novembre 2019. https://theconversation.com/california-wildfires-signal-the-arrival-of-a-planetary-fire-age-125972

112 John Pickrell, « Massive Australian blazes will 'reframe our understanding of bushfire' », *Science Magazine*, 20 novembre 2019. https://www.sciencemag.org/news/2019/11/massive-australian-blazes-will-reframe-our-understanding-bushfire?utm_campaign=news_daily_2019-11-20&et_rid=510705016&et_cid=3083308 Aussi :

Damien Cave, « Australia Burns Again, and Now Its Biggest City Is Choking », *The New York Times,* décembre 6, 2019. https://www.nytimes.com/2019/12/06/world/australia/sydney-fires.html

113 Stephen Pyne, « The Planet is Burning », *Aeon*, novembre 2019. Aussi :

Stephen Pyne, *Fire: A Brief History* (2019). https://aeon.co/essays/the-planet-is-burning-around-us-is-it-time-to-declare-the-pyrocene

David Wallace-Wells, « In California, Climate Change Has Turned Rainy Season Into Fire Season », *New York Magazine*, 12 novembre 2018. https://nymag.com/intelligencer/2018/11/the-california-fires-and-the-threat-of-climate-change.html

Edward Helmore, « 'Unprecedented' : more than 100 Arctic wildfires burn in worst-ever season », *The Guardian*, 26 juillet 2019. L'article décrit : « D'énormes incendies au Groenland, en Sibérie et en Alaska produisent des panaches de fumée visibles depuis l'espace. » https://www.theguardian.com/world/2019/jul/26/unprecedented-more-than-100-wildfires-burning-in-the-arctic-in-worst-ever-season

114 Hans Seyle était un endocrinologue très réputé, connu pour ses études sur les effets du stress sur le corps humain. https://www.azquotes.com/author/13308-Hans_Selye

115 Francis Weller, *The Wild Edge of Sorrow*, North Atlantic Books, 2015. https://www.amazon.com/Wild-Edge-Sorrow-Rituals-Renewal/dp/1583949763

116 Weller, ibid. https://www.amazon.com/Wild-Edge-Sorrow-Rituals-Renewal/dp/1583949763

117 Naomi Shihab Nye, *Words Under the Words: Selected Poems*, 1995. https://poets.org/poem/kindness

118 « Global Cities at Risk from Sea-Level Rise: Google Earth Video », *Climate Central*, 2019. https://sealevel.climatecentral.org/maps/google-earth-video-global-cities-at-risk-from-sea-level-rise Aussi :

Scott Kulp et al., « New elevation data triple estimates of global vulnerability to sea-level rise and coastal flooding », *Nature Communications*, 29 octobre 2019. Certaines des projections antérieures concernant les déplacements de population dus à l'élévation du niveau de la mer sont probablement beaucoup trop basses. Dans le monde entier, au lieu que quelque 50 millions de personnes soient contraintes de se déplacer vers des terres plus élevées au cours des 30 prochaines années, les océans monteront probablement plus haut que prévu, entraînant une diaspora côtière au moins trois fois plus importante ; d'ici à 2100, le nombre de réfugiés climatiques pourrait dépasser les 300 millions. https://www.nature.com/articles/s41467-019-12808-z Selon d'autres estimations, le nombre de réfugiés climatiques pourrait atteindre 2 milliards d'ici à 2100.

Charles Geisler & Ben Currens, « Impediments to inland resettlement under conditions of accelerated sea-level rise », *Land Use Policy*, 29 mars 2017. Les auteurs extrapolent à partir de 2060 pour conclure qu'en 2100, 2 milliards de personnes — environ un cinquième d'une population mondiale de 11 milliards — pourraient devenir des réfugiés du changement climatique en raison de l'élévation du niveau des océans. https://doi.org/10.1016/j.landusepol.2017.03.029

Blaine Friedlander, « Rising seas could result in 2 billion refugees by 2100 », *Cornell Chronicle*, 19 juin 2017. http://news.cornell.edu/stories/2017/06/rising-seas-could-result-2-billion-refugees-2100

119 Jennifer Welwood, « The Dakini Speaks », http://jenniferwelwood.com/poetry/the-dakini-speaks/

120 Todd May, « Would Human Extinction Be a Tragedy? » *The New York Times*, 17 décembre 2018. https://www.nytimes.com/2018/12/17/opinion/human-extinction-climate-change.html

121 Wallace Stevens, *Goodreads*, https://www.goodreads.com/quotes/565035-after-the-final-no-there-comes-a-yes-and

122 Joanna Macy et Chris Johnstone, Active Hope: How to Face the Mess We're in Without Going Crazy, New World Library, 2012.

123 Pour illustrer la difficulté d'atteindre les objectifs de zéro émission nette de CO_2 d'ici à 2050, voir le *World Energy Outlook 2019*, qui conclut que les émissions mondiales de CO_2 devraient continuer à augmenter pendant des décennies si l'on ne fait pas preuve d'une plus grande ambition en matière de changement climatique, malgré les « changements profonds » déjà en cours dans le système énergétique mondial. C'est l'un des principaux messages de l'étude de l'Agence internationale de l'énergie (AIE). https://www.iea.org/reports/world-energy-outlook-2019

124 La situation est particulièrement préoccupante lorsque les émissions cumulées de CO_2 dépassent le seuil de 1 000 milliards de tonnes de carbone, ce qui, selon le GIEC, augmentera la température à la surface de la Terre de 2 °C par rapport au minimum préindustriel et déclenchera une « interférence dangereuse » avec le système climatique de la Terre. Quand le seuil des 1 000 milliards de tonnes sera-t-il dépassé ? Les estimations se situent entre 2050 et 2055, quel que soit le scénario de croissance démographique utilisé. Roger Andrews, « Global CO_2 emissions forecast to 2100 »,, *Euanmearns*, 7 mars 2018. http://euanmearns.com/global- CO2-emissions-forecast-to-2100.

125 « Impacts of a 4-degree Celsius Global Warming », *Green Facts*, https://www.greenfacts.org/en/impacts-global-warming/l-2/index.htm Aussi :

Un large consensus existe sur le fait que la hausse de 4 °C se produira d'ici à la fin du siècle ou avant, si aucune action majeure n'est entreprise. « Les scientifiques avertissent que le changement climatique pourrait s'accélérer à un point tel que cela sonnerait 'la fin de la partie'. » Des calculs publiés dans la revue *Science Advances* indiquent une fourchette climatique comprise entre 4,8 et 7,4 °C d'ici à 2100. https://advances.sciencemag.org/content/2/11/e1501923

Ian Johnston, « Climate change may be escalating so fast it could be 'game over,' scientists warn », *Independent*, 9 novembre 2016. https://www.independent.co.uk/news/science/climate-change-game-over-global-warming-climate-sensitivity-seven-degrees-a7407881.html

David Wallace-Wells, « U.N. says climate genocide is coming », *New York Magazine,* 10 octobre 2019. Il affirme que la planète est sur une trajectoire qui « nous amène à plus 4 degrés supplémentaires d'ici à la fin du siècle. » http://nymag.com/intelligencer/2018/10/un-says-climate-genocide-coming-but-its-worse-than-that.html

Roger Andrews, « Global CO_2 emissions forecast to 2100 », sur le blog de *Euan Mearns*, 7 mars 2018. http://euanmearns.com/global-co2-emissions-forecast-to-2100/

« 4 Degrees Hotter, A Climate Action Centre Primer, » *Climate Code Red*, février 2011, Melbourne, Australie. https://www.scribd.com/fullscreen/78620189 L'étude cite le professeur Kevin Anderson, directeur du Tyndall Centre for Climate Change, qui « estime que seuls 10 % environ de la population mondiale, soit un demi-milliard de personnes, survivront si les températures mondiales augmentent de 4 °C ». Il qualifie les conséquences de « terrifiantes ». « Pour l'humanité, c'est une question de vie ou de mort », a-t-il déclaré. « Nous ne ferons pas disparaître tous les êtres humains, puisque quelques personnes disposant des bonnes ressources peuvent se rendre dans les bonnes parties du monde et y survivre. Mais je pense qu'il est extrêmement improbable qu'il n'y ait pas de mortalité massive à 4 °C ». En 2009, le professeur Hans Joachim Schellnhuber, directeur de l'Institut de recherche de Potsdam et l'un des plus éminents climatologues européens, a déclaré à son auditoire qu'à une température de 4 °C, la « ... capacité de charge estimée (est) inférieure à 1 milliard de personnes. » p. 9.

Une autre estimation de la capacité de charge de la Terre se trouve dans le *New Scientist*, 1er novembre 2014, p. 9. Corey Bradshaw et Barry Brook (op. cit.) estiment qu'une population humaine viable, compte tenu des modes de consommation et des technologies occidentales actuelles, se situerait entre 1 et 2 milliards de personnes.

126   Les chercheurs ont utilisé le système Integrated Global System Model Water Resource System (IGSM-WRS) du MIT pour évaluer les ressources et les besoins en eau dans le monde entier. Voir : « Water Stress to Affect 52% of World's Population by 2050 », *Water Footprint Network*, https://www.scientificamerican.com/article/5-billion-people-will-face-water-shortages-by-2050-u-n-says/

127   Op. cit. The United Nations world water development report 2018: nature-based solutions for water. Aussi :

Claire Bernish, « Water Scarcity Will Make Life Miserable for Nearly 6 Billion People by 2050 », *The Mind Unleashed*, 23 mars 2018. https://themindunleashed.com/2018/03/water-scarcity-6-billion-2050.html Selon un rapport des Nations unies sur l'état de l'eau dans le monde, plus de 5 milliards de personnes pourraient souffrir de pénuries d'eau d'ici à 2050 en raison du changement climatique, de l'augmentation de la demande et de la pollution de l'eau. En l'absence de changements radicaux axés sur des solutions naturelles, près de six milliards de personnes seront confrontées à une pénurie d'eau douloureuse d'ici à 2050.

128   Joseph Hinks, « The World Is Headed for a Food Security Crisis », *TIME* magazine, 28 mars 2018. https://time.com/5216532/global-food-security-richard-deverell/

129   Rebecca Chaplin-Kramer et al., « Global modeling of nature's contributions to people », *Science*, Vol. 366, numéro 6462, 11 octobre 2019. https://science.sciencemag.org/content/366/6462/2551 Aussi :

Miyo McGinn, « New study pinpoints the places most at risk on a warming planet », *Grist*, 17 octobre 2019. https://grist.org/article/new-study-pinpoints-the-places-most-at-risk-on-a-warming-planet/

130   François Gemenne, « A review of estimates and predictions of people displaced by environmental changes, » Global Environmental Change, *in Science Direct*, décembre 2011. https://www.sciencedirect.com/science/article/abs/pii/S0959378011001403?via%3Dihub

131   Worldometers : https://www.worldometers.info/world-population/

132   Voir, par exemple, op. cit., Ishan Daftardar, « Why Bee Extinction Would Mean the End of Humanity », *Science ABC,* 3 juillet 2015. https://www.scienceabc.com/nature/bee-extinction-means-end-humanity.html

133   « Russia 'meddled in all big social media' around U.S. election », BBC, 17 décembre 2018. https://www.bbc.com/news/technology-46590890

134   Charles Geisler & Ben Currens, « Impediments to inland resettlement under conditions of accelerated sea-level rise », *Land Use Policy*, 29 mars 2017. Les auteurs extrapolent à partir de 2060 pour conclure qu'en 2100, 2 milliards de personnes — environ un cinquième d'une population mondiale de 11 milliards — pourraient devenir des réfugiés du changement climatique en raison de l'élévation du niveau des océans. https://doi.org/10.1016/j.landusepol.2017.03.029

135   Martin Luther King, Jr. Cité dans Stephen B. Oates, *Let the Trumpets Sound: The Life of Martin Luther King, Jr.*, New American Library, 1982.

136   T. S. Eliot, *Four Quartets, Little Gidding*, 1943. https://www.brainyquote.com/quotes/t_s_eliot_109032

137   Drew Dellinger, « Hieroglyphic Stairway », (poème), 2008, https://www.youtube.com/watch?v=XW63UUthwSg

138   Malcolm Margolin, *The Ohlone Way: Indian Life in the San Francisco-Monterey Bay Area*, Berkeley : Heyday Books, 1978.

139   Voir la magnifique vidéo courte de Louie Schwartzberg, *Gratitude*, https://movingart.com/portfolio/gratitude/ Narration écrite et parlée par le frère David Steindl-Rast. www.MovingArt.com

140   Joseph Campbell et al., *Changing Images of Man, Center for the Study of Social Policy, Stanford Research Institute*, Menlo Park, California. L'étude a été préparée pour la Fondation Kettering, Dayton, Ohio, Contract Number : URH (489)-2150, en mai 1974 puis republiée sous le même titre en 1982 par Pergamon Press.

141   Joseph Campbell et Bill Moyers, *The Power of Myth*, Archer, 1988. https://www.goodreads.com/quotes/10442-people-say-that-what-we-re-all-seeking-is-a-meaning

142 Sean D. Kelly, « Waking Up to the Gift of 'Aliveness' », *The New York Times*, 25 décembre 2017. https://www.nytimes.com/2017/12/25/opinion/aliveness-waking-up-holidays.html

143 Howard Thurman, https://www.goodreads.com/quotes/6273-don-t-ask-what-the-world-needs-ask-what-makes-you

144 Joanna Macy, citée dans Jem Bendell, « Don't police our emotions – climate despair is inviting people back to life », publié dans son blog sur l'adaptation profonde, 12 juillet 2019. https://jembendell.com/2019/07/12/dont-police-our-emotions-climate-despair-is-inviting-people-back-to-life/

145 Anne Baring, The Dream of the Cosmos, Archive Publishing, 2013, p. 83

146 Anne Baring, op. cit., p. 421

147 Simone de Beauvoir, *Pour une morale de l'ambigüité*, Paris : Gallimard, 18 novembre 1947, p, 116

148 Voir, par exemple : https://www.goodreads.com/quotes/tag/mysticism. Aussi : http://www.gardendigest.com/myst1.htm

149 Henry Thoreau, https://www.goodreads.com/quotes/32955-heaven-is-under-our-feet-as-well-as-over-our

150 Predrag Cicovacki, *Albert Schweitzer's Ethical Vision A Sourcebook*, Oxford University Press, 2 février 2009

151 John Muir, https://www.goodreads.com/quotes/7796963-and-into-the-forest-i-go-to-lose-my-mind

152 Haruki Murakami, https://www.goodreads.com/quotes/448426-not-just-beautiful-though-the-stars-are-like-the

153 Joseph Campbell, https://www.brainyquote.com/quotes/joseph_campbell_387298

Il existe une différence subtile et extrêmement importante entre la « simple conscience » (awareness) et la « pure conscience ». Ces deux termes sont souvent utilisés de manière interchangeable et ont pourtant des significations très différentes. En clair :

La simple conscience réfléchit — il y a toujours un objet d'attention consciente.

La pure conscience existe — il n'y a pas d'objet d'attention, une présence vivante est consciente d'elle-même.

La pure conscience se réfère à la capacité de prendre du recul par rapport à l'immersion dans les pensées et d'être témoin ou d'observer des aspects ou éléments de la vie. La pure conscience comprend deux aspects : quelqu'un qui sait et ce qui est su, un observateur et ce qui est observé ou un spectateur et ce qu'il regarde. Une distance est ressentie entre la simple conscience et l'objet de l'attention.

La simple conscience peut être décrite comme le fait de savoir, sans objet. *La simple conscience est consciente d'elle-même par sa propre nature — elle « existe » simplement.* La simple conscience est une présence sachante dont la nature est la simple conscience. Elle est simplement la simple conscience même. La simple conscience est une présence ressentie, une expérience directe de la vie même. Elle ne contemple pas la vie, elle est simplement l'expérience directe de la vie. Il n'y a ni distance ni séparation, car il s'agit d'une présence unique et ressentie.

Comment peut-il y avoir une expérience directe de la vie qui s'étend au-delà de notre corps physique ? La physique comme les traditions de sagesse reconnaissent que l'univers entier est élevé vers son existence à chaque moment dans un processus extraordinaire de création continue. La force vitale régénératrice qui soutient et élève l'univers entier à tout moment est, par sa nature même, la vie et la pure conscience. *Lorsque nous ne faisons plus qu'un avec l'expérience directe de l'existence dans l'instant, nous ne faisons plus qu'un avec la force vitale qui donne naissance à la totalité de l'existence.* Nous nous reconnaissons comme cette force vitale, comme une présence vivante et illimitée. La force vitale de la vie à l'échelle cosmique est la force régénératrice qui soutient l'univers tout entier à chaque instant — et peut être connue en tant qu'expérience ressentie, en tant que vie elle-même. Lorsque notre connaissance consciente s'affine progressivement jusqu'à ce qu'il n'y ait plus de distance entre la connaissance et ce qui est connu, alors il y a la pure conscience elle-même.

Si nous *pensons,* la simple conscience est essentiellement une faculté de connaissance qui s'élève dans le cerveau tel le produit d'interactions biomatérielles intensément complexes, alors nous créons une image du processus de savoir qui nous laisse à l'écart de l'expérience directe de la vie et la pure conscience ressentie qui est la force de vie qui soutient l'univers, un instant à la fois. La vie — en tant que pure conscience simple, directe — est le domicile que nous recherchons. *Lorsque nous avons conscience que nous sommes la pure conscience elle-même, nous sommes chez nous ! Au centre de notre être se trouve la simplicité de l'expérience directe de la vie, et cette expérience est la pure conscience elle-même et cette expérience n'est rien d'autre que la force vitale de la création de l'échelle cosmique ou « pure conscience cosmique ».*

Il est important de permettre à la méditation de reposer dans la continuité de la pure conscience simple où nous relâchons les efforts et la lutte pour revenir à un objet d'attention et simplement exister avec le flux de la pure conscience de ce qui « existe ». Lorsque nous surfons sur l'expérience directe de notre existence de pure conscience elle-même, nous surfons sur la vague de la création continue de l'existence. Si nous persistons à rendre présente précisément la pure conscience, elle se révèlera être la force vitale dans la danse cosmique de la régénération continue. Nous savons, par expérience directe, « nous le sommes ». Nous sommes la force vitale indivisée de la Totalité qui se devient elle-même et connue comme l'expérience directe de la vie.

154 Buddha, https://www.spiritualityandpractice.com/quotes/quotations/ view/198/spiritual-quotation

155 Frank Lloyd Wright, https://www.brainyquote.com/quotes/ frank_lloyd_wright_107515

156 Florida Scott-Maxwell, *The Measure of My Days*, Penguin Books, 1979. https://www.goodreads.com/author/quotes/550910. Florida_Scott_Maxwell

157 Pour entrer en apprentissage dans notre époque de grande transition et au-delà, ma conjointe Coleen et moi-même avons convoqué une communauté apprenante de quelques douzaines de personnes au cours de la dernière année. Nos explorations collectives ont été très utiles pour asseoir le travail décrit dans le présent ouvrage.

158 Richard Nelson, *Make Prayers to the Raven*, Chicago : University of Chicago Press, 1983.

159 Luther Standing Bear, cité dans J.E. Brown, « Modes of contemplation through actions: North American Indians. » Dans *Main Currents in Modern Thought*, New York, novembre-décembre 1973.

160 Mathew Fox, *Meditations with Meister Eckhart*, Santa Fe, NM: Bear & Co., 1983.

161 Voir par exemple, Coleman Barks, *The Essential Rumi*, San Francisco, Harper San Francisco, 1995.

162 D.T. Suzuki, *Zen and Japanese Culture*, Princeton, NJ, Princeton University Press, 1970.

163 S. N. Maharaj, *I Am That*. Partie I (trad. de Maurice Frydman), Bombay, Inde, Chetana, 1973.

164 Lao Tzu, *Tao Te Ching* (trad. de Gia-Fu Feng et Jane English), New York, Vintage Books, 1972.

165 E. C. Roehlkepartain, et al., « With their own voices: A global exploration of how today's young people experience and think about spiritual development, » *Search Institute*, 2008. www.spiritualdevelopmentcenter.org

166 « Many Americans Mix Multiple Faiths », *Pew Research Center, Religion & Public Life,* 9 décembre 2009. Les expériences mystiques sont illustrées dans la troisième figure, qui fait référence à une enquête réalisée en 1962 par Gallup et présentée dans *Newsweek*, avril 2006. Voir : https://www.pewforum.org/2009/12/09/many-americans-mix-multiple-faiths/ Aussi :

Andrew Greely and William McCready, « Are We a Nation of Mystics », dans *The New York Times Magazine*, 26 janvier 1976.

167 « U.S. public becoming less religious », *Pew Research Center*, 3 novembre 2015. Résultats de l'enquête sur les expériences régulières de « paix et d'émerveillement ». https://www.pewforum.org/2015/11/03/u-s-public-becoming-less-religious/

168 T. Clarke et al., « Use of Yoga, Meditation, and Chiropractors Among U.S. Adults Aged 18 and Over », *National Center for Health Statistics*, novembre 2018. https://www.ncbi.nlm.nih.gov/pubmed/30475686

169 Par souci de transparence, ma conception personnelle d'une écologie de la conscience qui imprègne l'univers a été développée et documentée dans le cadre d'une vaste série d'expériences scientifiques menées

pendant près de trois ans, de 1972 à 1975, au Stanford Research Institute (aujourd'hui SRI International), à Menlo Park, en Californie. Bien que mon travail principal à l'époque ait été celui d'un chercheur principal en sciences sociales au sein du « Futures Group » du SRI, pendant près de trois ans, j'ai également eu un rôle de consultant auprès de la NASA pour explorer un large éventail d'expériences concernant les capacités intuitives dans le laboratoire d'ingénierie — souvent trois jours par semaine pendant des périodes de deux ou trois heures, en fonction des expériences du moment et avec diverses formes de retour d'information. Les expériences menées portaient notamment sur la «vision à distance» de divers lieux et technologies, la clairvoyance avec un générateur de nombres aléatoires, l'influence sur le mouvement d'une horloge à pendule mesuré à l'aide d'un faisceau laser, l'interaction avec un magnétomètre dont la sonde sensible était immergée dans un récipient rempli d'hélium liquide, le fait de se tenir à l'extérieur d'une pièce fermée à clé et d'appuyer sur un plateau de balance enfermé à l'intérieur, l'influence sur la croissance des plantes en les comparant à un groupe témoin, et bien d'autres choses encore. J'ai cessé de participer à ces expériences fascinantes en 1975, lors-qu'elles ont été reprises par la CIA et déclarées secrètes (ces recherches se sont apparemment poursuivies pendant encore 20 ans selon la loi sur la liberté de l'information ; voir : Hal Puthoff, « CIA-Initiated Remote Viewing Program at Stanford Research Institute », *Journal of Scientific Exploration, Vol.* 10, no 1, 1996). Sur la base de mon expérience dans ces expériences scientifiques, j'ai tiré les apprentis-sages suivants :

Premièrement, nous avons tous un lien concret avec l'univers. La connexion d'empathie avec le cosmos n'est pas réservée à quelques per-sonnes dotées d'un don, elle fait partie intégrante du fonctionnement de l'univers et elle est accessible à tous.

Deuxièmement, notre être ne s'arrête pas à la limite de notre peau, mais s'étend dans l'univers et en est inséparable. Nous sommes tous liés à l'écologie profonde de l'univers et chacun d'entre nous a la capacité d'étendre sa conscience bien au-delà de la portée de ses sens physiques.

Troisièmement, il est facile de méconnaître notre lien intuitif avec le cosmos. Les petites sensations intuitives apparaissent rapidement et disparaissent ensuite. Je présumais qu'elles faisaient simplement partie de mon expérience corporelle. Ce n'est que peu à peu que j'ai compris à quel point je ressentais ma participation à un « champ » de vie plus étendu.

Quatrièmement, j'ai appris que le fonctionnement psi ne consiste pas à exercer une domination sur quelque chose (de l'esprit sur la matière), mais plutôt à apprendre à participer avec quelque chose à une danse d'échange et de transformation mutuels. Ce processus est bidirection-nel, les deux parties étant transformées par l'interaction. En un mot, la domination ne fonctionne pas, mais la danse, oui.

Cinquièmement, en même temps que ces expériences me montraient que la conscience est une caractéristique intrinsèque de l'univers, elles me rendaient beaucoup plus sceptique quant à la nécessité de recourir à des vecteurs, des cristaux, des pendules, des pyramides et d'autres intermédiaires pour accéder à notre intuition. Il est important de faire preuve d'une démarche scientifique critique et perspicace dans le cadre de cette recherche.

Sixièmement, les preuves scientifiques de l'existence du fonctionnement psychique sont de plus en plus nombreuses depuis des décennies et sont aujourd'hui si importantes que la charge de la preuve incombe désormais à ceux qui cherchent à en rejeter l'existence. Il est temps de dépasser la conception étroite de la conscience, fondée sur le cerveau, car elle ne suffit plus à expliquer certaines importantes données scientifiques et limite considérablement notre réflexion sur l'étendue et la profondeur de notre lien avec l'univers.

Septièmement, aussi intéressant que soit le fonctionnement psychique ou intuitif, il est beaucoup plus important de se demander ce qu'il révèle de la nature de l'univers, à savoir qu'il est relié à lui-même par le tissu de la conscience de manière non locale, transcendant les différences relativistes.

Ces expériences ont montré clairement que *nous commençons à peine à acquérir une connaissance de la conscience à l'aide de technologies sophistiquées pour fournir un retour d'information* (cela ressemble à l'apprentissage avec le bio-feedback, mais cette fois-ci avec le feedback biocosmique). Ces expériences ont montré que notre être ne s'arrête pas à la limite de notre peau, mais s'étend dans l'univers et en est inséparable. Une description de certaines expériences menées par le SRI est disponible ici :

Russell Targ, Phyllis Cole et Harold Puthoff, « Development of Techniques to Enhance Man/Machine Communication », *Stanford Research Institute*, Menlo Park, California, préparé pour la NASA, contrat 953 653 sous

NAS7-100, juin 1974. Aussi :

Harold Puthoff et Russell Targ, « A Perceptual Channel for Information Transfer Over Kilometer Distances », publié dans *Proceedings of the I.E.E.E. (Institute of Electrical and Electronics Engineers)*, vol. 64, no 3, mars 1976.

R. Targ et H. Puthoff, *Mind-Reach: Scientists Look at Psychic Ability*, Delacorte Press/Eleaonor Friede, 1977.

170   Duane Elgin, *The Living Universe*, op., cit. Une autre façon d'aborder la question de la vie est l'exploration des caractéristiques fonctionnelles des systèmes biologiques et la recherche de capacités similaires dans l'univers. En règle générale, un système doit présenter au moins quatre capacités clés pour être considéré comme vivant :

Le métabolisme — la capacité de dégrader et de synthétiser de la matière. Depuis sa formation, l'univers synthétise de la matière simple (de l'hélium et de l'hydrogène) et par le biais de supernova, la convertit en carbone, en azote, en oxygène et en soufre — des constituants essentiels dont nous sommes faits.

L'autorégulation — la capacité à maintenir une stabilité dans son fonctionnement. L'univers a perduré et évolué durant des milliards d'années en tant que système unifié qui produit des systèmes auto-organisés à toutes les échelles, de l'atome à la galaxie, qui peuvent persister pendant des milliards d'années. 3) *La reproduction* — la capacité à créer des copies. Un certain nombre de cosmologistes avancent la théorie selon laquelle, de l'autre côté des trous noirs, se trouvent des trous blancs qui donnent naissance à de nouveaux systèmes cosmiques. 4) *L'adaptation* — la capacité à évoluer et à s'adapter à des environnements changeants. L'univers a évolué pendant des milliards d'années pour produire des systèmes d'une complexité et d'une cohérence croissantes, tissés ensemble pour former un tout cohérent. Ces quatre critères se retrouvant non seulement chez les plantes et les animaux, mais aussi dans le fonctionnement de l'univers, il semble pertinent de décrire l'univers comme un système vivant unique en son genre.

171   La célèbre citation d'Albert Einstein provient d'une lettre adressée en 1950 à Robert S. Marcus, bouleversé par la mort de son jeune fils des suites de la polio. Initialement rédigé en allemand, elle a ensuite été traduite en anglais et c'est la version anglaise qui a été largement diffusée. Toutefois, la version originale en allemand révèle plus fidèlement le sens visé par Einstein. Voir : https://www.thymindoman.com/einsteins-misquote-on-the-illusion-of-feeling-separate-from-the-whole/

172   Clara Moskowitz, « What's 96 Percent of the Universe Made Of? Astronomers Don't Know », *Space.com*, 12 mai 2011. https://www.space.com/11642-dark-matter-dark-energy-4-percent-universe-panek.html

173   Brian Swimme, *The Hidden Heart of the Cosmos*, Orbis Books, mai 1996. https://www.amazon.com/Hidden-Heart-Cosmos-Humanity-Ecology/dp/1626983437

174   Phillip Goff, « Is the Universe a Conscious Mind? » dans *Aeon*, 2019. https://aeon.co/essays/cosmopsychism-explains-why-the-universe-is-fine-tuned-for-life

Le physicien et cosmologiste Freeman Dyson a écrit : « Il semble que l'esprit, tel qu'il se manifeste par la capacité à faire des choix, soit dans une certaine mesure présent dans chaque électron. »

175   Voir par exemple, l'ouvrage classique de Richard Bucke, Cosmic Consciousness, 1901. ISBN 978-0-486-47190-7. https://www.penguinrandomhouse.ca/books/321631/cosmic-consciousness-by-richard-maurice-bucke/9780140193374

176   Max Planck, interview dans *The Observer*, 25 janvier 1931. https://en.wikiquote.org/wiki/Max_Planck

177   John Gribbin, *In the Beginning: The Birth of the Living Universe*, New York, Little Brown, 1993.

Voir aussi : David Shiga, « Could black holes be portals to other universes? » *New Scientist*, 27 avril 2007.

178   Thomas Berry, *The Dream of the Earth*, Sierra Club Books, 1988.

179   Robert Bly (trad.), *The Kabir Book,* Boston, Beacon Press, 1977, p. 11.

180   Cynthia Bourgeault, *The Wisdom Way of Knowing*, Jossey-Bass, 2003, p. 49. https://inwardoutward.org/aliveness-sep-22-2021/

181   Sainte Thérèse d'Avila, *Brainy Quote.* https://www.brainyquote.com/quotes/saint_teresa_of_avila_105360

182   Voir le site web de P. Dziuban : www.PeterDziuban.com

183   Peter Dziuban, « The Meaning of Life Is Alive », *Excellence Reporter*, 26 novembre 2017. https://excellencereporter.com/2017/11/26/peter-dziuban-the-meaning-of-life-is-alive/

184   Voir le témoignage de Carl Sagan : https://www.youtube.com/watch?v=Wp-WiNXH6hI

185   Henri Nouwen, *The Way of the Heart: Connecting with God through Prayer, Wisdom, and Silence*, Harper Collins, 1981.

186   Ted MacDonald et Lisa Hymas, « How broadcast TV networks covered climate change in 2018 », *Media Matters*, 11 mars 2019. https://www.mediamatters.org/donald-trump/how-broadcast-tv-networks-covered-climate-change-2018

187   Ted MacDonald et Lisa Hymas, « How broadcast TV networks covered climate change in 2020 », *Media Matters*, 10 mars 2021. https://www.mediamatters.org/broadcast-networks/how-broadcast-tv-networks-covered-climate-change-2020

188   Gene Youngblood, « The Mass Media and the Future of Desire », *The CoEvolution Quarterly* Sausalito, CA, hiver 1977/78.

189   Martin Luther King Jr., cité dans Stephen B. Oates, *Let the Trumpets Sound: The Life of Martin Luther King, Jr.*, New American Library, 1982.

190   Aux États-Unis, les droits du public sont très importants lorsqu'il s'agit d'utiliser les ondes pour la radio et la télévision. Ces droits sont établis dans la Déclaration des droits et le droit constitutionnel. Le premier amendement de la Déclaration des droits stipule : « Le Congrès n'adoptera aucune loi. . . pour limiter la liberté d'expression. . . ou le droit des citoyens de se réunir pacifiquement ou d'adresser au Gouvernement des pétitions pour obtenir réparations des torts subis. » En d'autres termes, aucune loi ne sera adoptée qui limiterait le droit des citoyens à se réunir pacifiquement, à s'exprimer librement et à adresser des pétitions au gouvernement pour obtenir réparations de leurs torts subis. C'est exactement ce qui se passe lors d'une réunion publique électronique à l'ère moderne : les citoyens se réunissent pacifiquement. Ils s'expriment librement. Et, s'il existe un consensus, ils peuvent adresser une pétition directe au gouvernement pour demander réparations — ou pour remettre les choses en ordre ou établir des remèdes appropriés.

Si l'on quitte le droit constitutionnel pour s'intéresser au droit des médias aux États-Unis, on constate que **le public au « niveau local » est le propriétaire des ondes utilisées par les diffuseurs de télévision. Le niveau local correspond à l'empreinte médiatique des chaînes de diffusion, qui est généralement**

l'échelle métropolitaine. Même si les chaînes de diffusion utilisent l'internet pour diffuser une grande partie de leurs propres programmes, si elles utilisent également les ondes, elles ont toujours une stricte obligation légale de « servir l'intérêt, la commodité et la nécessité du public ».

Il y a près d'un siècle, la loi sur la radiodiffusion de 1927 a établi les règles de base pour l'utilisation des ondes publiques, indiquant : « Ces privilèges importants ne sont pas accordés aux stations de radiodiffusion par le gouvernement des États-Unis dans le but premier de bénéficier aux publicitaires. Le bénéfice qu'en tirent les publicitaires doit être indirect et entièrement secondaire par rapport à l'intérêt du public. » La Commission a en outre déclaré : « La priorité doit être donnée avant tout à l'intérêt, à la facilité et à la nécessité du public qui écoute, et non à l'intérêt, à la convenance ou à la nécessité du radiodiffuseur ou du publicitaire individuel. »

En 1966, une cour d'appel fédérale a clarifié le rôle des citoyens en déclarant : « Dans notre système, les intérêts du public priment. Par conséquent, les citoyens individuels et les communautés qu'ils forment ont le devoir, envers eux-mêmes et envers leurs pairs, de s'intéresser activement à l'étendue et à la qualité des services télévisuels fournis par les stations et les réseaux. Le public ne doit pas non plus avoir l'impression qu'en participant à la radiodiffusion, il s'immisce indûment dans les affaires privées d'autrui. Au contraire, leur intérêt pour les programmes télévisés est direct et leurs responsabilités importantes. Ce sont eux qui possèdent les chaînes de télévision, même toute la radiodiffusion. » [Emphase ajoutée par l'auteur]

Un arrêt de 1969 de la Cour suprême a davantage clarifié les responsabilités des chaînes de diffusion. La Cour a statué ainsi : « Les droits appartiennent aux téléspectateurs et aux auditeurs, et non aux chaînes de diffusion, ce qui est primordial. » [Emphase ajoutée par l'auteur] La loi sur les communications de 1934 a été mise à jour par le Congrès américain en 1996. La *loi sur les télécommunications* qui en a résulté compte plus de 300 pages et, tout au long du texte, elle affirme le principe selon lequel les ondes doivent être utilisées « *pour servir l'intérêt, la convenance et la nécessité du public* ». Les diffuseurs télévisuels n'ont aucun droit de propriété quant à l'utilisation des ondes ; ils n'ont le privilège d'utiliser les ondes que dans la mesure où elles servent l'intérêt, la convenance et la nécessité du public. [Emphase ajoutée par l'auteur]

Il est important de noter que nous sommes passés outre l'époque où l'on servait « l'intérêt public ». Étant donné que les communautés locales sont menacées par le changement climatique et la viabilité de la planète entière, *nous sommes passés à un niveau d'exigence beaucoup plus élevé pour les chaînes de diffusion, à savoir qu'elles doivent servir* « *l'intérêt public* » *et* « *la nécessité publique* ». [Emphase ajoutée par l'auteur]

Concrètement, cela signifie que si le public local (l'échelle métropolitaine de l'empreinte médiatique de la chaîne) demande qu'un temps d'antenne raisonnable soit consacré au défi climatique (qui menace à la fois une communauté locale et la Terre entière), le public est en droit d'attendre le soutien du gouvernement (la Commission fédérale des communications) pour faire prévaloir de telles demandes qui servent clairement l'intérêt et la nécessité du public.

De même, *si le public demande à bénéficier d'un temps d'antenne pour des réunions publiques électroniques afin d'examiner des menaces telles que le changement climatique, ces demandes d'utilisation des ondes (qui nous appartiennent en tant que citoyens) sont tout à fait légitimes et sont fondées à la fois sur le droit constitutionnel et sur près d'un siècle de droit fédéral.*

191   Duane Elgin et Peter Russell sur « Pete and Duane's Window », *Take Back the Airwaves part 2*, 19 janvier 2011. https://www.youtube.com/watch?v=a53hL5Z1WHE

192   « Number of Olympic Games TV viewers worldwide from 2002 to 2016 », *Statista*, 2020. https://www.statista.com/statistics/287966/olympic-games-tv-viewership-worldwide/

193   Concernant l'accès à la télévision : « Pour la première fois, plus de la moitié de la population mondiale équipée d'un téléviseur se trouve désormais à portée d'un signal de télévision numérique. Ce chiffre était d'environ 55 pour cent en 2012, contre seulement 30 pour cent en 2008, selon le rapport annuel de l'*UIT* intitulé « Mesurer la société de l'information, 2013 ». Aussi :

Tom Butts, « The State of Television, Worldwide », *TV Technology*, 6 décembre 2013. https://www.tvtechnology.com/miscellaneous/the-state-of-television-worldwide En ce qui concerne les foyers équipés d'une télévision : La couverture numérique mondiale est passée de 40,4 pour cent des foyers TV à la fin de 2010 à 74,6 pour cent à la fin de 2015, selon la dernière édition du *Digital TV World Databook*. Environ 584 millions de foyers équipés de la télévision numérique se sont ajoutés dans 138 pays entre 2010 et 2015. Le nombre de foyers équipés pour la télévision numérique a ainsi doublé pour atteindre 1 170 millions.

Selon *Digital TV Research*, « Three Quarters of global TV households are now digital », 12 mai 2016. https://www.digitaltvnews.net/?p=27448

En 2002, 1,12 milliard de foyers, soit trois quart de l'humanité, étaient équipés d'au moins un téléviseur. Voir : http://www.worldwatch.org/node/810

Selon les projections, le nombre de foyers équipés de téléviseurs dans le monde devrait passer de 1,63 milliard en 2017 à 1,74 milliard en 2023.

« Number of TV households worldwide from 2010 to 2018 », *Statista*, 4 décembre 2019. https://www.statista.com/statistics/268695/number-of-tv-households-worldwide/

Pour plus de contexte : en juillet 2012 : le monde comptait 7 milliards d'habitants, répartis dans 1,9 milliard de ménages, qui comptaient en moyenne 3,68 personnes chacun. Parmi ces 1,9 milliard de ménages, seuls 1,4 milliard disposent d'une télévision, sans parler de l'internet. https://www.theguardian.com/media/blog/2012/jul/27/4-billion-olympic-opening-ceremony

194   Internet World Stats:

https://www.internetworldstats.com/stats.htm

Utilisateurs de l'internet dans le monde, voir : https://www.statista.com/statistics/617136/digital-population-worldwide/. Le nombre d'utilisateurs de l'internet dans le monde en 2019 était de 4,388 milliards. Le nombre d'utilisateurs de téléphones mobiles en 2019 était de 5,112 milliards.

Voir : https://hootsuite.com/pages/digital-in-2019

195   A. W. Geiger, « Key Findings about the online news landscape in America », *Pew Research Center*, 11 septembre 2019. Https://www.pewresearch.org/fact-tank/2019/09/11/key-findings-about-the-online-news-landscape-in-america/ L'expérience des États-Unis en perspective : une étude Pew Research a démontré qu'en 2019, 49 pour cent des américains aux États-Unis reçoivent les actualités par le biais de la télévision, 33 pour cent depuis des site internet, 26 pour cent par la radio, 20 pour cent par le biais des médias sociaux et 16 pour cent dans les journaux imprimés

196   Maya Angelou, *Letter to My Daughter*, Random House, 2008.

197   Toni Morrison, « 2004 Wellesley College commencement address », publié dans *Take This Advice: The Best Graduation Speeches Ever Given*, Simon & Schuster, 2005.

198   Christopher Bache, *Dark Night, Early Dawn: Steps to a Deep Ecology of Mind*, New York, SUNY Press, 2000.

199   Voir par exemple : Joseph V. Montville, « Psychoanalytic Enlightenment and the Greening of Diplomacy », *Journal of the American Psychoanalytic Association*, Vol. 37, no 2, 1989. Aussi :

Roger Walsh, *Staying Alive: The Psychology of Human Survival*, Boulder Colorado, New Science Library, 1984.

200   Martin Luther King Jr., https://www.brainyquote.com/quotes/martin_luther_king_jr_101309

201   Alan Paton, https://www.azquotes.com/author/11383-Alan_Paton

202   Voir par exemple : Dana Meadows et al., *Beyond the Limits,* Chelsea Green Publishing Co., 1992.

203   Tatiana Schlossberg [interview avec Narasimha Rao, professeur à Yale], « Taking a Different Approach to Fighting Climate Change », *The New York Times*, 7 novembre 2019. https://www.nytimes.com/2019/11/07/climate/narasimha-rao-climate-change.html Aussi :

Environmental and Climate Justice Program, *NAACP,* https://www.naacp.org/environmental-climate-justice-about/

204   Pedro Conceição et al., « Human Development Report: Beyond income, beyond averages, beyond today: Inequalities in human development

in the 21st century », *UNDP*, 2019 https://hdr.undp.org/content/human-development-report-2019

205 « Forced from Home: Climate-fueled displacement », *Oxfam Media Briefing,* 2 décembre 2019. https://oxfamilibrary.openrepository.com/bitstream/handle/10546/620914/mb-climate-displacement-cop25-021219-en.pdf « Les pays qui contribuent le moins aux émissions de gaz à effet de serre continueront probablement à subir les conséquences les plus graves du changement climatique. C'est dans les pays pauvres que le changement climatique aura le plus de conséquences. » Aussi :

Barry Levy et al., « Climate Change and Collective Violence », *Annual Review of Public Health*, 11 janvier 2017. doi : 10.1146/annurev-publhealth-031816-044232

« Environmental & Climate Justice », *NAACP*, 2019. https://naacp.org/know-issues/environmental-climate-justice

206 L'âme de l'univers du point de vue d'un archétype féminin a été magnifiquement développée par l'érudite Anne Baring. Voir son merveilleux ouvrage, *The Dream of the Cosmos*, Archive Publishing, 2013. https://www.amazon.com/Dream-Cosmos-Anne-Baring/dp/1906289247

207 L'évolution d'une perspective de « déesse de la terre » à une perspective de « dieu du ciel » jusqu'à un essor de la « déesse cosmique » est explorée dans mon livre, *Awakening Earth*, op. cit., 1993. https://duaneelgin.com/wp-content/uploads/2016/03/AWAKENING-EARTH-e-book-2.0.pdf

208 Desmond Tutu cité par Terry Tempest Williams dans *Two Words*, Orion, Great Barrington, MA, Winter 1999.

209 Ces exemples sont tirés, en partie, des articles suivants : Emily Mitchell, « The Decade of Atonement », *Index on Censorship*, mai/juin 1998, Londres (puis réimprimé dans *Utne Reader*, mars-avril 1999).

210 John Bond, « Aussie Apology », *Yes! A Journal of Positive Futures*, Bainbridge Island, WA, automne 1998.

211 Ibid.

212 Eric Yamamoto, *Interracial Justice: Conflict and Reconciliation in Post-Civil Rights America*, New York University Press, 1999.

213 Christopher Alexander; The Timeless Way of Building. New York: Oxford University Press, 1979ISBN 978-0-19-502402-9.

214 Écovillage, voir : https://en.wikipedia.org/wiki/Ecovillage Aussi :

« Global Ecovillage Network » : https://ecovillage.org/ https://www.ic.org/directory/ecovillages/

Aux États-Unis : https://www.transitionus.org/

EcoDistricts : https://justcommunities.info/ « Chaque quartier (ou district) recèle l'opportunité de concevoir des solutions réellement innovantes et évolutives à certains des plus grands défis auxquels sont confrontés les urbanistes aujourd'hui : les disparités en matière de revenus, d'éducation et de santé ; les friches et la dégradation écologique ; la menace croissante du changement climatique ; la croissance urbaine rapide. EcoDistricts développe un nouveau modèle urbanistique qui permet de créer des quartiers justes, durables et résilients. [Les EcoDistricts sont]...une approche collaborative et holistique du design communautaire à l'échelle d'un quartier, afin d'obtenir des résultats rigoureux et significatifs qui comptent pour les gens et la planète. »

215 Les villes en transition désignent des projets communautaires populaires visant à accroître l'autosuffisance afin de réduire les effets potentiels liés aux pics pétroliers, à la destruction du climat et à l'instabilité économique.

Voir: https://en.wikipedia.org/wiki/Transition_town
Aussi : https://transitiongroups.org/hub-list/ Voici une liste des « pôles » de transition à travers le monde : https://transitiongroups.org/hub-list/

216 Voir : https://en.wikipedia.org/wiki/Sustainable_city Découvrez comment les villes durables s'inscrivent dans les « objectifs de développement durable » des Nations unies : https://www.un.org/sustainabledevelopment/cities/
Pour les villes durables d'Europe, voir également : http://www.sustainablecities.eu/

217 Éco-civilizations : voir : https://en.wikipedia.org/wiki/Ecological_civilization

La pression monte pour que des mesures radicales soient prises afin de décarboniser l'économie, car la marge de manœuvre pour contrer les effets de la pollution se réduit. Une réduction substantielle des émissions est nécessaire avant 2030 si l'on veut maintenir le réchauffement de la planète en dessous de 2 °C. Plusieurs pays ont commencé à changer de politique et sont sur le point de passer à des écocivilisations, des changements soutenus par des avantages allant au-delà de l'atténuation du changement climatique (par ex. des avantages pour la santé). La Chine est un leader mondial. Aussi :

« Eco-civilization: China's blueprint for a new era ». https://thediplomat.com/2015/09/chinas-new-blueprint-for-an-ecological-civilization/

218 Alan AtKisson, *Life Beyond Growth,* AtKisson Group, Stockholm, Suède, 2012. https://wachstumimwandel.at/wp-content/uploads/presentations/AtKisson_GrowthinTransition_Vienna_Oct2012_v1.pdf Même ces estimations pourraient sous-estimer le coût du changement climatique. Aussi :

Naomi Oreskes et Nicholas Stern, « Climate Change Will Cost Us Even More Than We Think », *The New York Times*, 23 octobre 2019. https://www.nytimes.com/2019/10/23/opinion/climate-change-costs.html

219 Voir par exemple, le mot suédois « *lagom* », qui signifie « la juste quantité », « en équilibre », « parfait-simple »   . https://en.wikipedia.org/wiki/Lagom

220 Arnold Toynbee, *A Study of History*, (Abrégé des vol. I-VI, par D. C. Somervell), New York: Oxford University Press, 1947, p. 198.

221 Robert McNamara, l'ancien président de la Banque mondiale, a défini la « pauvreté absolue » comme : « une condition de vie caractérisée à tel point par la malnutrition, l'analphabétisme, la maladie, une mortalité infantile élevée et une faible espérance de vie qu'elle se situe en deçà de toute définition raisonnable de la décence humaine. »

222 Pour différentes définitions, voir : Elgin, *Voluntary Simplicity*, op. cit., (première édition, 1981), p. 29. https://www.amazon.com/ Voluntary-Simplicity-Toward-Outwardly-Inwardly/dp/0061779261

223 Buckminster Fuller appelle ce processus « éphémérisation ». Cependant, contrairement à Toynbee, Fuller mettait l'accent sur la conception de systèmes matériels pour faire plus avec moins plutôt que la co-évolution de la matière et de la conscience. Voir par exemple son ouvrage, *Critical Path*, New York : St. Martin's Press, 1981.

224 Matthew Fox, *Creation Spirituality,* San Francisco : HarperSan Francisco, 1991.

225 Francis J. Flynn, « Where Americans Find Meaning in Life », *Pew Research Center*, 20 novembre 2018, https://www.pewforum. org/2018/11/20/where-americans-find-meaning-in-life/ Aussi :

« Research: Can Money Buy Happiness? », *Stanford Business*, 25 septembre 2013. https://www.gsb.stanford.edu/insights/ research-can-money-buy-happiness

Andrew Blackman, « Can Money Buy You Happiness? », *Wall Street Journal*, 10 novembre 2014. La recherche qui montre que les expériences de la vie nous procurent un plaisir plus durable que les biens matériels peut être consultée ici : https://www.wsj.com/articles/ can-money-buy-happiness-heres-what-science-has-to-say-1415569538

Sean D. Kelly, « Waking Up to the Gift of 'Aliveness' », *New York Times*, 25 décembre 2017. https://www.nytimes.com/2017/12/25/opi- nion/aliveness-waking-up-holidays.html

226 Andrew Blackman, « Can Money Buy You Happiness? », op. cit.

227 Ronald Inglehart, Roberto Foa et al., « Development, Freedom, and Rising Happiness: A Global Perspective (1981–2007) », 1er juillet 2008. Association for Psychological Science, Vol. 3, N° 4, 2008. Lire sur PubMed : https://doi.org/10.1111/j.1745- 6924.2008.00078.x Aussi :

Ronald Inglehart, « Changing Values among Western Publics from 1970 to 2006 », *West European Politics*, janvier-mars 2008. https:// www.tandfonline.com/doi/abs/10.1080/01402380701834747

228 Ralph Waldo Emerson. Voir : https://philosiblog.com/2013/06/10/ the-only-true-gift-is-a-portion-of-yourself/

229 Roger Walsh, « Contributing Effectively In Times of Crisis », 16 novembre 2020. https://www.whatisemerging.com/opinions/ contributing-effectively-in-times-of-crisis

Dans cette édition révisée de *Choisir la Terre*, Duane Elgin décrit la manière dont le monde entre dans une période de profonde transition qui ouvre la voie à trois avenirs très différents : l'extinction, l'autoritarisme ou la transformation. Tout en reconnaissant la possibilité très réelle de l'extinction et de l'autoritarisme, *Choisir la Terre* se projette un demi-siècle dans l'avenir pour explorer le voyage de l'humanité vers l'initiation et la transformation collectives, alors que nous traversons des décennies de rupture et d'effondrement pour aboutir à une communauté planétaire plus mature.

« Choisir la Terre est le livre le plus important de notre époque. Le lire et s'y plonger constitue une expérience d'éveil qui peut déclencher une révolution à la fois écologique et spirituelle. »
— Jean Houston, PhD, enseignant, philosophe et auteur de *The Possible Human*.

« *Un livre vraiment essentiel pour notre époque, écrit par l'un des plus grands et des plus sincères penseurs de notre temps.* »
— Ervin Laszlo, philosophe des systèmes évolutionnaires et auteur de plus de 100 ouvrages.

« *C'est peut-être le moment idéal pour faire entendre une voix aussi prophétique.* »
— Joanna Macy, penseuse de systèmes, philosophe bouddhiste et auteure de l'ouvrage *Active Hope*.

« Ces pages contiennent de la sagesse pour éclairer le chemin à travers notre époque sombre et troublée. »
— Richard Heinberg, auteur de *Peak Everything* et *The End of Growth*.

« *Choisir la Terre est un ouvrage opportun, pertinent, clair, puissant et absolument magistral.* »
— Lynne Twist, visionnaire mondiale et auteure de *The Soul of Money*.

DUANE ELGIN *est un futurologue visionnaire, un auteur aux multiples facettes, un conférencier et un éducateur de renommée internationale. Il est l'auteur de* Voluntary Simplicity, Awakening Earth, Promise Ahead, *et* The Living Universe. *En 2006, il a reçu le prix international Goi Peace Award au Japon en récompense de sa contribution à une « vision, une conscience et un mode de vie » globaux qui favorisent une « culture plus durable et plus spirituelle ».*

Lauréat du Nautilus Book Award dans la catégorie :
« Croissance et développement conscients
des cultures du monde »

www.DuaneElgin.com   www.ChoosingEarth.org